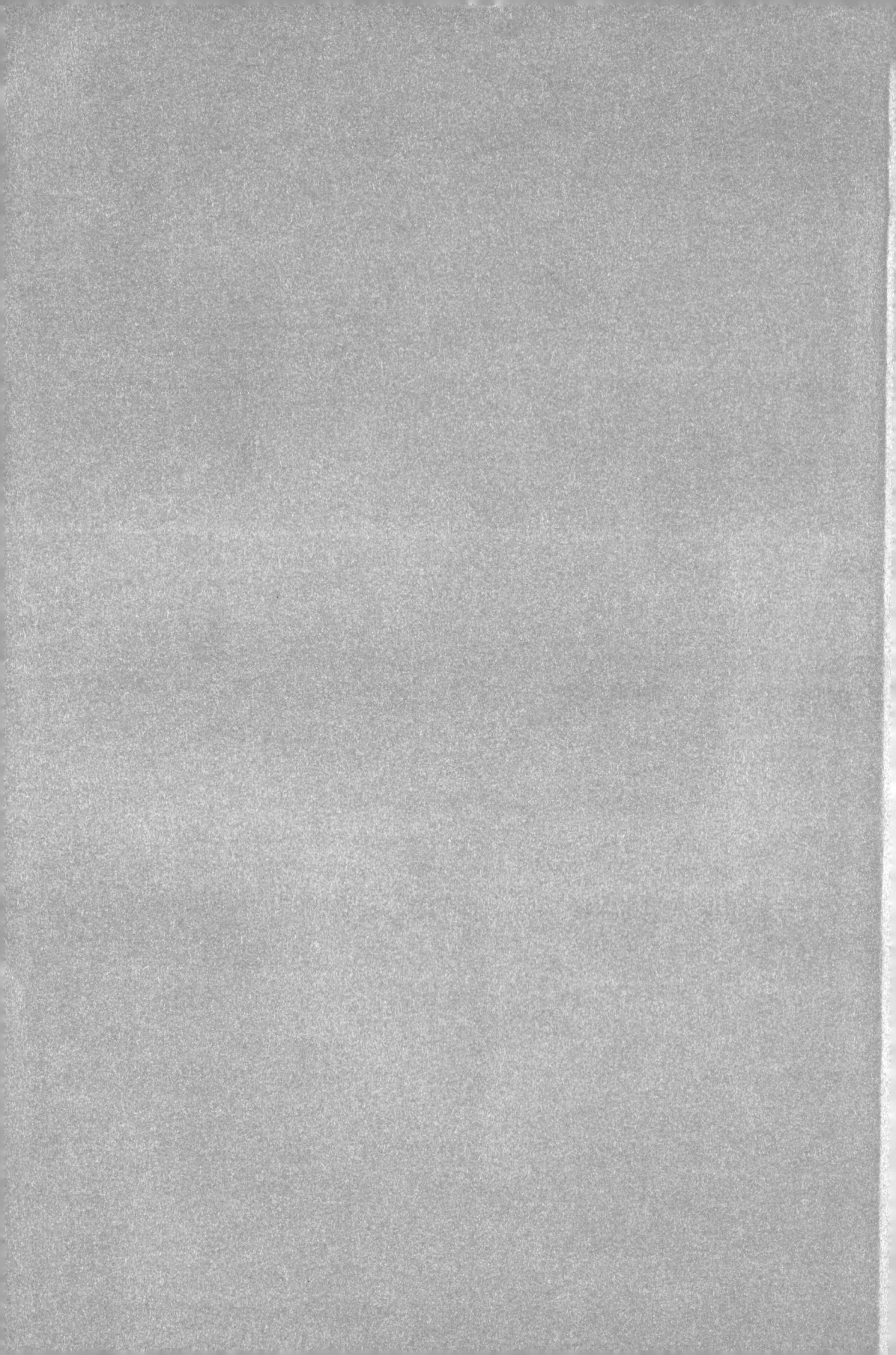

刘诗白 —— 著

刘诗白选集

第三卷

社会主义政治经济学研究

·上册·

四川人民出版社

图书在版编目（CIP）数据

社会主义政治经济学研究：全2册 / 刘诗白著. — 成
都：四川人民出版社，2018.12
（刘诗白选集；第三卷）
ISBN 978-7-220-10866-2

Ⅰ.①社… Ⅱ.①刘… Ⅲ.①政治经济学—文集
Ⅳ.①F0-53

中国版本图书馆CIP数据核字（2018）第184503号

SHEHUIZHUYI ZHENGZHI JINGJIXUE YANJIU SHANGCE

社会主义政治经济学研究（上册）

刘诗白　著

责任编辑	王　茵
封面设计	陆红强
版式设计	戴雨虹
责任校对	舒晓利　袁晓红
责任印制	王　俊
出版发行	四川人民出版社（成都槐树街2号）
网　址	http://www.scpph.com
E-mail	scrmcbs@sina.com
新浪微博	@四川人民出版社
微信公众号	四川人民出版社
发行部业务电话	（028）86259624　86259453
防盗版举报电话	（028）86259624
照　排	四川胜翔数码印务设计有限公司
印　刷	成都东江印务有限公司
成品尺寸	170mm×240mm
印　张	21.5
字　数	260千
版　次	2018年12月第1版
印　次	2018年12月第1次印刷
书　号	ISBN 978-7-220-10866-2
全套定价	3000.00元（全13卷）

目 录（上册）

刘诗白选集

论文

怎样理解劳动者的
"积极性"与"创造性"①

——对平心先生《四论生产力性质》中一些问题的商榷

平心先生一年来连续发表了论生产力性质的文章多篇，提出了许多值得商榷的论点，本文仅拟就平心先生在《四论生产力性质》（《学术月刊》1960年第3期）及其他文章中所提出的劳动者的"积极性"与"创造性"的性质及其产生的论点，发表一些个人的看法。

一、劳动者在生产过程中的精神状态是不是上层建筑？

平心先生所提出的生产力具有社会属性的基本立足点，在于：（1）认为劳动者的精神状态（主要表现为劳动者的生产兴趣，积极性与创造性）是生产力的人的因素的重要内涵；（2）认为劳动者的积极

---

① 原载《光明日报》1960年5月16日。

性与创造性这一精神状态是"发自劳动者自身"[1]。它既不是上层建筑的一部分，也不是生产关系的产物。换言之，是生产力所固有的东西。平心先生更明白地将劳动者在生产中的积极性与创造性这样的精神状态，比之于"婴儿的啼笑，病人的哭喊"，都不是上层建筑的一部分。

平心先生对于劳动者在生产过程中的精神状态的产生及其性质的论点，是我不能同意的。

人的劳动乃是一种有思想意识指导的活动，人在不同性质的劳动过程中，会表现出一定的精神状态，如人们对劳动是积极热情，还是消极冷漠；是对劳动饶有兴趣，还是视为悲苦的重负；是自觉地从事劳动，还是不甘愿地、勉强地从事劳动等。无疑，劳动者的这一精神状态，对于生产力的状况与发展，是有重要影响的。

但是怎样来认识劳动者这一精神状态呢？平心先生说："劳动者在生产过程中的精神状态和他们的肉体活动是分不开的。没有劳动的积极性和创造性，即便有充沛的体力，有一定的劳动技能与劳动经验，有齐备的生产资料，也不能进行任何生产。"照平心先生看来，这一精神状态固然是人与自然斗争过程（生产过程）中，从劳动者"自身发生的"。平心先生反对将这种精神状态列为上层建筑，而认为它是任何社会物质生产过程的必要的、共通的精神属性（如平心先生举出的语言、喜怒哀乐等一样）。

平心先生脱离了社会经济基础来考察劳动者在劳动过程中的精神状态的观点，不能认为是正确的。谁都知道，人类的生产一开始就是社会的生产，人在从事物质资料生产的同时，也就与其他的社会成

---

[1] 引文均见《四论生产力性质》，《学术月刊》1960年第3期。

员发生关系，因而是处在一定的生产关系中。而人们的意识（包括他在生产过程中的精神状态），乃是一定的生产关系的基础上的产物，这些都是马克思主义众所周知的原理。而上面我们所列举的人们在生产过程中的精神状态，归根到底也是人们对劳动的一定社会观点、思想感情的表现，是一定生产关系的产物。如在资本主义社会，在人剥削人的生产关系下，劳动只能是劳动者为获得半饱不暖的生活而不得不忍受的苦痛的负担，在劳动者这一对待劳动的总的倾向与看法，决定了他根本不可能对劳动发生"兴趣"并"积极"为资本家卖命。而在社会主义社会，在生产资料公有制的基础上，劳动性质发生根本的变化，劳动成了光荣的、豪迈的、英雄的事业，正因为如此，人们在生产中才能鼓足冲天干劲，奋不顾身，发挥高度积极性与创造性。因此，劳动者的"积极性""生产兴趣"，这样的精神状态，在阶级社会中，是有阶级内容的，它体现了一定的政治态度。显然地，它是社会意识的一部分，是属于上层建筑的领域。它是一定生产关系基础上的产物，而平心先生则认为劳动者的"积极性""生产兴趣"只是任何社会生产中自然"发生"的东西，这岂不是抽空了劳动者精神活动的阶级内容与政治面貌吗？脱离社会生产关系，而单纯在人和自然的关系中去寻找"积极性"和"生产兴趣"产生的基础，岂不是否认了社会存在决定社会意识这一马克思主义原理？！

平心先生为了验证劳动者在劳动中的精神状态不是上层建筑，将这种精神状态比之于"婴儿的啼笑，病人的哭喊"，这是一个极不恰当与极不严肃的比喻。谁都知道，婴儿的啼笑主要是生理学的范畴，而劳动者在劳动过程中的"积极性""生产兴趣"等精神状态，乃是属于社会关系，属于社会科学的范畴，在这两种"精神活动"之间，在本质上是根本不相同，而不能生拉硬扯同等相看的。平心先生为了进一步证明"精神活动"可以不属于上层建筑，更说"常人的喜怒哀乐（当然他们受上层建筑与生产关系的影响），都是精神活动，但都不是上层建筑"。在这里，平心先生将喜怒哀乐只当作是生理现象来理解，显然是错误的。既然人天然是社会的动物，因而喜怒哀乐便不能不首先是一个社会现象。平心先生只泛泛指出"常人的喜怒哀乐"，而忘记了在阶级社会中，人是有阶级性的，资产阶级与无产阶级的喜怒哀乐的内容，是根本不相同的。马克思说："在不同的所有制形式上，在生存的社会条件上，耸立有由各种不同感情、幻想、思想和世界观构成的整个上层建筑。"从这里，岂不是证明平心先生将隐蔽社会中，不同阶级成员的不同的情感，排除于上层建筑之外（仅仅说成是受上层建筑的影响）是毫无根据的吗？

归根到底，平心先生将劳动者在劳动过程中的"积极性""生产兴趣"等精神状态，排除于上层建筑之外，把它当作是人与自然的关系的产物。而我们则是认为劳动者在劳动过程中的精神状态，乃是属于社会上层建筑的现象，是生产关系的产物。我们与平心先生观点的根本分歧在这里。我们不妨再引一段马克思的话：

"单纯的社会接触，也会在大多数生产劳动上，引起竞争心与生活精神的刺激，从而，增进各个人的效率。……理由是，人即不如亚里斯多德说天然是政治的动物，无论如何也是社会的动物。"①

在这里，马克思岂不是明白地告诉我们，劳动者在劳动过程中精神状态的变化的意愿与决定因素是生产关系吗？

① 《资本论》第1卷，光华书店，1948年，第258~259页。

二、劳动者的"积极性""生产兴趣"是不是一切社会形态劳动过程中劳动者的共通"精神状态"？

由于平心先生认为劳动者的"积极性""生产兴趣"等是人与自然的关系中产生的，因而平心先生必然会认为无论在哪一个社会，劳动者在生产中都是有"积极性""创造性"与"生产兴趣"的，上面我们已引述过平心先生说没有劳动者的积极性与创造性，是不能"进行任何生产的"。在这里，平心先生是将劳动者的"积极性"（在旁的地方还加上"生产兴趣"）当作是一切社会中劳动过程的共通的"精神状态"，只不过在阶级社会中，这种"积极性""创造性"没有得到充分的发挥罢了！

在任何社会中，劳动者在劳动过程中的"精神状态"都是有"积极性"与"生产兴趣"吗？对这一问题，在这里有加以讨论的必要。

无疑，人类的社会实践是一个有思维的自觉社会活动。毛主席指示："自觉的能动性，说的是自觉的活动和努力，是人之所以区别于物的特点。"[1]而人在改变自然物以适合人类的需要的劳动过程中，更是体现了这种能动作用，这一点，对于任何一个社会形态来说，都是适用的。但是作为劳动者在劳动过程中的精神状态，如劳动积极与否、生产兴趣有无、对劳动的感受愉快还是痛苦，等等，是属于上层建筑因素，这些在各个不同的生产关系下面是根本不相同的。在原始公社制度下，由于生产资料的公社所有，因而决定了公社成员在劳动中有其积极性。但是自从奴隶制度确立后，在奴隶主的残酷剥削下，奴隶不仅对于生产是根本不感兴趣的，而且对于不自由的劳动怀着深

---

① 《毛泽东选集》第2卷，人民出版社，1952年，第477页。

深的仇恨，因而，照马克思说，奴隶是"带着真正的快感"把劳动工具搞坏。斯大林也曾经指出过："奴隶是对劳动不感兴趣和完全没有自动性的工作者。"[①]在封建制度下，农奴对在份地上为自己的劳动是缺乏积极性与毫无生气的。在资本主义制度下，资本对劳动的剥削更是空前地暴虐与巧妙，劳动者终身服侍机器，成为机器的附属物。马克思引用恩格斯的话说："机械劳动，既使神经系统极度疲乏，同时又抑压筋肉的多方面的作用，并在心身两方面，不许有自由的活动。"[②]在资本主义社会制度下，个体手工业者在生产上拥有的精神能力，在许多方面已经消灭，体力劳动成为工人的专属职能，脑力劳动为资本独占，因而，劳动过程成为对劳动者空前沉重的折磨，引起他们身心萎靡和畸形发展。显然地，在资本主义制度下，劳动者之所以要进行劳动，并不是他对这种劳动有什么"积极性"与"兴趣"，而只不过是为了自己及妻儿不至于饿死。马克思这样地形容劳动者出卖劳动力的状况时说：劳动者"却畏缩不前，好像是把自己的皮运到市场去，没有什么期待，只期待着刮似的"。[③]由上所述，我们看见，强调一切社会形态劳动者的"积极性""生产兴趣"，把它说成是什么进行生产的必要的共通的"精神状态"，是根本与事实不符的，是严重的错误。平心先生正是由于混同了劳动者的能动作用和"积极性""生产兴趣"，从而得出了这一错误的结论。

只有在社会主义制度下，由于生产资料公有制的确立，人与人之间结成了"我为人人，人人为我"的同志互助合作关系，劳动性质发生根本变化，因而人们对待劳动的观点、态度也才发生根本变

---

① 斯大林：《辩证唯物主义与历史唯物主义》人民出版社，1949年，第35页。

② 《资本论》第1卷，光华书局，1948年，第341~342页。

③ 《资本论》第1卷，光华书局，1948年，第125~126页。

化，劳动成为无上光荣的崇高的事业，劳动者在劳动过程中的"积极性""创造性"才无穷无尽地涌现出来，这是一个方面。另一方面，党和国家不断加强对广大劳动人民的社会主义与共产主义教育，提高广大劳动者的觉悟，并大力提高劳动者的文化技术水平，这也是社会主义制度下，劳动者的"积极性""创造性"最大限度地发挥出来的重要前提。由此可见，社会主义制度下，劳动者在劳动过程中表现出干劲十足、意气风发这样的精神状态，它的根本的原因在于社会主义生产关系，以及社会主义上层建筑的作用。在我国经过1956年经济战线上社会主义革命的伟大胜利，又经过1957年的全民整风运动，在1958年党又制定了社会主义建设总路线，这样数亿人民的革命干劲与劳动热情就有如翻江倒海地迸发出来了。我国人民精神面貌的这种根本的变化，再一次证明了劳动者的"积极性""创造性"这一"精神状态"的源泉，在于社会主义生产关系（这是根本的），在于社会主义上层建筑，特别是党和国家的领导、启发与鼓舞的伟大作用。平心先生口口声声说生产力二重性的论点，是揭明社会主义制度的优越性的，但是按照平心先生认为劳动的"积极性"与"生产兴趣"是一切社会生产所具有的、自然发生的，生产关系与上层建筑只不过起了一些"培养作用与鼓舞作用"，这在实质上岂不是抹杀了或大大降低了社会主义制度的优越性吗？

谈主观能动性和客观规律性的关系[①]

　　关于主观能动性与客观规律性的问题，是无产阶级在进行革命与建设的实践中，任何时刻都必须加以正确对待的重大课题。无产阶级乃是历史上最进步、最革命的阶级，它承担着消灭资本主义制度，建成社会主义与共产主义社会，解放全人类的伟大的历史使命。无产阶级为了更快地与更好地完成改造全世界的伟大使命，不仅要求本阶级的一切成员，在各种斗争中表现出最大的革命决心、勇气与毅力，充分发挥这一个最革命的阶级无比雄强的主观力量，而且要求团结一切劳动人民与革命群众，启发与最大限度地调动他们的革命积极性。对于无产阶级以及无产阶级的政党来说，最充分地发挥一切革命群众在革命与建设中的主观能动作用，乃是实现其总路线与总任务的前提条件。另一方面，马克思列宁主义指明，物质世界的发展是遵循着一定的客观规律的，它是不以人们的意志为转移的，人们能够认识与运用客观规律，但是却不能不顾客观规律而为所欲为。因此，为了要使革命人民的主观能动作用得到正确的发挥，使其成为革命与建设中的强

---

① 　原载《新建设》1960年第1期。

大的物质力量，无产阶级及其政党在任何时候都要求发现、认识并熟练地掌握运用客观规律。因此，从理论上深入研究和阐明主观能动性和客观规律性的关系就是十分重要的了。

一、人类社会发展体现着人民群众的主观能动性

马克思列宁主义指出，人类社会的发展与自然界的发展都是一个有规律的客观的过程。但是，人类社会发展的一个特点，在于作为社会的主体的人绝不是被动的、消极的。人类的实践活动一开始便是有思维的、自觉的社会活动。毛泽东同志告诉我们："做就必须先有人根据客观事实，引出思想、道理、意见，提出计划、方针、政策、战略、战术，方能做得好。思想等等是主观的东西，做或行动是主观见之于客观的东西，都是人类特殊的能动性。这种能动性，我们名之曰'自觉的能动性'，是人之所以区别于物的特点。"[①]这就表明，人类的活动，不同于生物或是无生物的运动，尽管生物与无生物，在其发展中也是互相制约、互相作用的，但是它们都不具有"自觉的能动性"。人类的自觉的能动性乃是以基于对客观事物的认识而引起的反作用为特征，它表现了人类不仅仅是受客观条件的制约，而且能够改变客观条件，创造新的条件，促使客观事物向有利于人的方向发展。

人类的社会实践体现了人类的主观能动性。古代的人在生产斗争中利用石器作为工具来战胜比自己力量强大的猛兽，用火以战胜寒冷，储存粮食以备荒年，以及播种谷物，驯养牲畜：这些都是人的主观能动性的显现。人的生产活动的本质，在于它是一种创造性的活动，它体现了

---

① 《毛泽东选集》第2卷，人民出版社，1952年，第467页。

人对自然的积极作用，它不是消极地适应自然，而是主动地利用和改造自然来为人类服务。人类的一切创造与发明，在文化上、科学技术上的成就，如机器的发明，电能、原子能的使用，这些都是在生产斗争中人的主观能动性得到巨大发挥的重要标志。发射人造卫星与宇宙火箭、月球火箭等的成功，这是当代人的主观能动性得到发挥的最新成就，它表明人类利用与控制自然的能力已经达到这样的高度，以至于人类有可能突破地心引力的束缚而以整个宇宙为活动领域了。

在人类社会的发展进程中，人的主观能动性，绝不只是限于生产斗争这一个方面。人们在生产物质资料时，必然要处在一定的生产关系中。在社会发展中生产关系依照一定的客观规律性变化发展，而不是听凭人的主观愿望而任意改变的。但是，在生产关系的变革中，也显示了人的能动作用。在阶级社会里，先进的阶级总是在激烈的阶级斗争中，克服腐朽阶级的反抗，为新的生产关系的出现开辟道路。在历史上的每一次社会革命中，先进阶级都起了促进新的生产关系代替旧的生产关系，从而使社会飞跃发展的伟大的积极能动作用。

俄国的十月社会主义革命以及我国新民主主义革命和社会主义革命的胜利的进程，充分显示了无产阶级与广大劳动人民在变革旧的生产关系、建立新的生产关系中的旋乾转坤的伟大力量。无产阶级和广大劳动人民在以马克思列宁主义为武装的共产党的领导下，充分发挥了主观能动性，利用了一切有利的条件，促成一切不利条件向对自己有利方面转化，加速了革命的发展，使剥削制度归于灭亡。社会主义革命使人类社会的生产力摆脱了资本主义制度下那种停滞不前的状态而一日千里地前进。这里，最充分地表明劳动人民的主观能动性是加速历史发展的决定性因素。

人类社会的发展，从开始便体现有劳动人民的主观能动作用。但是，在社会主义革命取得胜利以前，由于人们对客观世界认识上的局限性，更重要的是由于剥削阶级的残酷压榨，使劳动人民的身心备受摧残，使他们的聪明才智不能得到充分施展，因而广大人民在改造自然与社会中的主观能动作用不可能得到充分的发挥。只有在社会主义制度下，由于生产资料公有制的确立，使劳动人民根本摆脱了剥削，人与人之间树立了社会主义同志式的互助友好关系，劳动者第一次地不是为剥削者，而是为社会也为自己而劳动。社会主义生产关系的无比优越，正是劳动人民的主观能动作用得以最充分发挥的经济基础。经过无产阶级政党的启发、鼓舞与坚持不懈的思想教育，劳动人民改造自然与社会的革命干劲、能动精神将日益充分地被调动出来，成为推动社会向前发展的积极力量。

在我国社会主义制度下，由于优越的社会主义生产关系，人民群众的自觉的积极性与创造精神不断增进，发挥了巨大的能动作用，才形成了我国社会主义建设事业不断地胜利发展的可喜局面。实践表明，人民群众中蕴藏着无穷无尽的力量，人民群众的主观能动作用的最充分的发挥是社会迅速发展的决定因素。

综上所述，在人类社会的发展进程中，人民群众不论在生产斗争或阶级斗争中，都表现了巨大的主观能动作用。劳动人民是自己创造自己的历史，是历史的主人。社会发展的客观规律是不能离开人民群众的自觉的活动的。正是由于人民群众在历史发展中起了如此巨大的作用，因而历史唯物主义一贯高度重视劳动人民的主观能动作用。

二、正确而充分地发挥主观能动性是以对客观规律性的认识与利用为基础

强调人民群众的主观能动作用，绝不是说就可以低估客观规律的作用和可以忽视对客观规律的认识与利用。

马克思列宁主义从来就认为，人类的主观能动性绝不是什么能够脱离客观条件，不受客观事物的制约的东西。马克思列宁主义自来就反对那种无限夸大人的主观作用、主观力量、认为人可以不顾客观规律而肆意妄为的主观唯心论的观点。唯物论认为社会存在、物质是第一性的，意识、精神是第二性的。在有人类、有人的主观能动性出现以前，自然界便有客观规律性存在，它的发展便受着客观规律性的支配。而有了人类以后，人类的主观能动作用的充分发挥，绝不是脱离或忽视客观规律性的结果；恰恰相反，它必须以对客观规律性的认识与正确利用为前提。

在劳动人民创造与推动历史发展的进程中，正是体现了主观能动性与客观规律性的结合。人的主观能动作用收到预期效果的场合，都是以对客观规律的某种程度的认识与利用为前提。毛泽东同志在论抗日战争的"主动性，灵活性，计划性"中指出："先之以各种侦察手段，继之以指挥员的聪明的推论和判断，减少错误，实现一般的正确的指导，是做得到的。我们有了这个'一般的正确的指导'做武器，就能多打胜仗，就能变劣势为优势，变被动为主动。这就是主动或被动和主观指导的正确与否之间的关系。"[①]

在这里，毛泽东同志谈的是在战争中发挥能动作用，争取主动地

---

① 《毛泽东选集》第2卷，人民出版社，1952年，第480页。

位的问题。但是在这里实质上也涉及了人们的一般的实践问题。毛泽东同志在这里指示我们，只要对客观事物有正确的认识，对客观规律有深刻的理解，人们在改变客观世界的活动中便能更好地发挥人的主观能动作用并取得主动地位。

人类在生产斗争中所取得的一切辉煌成就，都是由于认识与利用客观规律的结果。对自然规律认识得越全面、深刻，人们便越加能控制自然，使其服务于人。宇宙火箭与月球火箭的发射成功，正是以对自然规律的全面深入的认识为前提，是以在火箭的设计、生产、使用中的严格地符合客观规律的要求为基础。在这里，对客观规律的最微细的疏忽与不尊重，就会导致失败。宇宙火箭与月球火箭的发射成功，正是体现了主观能动性与客观规律性的统一，体现了人们征服自然的大胆的理想与严格地遵循科学规律的要求的最巧妙的结合。

人们在生产斗争中，体现了主观能动性与客观规律性的统一，在推动社会发展的阶级斗争中，也不能例外。在阶级对抗社会中，人民的革命起义，推翻了在军事上远比自己强大的统治阶级。革命人民的显示与发挥其能动作用，是以对社会发展规律的不同程度的认识与利用为前提的。毛泽东同志在《论持久战》中写道："一切统治王朝打不赢革命军，可见单是某种优势还没有确定主动地位，更没有确定最后胜利。主动和胜利，是可以根据真实的情况，经过主观能力的活跃，取得一定的条件，而由劣势和被动者从优势和主动者手里夺取过来的。"[1]

毛泽东同志在这里所指出的主观能力的活跃的一个重要因素，便是"主观指导的正确与否"，换言之，即是对客观规律的认识状况。无疑地，社会历史的发展中是有一定的偶然的因素的，但是在革命阶

---

[1] 《毛泽东选集》第2卷，人民出版社，1952年，第481页。

级发挥主观能动性并取得了胜利——不论这胜利是局部的，或一时的，或是全面的、长期的——的场合，都存在有对客观规律性的认识与利用。可以说，毫无例外地，在社会历史飞跃发展的伟大的革命时期，都是体现了革命人民的主观能动性与客观规律性的更好的结合。在人民群众显示出来的无比坚定的革命意志、旺盛的精力和奋发的创造活动的另一面，是对客观规律性的考虑、尊重与利用。如果脱离了对客观规律的认识，便谈不上正确而充分地发挥人们的主观能动性，人们在斗争中就会处于被动的与不利的地位，人们的一切主观努力就不能成功。

在阶级社会中，人们在物质生产过程中已经在不断地揭明与运用自然规律，随着生产的向前发展与人们经验的更多的积累，人们对于自然规律的认识与利用的程度便越来越高。但是，在阶级社会中，对于社会经济规律，人们却是显得软弱无力的，人们除了在一定条件下可以在某些范围内利用经济规律而外，一般说来，是受社会发展的客观规律的摆弄的，也就是说客观经济规律是自发地起作用的。在资本主义制度下，特别鲜明地显示出经济规律对于人的统治作用，尽管资产阶级竭力想逃脱危机，但是经济危机还是要周期性地来临，并使他们处在狼狈不堪的境地。只有在社会主义制度下，由于无产阶级掌握了国家政权，由于无产阶级政党掌握了马克思列宁主义这一犀利的理论武器，因而，无产阶级对于社会经济发展规律不是无能为力的，恰恰相反，它能充分认识与利用社会经济规律来为社会服务，并成为经济规律的主人。正是在社会主义制度下人们对于客观规律（自然规律与社会规律）的全面深入的认识与利用，成为人民群众主观能动性高度发挥的前提条件。新中国成立以来，我国社会主义建设事业取得了可喜的成就，我国人民的主观能动作用得到充分的发挥，正是由于充分地认识与利用了客观规律的结果。

三、主观能动性与客观规律性是辩证的统一

有些人认为强调人民群众的主观能动作用，必然会妨碍对客观规律的认识与利用，他们对主观能动性与客观规律性之间的辩证法缺少认识。因此，还有必要对这二者的关系加以说明。

在人类社会由低级到高级的发展中，主观能动性与客观规律性乃是交互作用、互相推动、彼此促进的。这表现在一方面，越是发挥主观能动性，就越能认识与利用客观规律性。人们投身于实践之中，在实践中加强调查研究，积累知识，经过去粗取精、去伪存真、由此及彼、由表及里的过程，将感性知识提高到理性高度。经过实践—认识—再实践—再认识……这一不断反复的过程，人们便能正确地认识客观规律。在认识客观规律的基础上，要进一步在实践中掌握与运用客观规律，还必须经过更多的努力。人们要创造必要的条件，才能保证客观规律在有利于人的前提下，有充分活动的场所。人们的主观努力越大，干劲越高，对客观事物的认识就会越加深入，就能由表面现象深入到内在规律，人们也就有更大可能去运用客观规律，即创造各种条件以保证客观规律性在有利于人的前提下有充分发挥作用的场所。

正由于我国人民在党的领导下，在各个战线上表现了敢想敢干的共产主义风格，充分发挥了主观能动作用，因而在社会主义建设的实践中，我们对客观规律性认识得更全面、更深入、更具体，从而也就使人们能够在各个领域中更充分与更熟练地运用客观规律以加速社会主义事业的发展。

另一方面，客观规律性的认识与利用，将进一步发挥与加强人们的主观能动性。人们对于客观规律认识得越深刻、全面，就越能保证人的活动符合客观规律的要求，人们在实践中就将能避免因为违背规律的要求而导致的不利后果，就会少走或不走弯路，避免碰壁与失败。因而，认识与尊重客观规律性，并不是主观能动性的限制，恰恰相反，它使人们的活动更自觉，更自由。

在人们未能认识与利用客观规律性以前，客观规律性会成为限制与束缚人的桎梏，而一旦人们能认识与掌握客观规律，它就会成为人们的驯服的工具。恩格斯说："自由不是在于想象中的对于自然规律的独立，而是在于认识这些规律，并且在这种认识所给与的可能性之上，有计划地使得自然规律为着一定目的发生作用。"①

毛泽东同志曾经绘声绘色地表明了客观规律性如何成为人的自觉的能动性大大发挥的根据。事实表明，中国人民在新民主主义革命与社会主义革命这两个阶段，只要人们认识、依靠与运用了社会发展的规律——如革命斗争的规律、经济建设的规律，等等——革命人民的力量就大大增长，我国革命就一个接一个地胜利发展。

事实表明，在社会主义建设时期，只要人们在各项工作中正确运用了我国社会经济发展的规律性，那么，我国亿万人民的革命干劲就会成为推动社会发展的雄伟力量。

归结起来，主观能动性充分发挥，客观规律性就能更好地认识、利用与掌握；客观规律性被人们更好地认识、利用与掌握，又促进主观能动性的更充分的发挥。这二者交互作用的过程，也正是人类社会不断向前发展的过程，也是人民群众在改造自然与改造社会的斗争中

---

① 恩格斯：《反杜林论》，人民出版社，1956年，第117页。

取得越发丰硕的成果的过程。这种情况表明，那种认为重视人民群众的主观能动性就必定会妨碍客观规律性的认识与利用，就会给工作带来不利后果的论点，是完全错误的。

我们的党从来都是强调要在认识客观规律性的基础上发挥人们的能动作用的。毛泽东同志在《中国农村的社会主义高潮》一书序言中写道："任何人不可以无根据地胡思乱想，不可以超越客观情况许可的条件去计划自己的行动，不要勉强去做那些实在做不到的事情。"党的八届六中全会再次指出：既要有冲天干劲，又要有科学分析的精神。就是说，既要发挥人的能动作用，又要尊重客观规律，既要"热"，又要"冷"，要自始至终坚持主观能动性与客观规律性的统一。

马克思列宁主义在对待主观能动性与客观规律性的关系上的基本出发点，在于尽量争取人对于物的主导作用，争取人对客观规律的自觉地运用，争取人民群众对客观规律的主人翁的地位。由于无产阶级乃是最先进、最革命的阶级，它承担着改造全世界的伟大任务，因而，无产阶级从来不是以学究式的态度来欣赏客观世界及其规律性，而是要大胆地掌握与运用客观规律以实现其伟大的历史使命。

但是，人们的主观条件与力量的驾驭与驯服客观规律，人对于物的主导作用并不是轻而易举地实现的。在主观能动性与客观规律性的结合过程中，当人们对客观规律还没有什么认识之时，客观规律便会成为统治人的力量，会发挥为人所不能抗御的破坏作用。恩格斯说："社会的力量，正如自然的力量一样，在未被我们认识到和算计到以前，发生着盲目的、强制的、破坏的作用。"[①]在这种情况下，尽管人们竭尽主观能力，终会缺乏效果，这时，人们的能动作用还未能驾驭

---

① 恩格斯：《反杜林论》，人民出版社，1956年，第293页。

客观规律性。但是，人们一旦充分认识与掌握了客观规律，这一规律便会"从恶魔似的统治者，变成顺从的奴仆"[①]。

大体说来，在原始社会，人们处于愚昧无知的状态，尽管在生产斗争的许多领域，人的积极作用已经开始显现，但是一般说来，人在自然规律面前是软弱无力的，并处于被动地位。但是人类社会越是发展，生产力越是提高，在一个又一个领域中人的主观能动性便逐步地争得了主导地位，人越来越成为物的主人。但是人们的认识过程是一个无止境的过程，而且人们的主观认识常常是落后于客观实际的。因此，总还有许多领域中的许多规律是未曾探明的。在许多方面人们的活动还是受着客观规律的"统治"。在我国社会主义建设中，尽管我们已经找到了我国社会主义建设的规律性，但是由于经济条件的发展变化，一些规律会退出历史舞台，另一些新的规律会产生，而且各种经济规律在不同领域与不同条件下，还有其具体的表现形式，这一切并不能说全都是人们认识与掌握了的。因此，在我们的一些工作中，也可能一时会遭遇到困难或发生暂时性与局部性的挫折，换言之，在某些领域中，还会暂时地受制于客观规律性。但是，人们进一步发挥主观能动作用，从某些暂时的挫折中总结经验，探明客观规律，并创造条件运用客观规律，争取人对规律的主导作用，是完全可能的。

归根到底，马克思列宁主义理论乃是真正尊重客观规律性的，这一理论要求坚持主观能动性与客观规律性的统一。尊重客观规律性，正是为了进一步发挥主观能动性，正是为了加强无产阶级与全体革命人民改造世界的力量，以推动社会主义与共产主义事业更迅速地向前发展。

---

① 恩格斯：《反杜林论》，人民出版社，1956年，第293页。

略谈按劳分配①

一

"各尽所能，按劳分配"是社会主义阶段分配个人消费品的基本原则。在目前以及今后整个社会主义阶段，无论是国营工矿企业，还是农村集体单位，分配个人消费品都应该贯彻这个原则。

在社会主义阶段，实行各尽所能、按劳分配的原则，是社会主义经济发展的客观要求。我们知道，分配方式是由生产方式决定的。在社会主义制度下，由于建立起了生产资料公有制，劳动者已经成为生产资料的主人，这就根本否定了资本主义制度下的那种不劳而获、劳而不获、多劳少获的极端不合理的"按资分配"，这是分配制度上的一个飞跃。这个飞跃，不仅为将来实现"各尽所能，按需分配"的共产主义理想扫除了根本的障碍，而且，就是在社会主义阶段，共产主义的按需分配的萌芽，也已开始出现了。但是，正如恩格斯所指出

---

① 原载《四川日报》1961年1月。

的：“分配方式在很大程度上取决于所被分配的产品数量。”①毫无疑问，在社会主义阶段，社会生产力的发展水平，还不足以充分满足人们不断增长的生活需要；旧式的劳动分工还存在，体力劳动与脑力劳动、熟练劳动与简单劳动之间还有着相当大的差别；同时在人们的思想中还保留着旧社会的残余影响，广大群众还不可能一下子就完全摆脱计较劳动报酬的狭隘眼界。在这种客观物质条件和主观精神条件下，对于个人消费品只能采取"各尽所能，按劳分配"的原则。也就是说，只能根据劳动者的劳动数量与质量，以及劳动者的工作成果和对社会贡献的大小实行多劳多得，承认差别，才能妥善地处理劳动者之间的关系，增强劳动人民内部的团结，充分发挥劳动者的生产积极性，推动社会主义生产向前迅速发展。

"各尽所能，按劳分配"既然是社会主义阶段生产力的发展水平、经济关系的发展程度和人们的思想觉悟水平所决定的，所以它体现了社会主义经济发展的客观需要。因此，只要上述的条件还存在，只要社会还处在社会主义阶段，在个人消费品的分配上就必须实行各尽所能、按劳分配的原则。如果忽视了或者放弃了按劳分配的原则，就会产生平均主义，从而不利于充分调动广大劳动群众的生产积极性，不利于社会主义的迅速发展。

二

马克思列宁主义的经典作家指出，按劳分配"原则上仍然是资产阶级式的法权"，认为这种分配制度带有旧社会所遗留下来的痕迹，

---

① 《马克思恩格斯文选》（二卷集）第2卷，莫斯科外国文书籍出版局，1955年，第487页。

这是完全正确的。但是，有的人对"资产阶级式的法权"这句话产生了误解，认为按劳分配就是"资本主义的残余"，认为按劳分配就是遗留在社会主义制度下的资本主义分配的"尾巴"。于是，在他们的思想意识中，就产生了坚持按劳分配，是否就是坚持资本主义残余的困惑。

为什么会产生以上的困惑呢？其原因就在于他们没有正确理解马克思所指出的，按劳分配"原则上仍然是资产阶级式的法权"的意思。根据张仲实同志后来指出的："资产阶级式的法权"的正确的译法是"资产阶级式的权利"[1]，这就容易明白了。按劳分配的原则，要求劳动者所分得的消费品和他对社会付出的劳动量（经过各种必要的社会扣除以后）相等。在这里，每个劳动者以一种形态献予社会一定的劳动量，又以另一种形态取回来。于是，在劳动与报酬之间，还通行着调节商品交换的等价原则，这就不可避免地要出现劳动能力强、家口少的人生活得好些，劳动能力弱、家口多的人生活得差些。从这点说来，那些体力强、技术高、家口少的劳动者，在分配消费品中就表现出享有某些"特权"。所以马克思指出：通行在按劳动分配中的"等价交换""这个平等的权利……它默认不同等的个人天赋，因而也就默认不同等的工作能力是种天然特权。所以根据其内容来讲，它像一切权利一样是种不平等的权利"[2]。马克思把这种等价交换的平等权利称之为资产阶级式的权利。

但是，我们决不能因为按劳分配中带有某些资产阶级式的权利的特性，就将按劳分配与资本主义的分配混为一谈。因为：

---

[1]　参见《人民日报》1960年3月28日。

[2]　《马克思恩格斯文选》（二卷集）第2卷，莫斯科外国文书籍出版局，1955年，第22页。

第一，分配关系是生产关系的一个方面，它的根本性质取决于生产方式，首先取决于所有制。在按劳分配中通行的等价交换的"平等原则"，虽带有资产阶级式的权利的特性，但是它是生产资料公有制的产物，这就决定了它所体现的是作为生产资料的共同主人的劳动者彼此之间，以及个人与集体之间、个人与国家之间的同志式的互助合作关系，这与资本主义分配所体现的阶级剥削关系有着根本的不同。

第二，即使在按劳分配中所通行的是等价交换这一资产阶级式的权利，但也已经不同于那种原本的和完整意义上的"资产阶级权利"。因为，资本主义社会的等价交换是通行于真正的商品交换中，劳动力是作为商品来买卖的。资本家占有生产资料，劳动者除劳动力而外一无所有。资本家与劳动者之间的"等价交换"，实质上是资本家白白占有工人的劳动成果，瓜分剩余价值。所以等价交换这一权利实质上是用以维护资本家的剥削利益的权利。但在社会主义社会，劳动力已不再是商品，劳动者付出劳动与领回消费品，也根本不是商品买卖，而是劳动者之间更妥善地分配消费品，来调动劳动者的生产积极性的一种手段。所以，这种等价交换的权利，是保护劳动者的劳动利益的权利，它与资本主义制度下的等价交换根本不同。

社会主义社会，它"不是已经在自身基础上发展了的共产主义社会，而是刚刚从资本主义社会中产生出来，因此在各方面，即在经济、道德和智慧方面都还保留其所由脱胎出来的那个旧社会痕迹的共产主义社会"[①]。在按劳分配中包含的某些资产阶级式的权利的特性，正是社会主义生产关系仍然保留有某些旧社会的痕迹、影响或烙印的表现。然而，这种痕迹、影响或烙印，并不能根本改变按劳分配

---

① 《马克思恩格斯文选》（二卷集）第2卷，莫斯科外国文书籍出版局，1955年，第21页。

的社会主义性质。因此，决不能把那种带有某些旧社会痕迹的社会主义按劳分配，简单地当作资本主义的"残余"，当作资本主义的"尾巴"。有这种看法的人，实际上并没有认识到按劳分配就是资本主义"按资分配"的根本否定，而是将两种根本对立的分配制度混为一谈了。这样，也就必然会否定社会主义分配制度对于资本主义分配制度的优越性。

三

另外，也还有这样一种看法，认为按劳分配，以及劳动者之间在个人收入和生活水平上的差别，是"不合理"的、"不公平"的。

无疑，共产主义的按需分配较之社会主义的按劳分配是更高级、更合理的分配制度，共产主义者是从来不会放弃共产主义的伟大理想的。但是共产主义者在评价客观事物和规定自己的斗争任务时，从来就是持冷静的科学的态度，严格地从客观现实条件出发的。在看待分配方式是否合理时，最根本的尺度是看它是否有益于生产的发展，决不能脱离实际需要，从某种抽象的"公平""合理"的原则出发，按照小资产阶级平均主义的观点，人们在收入和生活上的一切差别，都是"不合理"的与"不公平"的。平均主义主张是不问劳动者劳动的数量和质量的差别，一律给予平均的报酬，一律享有平均的生活条件，一律保有同样的消费水平，认为只有这样才"公平"和"合理"。他们不了解，在社会主义阶段，既然劳动者对社会的贡献有大小，不同的企业、社队等生产单位的生产水平有差别，这种差别必然会反映到分配中来。假如无视这些差别，分配实行一律平均，把"黄鳝泥鳅拉成一样齐"，那么，它只会使一部分劳动者无偿地占有另一部分劳动者的劳动成果，只会鼓励懒怠者，损伤劳动者的生产积极性，不利于生产的发展。因此，这种分配办法反而是不公平、不合理的。当然，这种收入上的差别，比之共产主义的按需分配来，是一个"缺点"。但是马克思指出："这些缺点，在共产主义社会第一个阶段中……是不可避免的。"①因为这个缺点并不能否定这种收入与生活上差别的经济必然性。况且，我们还应该看到，这种差别的性质根本不同于阶级社会中因为少数剥削者剥削大多数劳动者所引起的贫富之间的阶级对立，它只是劳动者在走向共同富裕的道路上，由于生产水平的高低不同，对社会贡献的大小不同，而在富足程度上存在差别。这种差别不但不会产生两极分化，而且随着生产的发展，它将会渐趋缩小。

归根到底，如果以某种抽象的绝对"公平""合理"的观念作为出发点，来评价按劳分配以及人们收入和生活水平上的差别，这是不正确的、不科学的。恩格斯曾经说过："这种求助于道德和法律的见解，在科学上并没有使我们前进一步，无论道德的愤懑是怎样入情入理，可是经济科学，只能把它当作一种象征，而不能把它当作一种证明。"②正确的态度应该是，从社会经济发展的客观需要出发，揭示这种差别的客观必然性，正确运用它在社会主义经济中的积极作用。谁都知道，社会主义经济的发展过程，向共产主义过渡的过程，便是这种差别的缩小和消失的过程，我们不能一蹴而就，它必须经历一个发展社会生产力的历史过程。为此，也就必须坚持按劳分配，承认差别，来充分调动劳动者的生产积极性，促进生产不断向前发展。

---

① 《马克思恩格斯文选》（二卷集）第2卷，莫斯科外国文书籍出版局，1955年，第22页。
② 恩格斯：《反杜林论》，人民出版社，1956年，第187页。

四

社会主义和共产主义乃是社会经济发展程度不同的两个阶段，因而在社会主义与共产主义之间，没有隔着也不允许隔着万里长城。在社会主义阶段，共产主义的因素与萌芽，无论是在社会经济关系领域里，或是在思想认识等上层建筑的领域里，都是存在的。在社会主义阶段，尽管按劳分配是基本的分配形式，但并不是唯一的分配形式；在分配个人消费品领域中，也还存在某些按需分配的萌芽。在社会主义阶段，在坚持贯彻按劳分配原则时，还必须有一定的按需分配的因素作为补充。随着社会主义建设的进一步发展，按需分配的萌芽还将有所增长；在将来，在发达的社会主义社会建成，向共产主义过渡成为现实的任务时，按需分配还将进一步增长，并逐渐取代按劳分配的地位。但是，按需分配毕竟是共产主义高级阶段的分配形式，在社会主义阶段，按需分配只能作为按劳分配的补充。在整个社会主义阶段，我们都必须实行按劳分配原则。党的八届六中全会"关于人民公社若干问题的决议"指出："企图过早地否定按劳分配的原则而代之以按需分配的原则，也就是说，企图在条件不成熟的时候勉强进入共产主义，无疑是一个不可能成功的空想。"

五

"各尽所能，按劳分配"的社会主义原则是统一的，不可分割的。各尽所能是实现按劳分配的不可缺少的前提条件。只有各尽所能，才能更好地实现按劳分配，才能不断地促进社会生产力向前发展。反过来，也只有贯彻按劳分配，才能促使劳动者各尽所能，充分发挥自己的智慧,更好地发展社会生产力,这就可以看出,各尽所能与按劳分配是辩证的统一,这是一方面。另一方面,我们也还要看到,要使每一个劳动者各尽所能,决不可以只靠按劳分配,不要政治思想教育。按劳分配固然是在社会主义阶段调动广大劳动者的生产积极性的重要经济杠杆,它有利于巩固劳动纪律,有利于消灭好逸恶劳、坐享其成的剥削阶级的思想影响,从这一方面来说,它有利于提高群众思想觉悟。但是,它决不能代替思想政治工作。何况按劳分配毕竟不能自发地在广大群众中进一步培育出大公无私、不计报酬的共产主义劳动态度,以及"把方便让给别人,把困难留给自己"的共产主义风格。因此,正确的态度便是把政治思想领域坚持社会主义、共产主义教育,同经济领域中坚持贯彻社会主义的按劳分配原则正确地结合起来,只有这样,才能使广大人民群众的生产积极性最充分地被调动起来,并且不断地向前发展。

关于社会主义基本经济规律
的一点意见①

　　如何进一步完善地阐明和表述社会主义基本经济规律的问题，是有关社会主义政治经济学的一个重要问题。近来国内经济学界一部分同志提出"发展生产，满足需要是社会主义的基本经济规律"；而另外一些同志认为这一表述过于抽象和空泛，不能确切地反映社会主义生产的本质特点②。我同意后一种意见。

　　"发展生产，满足需要"，就这一简要表述的内容来说，与其说是社会主义生产的本质特点，毋宁说是社会生产的一般特点和规律。因为作为人类生产活动的一个重大特征，在于它是有意识的自觉性的活动。一般说来，人们之所以进行生产是为了达到一定的预期的目的，即是为了满足一定的自然的和社会的需要。马克思说："劳动过程，我们只把它表现为它的简单的抽象的要素时，是一种有目的的产

①　原载《光明日报》1962年8月14日。

②　《学术月刊》1961年第5、6期中有关文章。

生使用价值，使自然物适于满足人类需要的活动……"①无疑地，在不同的生产关系下，即在不同的所有制下，会赋予生产所要满足的需要以社会阶级内容上的差别，如生产资料公有制决定了生产是满足社会及其全体成员的需要；而在生产资料私有制下，则决定了生产是从属于生产资料私有者的利益，是为了满足私有者阶级、集团与个人的需要。由此可见，在不同的社会形态下，只是会赋予生产所要满足的需要以不同的阶级内容，但它却不会改变生产之从属于满足需要这一社会生产的一般的特点。既然如此，那么，如果将"发展生产，满足需要"，当作是某一个特殊社会形态的生产特点，便缺乏根据了。

有的同志认定，"发展生产，满足需要"之所以是社会主义生产的本质特点，乃是意味着只有在社会主义社会里，发展生产的直接目的才是人及其需要，从而使发展生产与满足需要直接统一起来，而似乎在其他社会形态内，这二者间的统一是不可能实现的②。以上这种看法，也是值得商榷的。无疑地，在社会主义社会，在生产资料公有制的基础上，使社会生产的目的从属于全体社会成员的物质和文化的需要，这就使生产与需要之间建立了直接的和有机的联系。正是由于生产与需要之间的直接联系得到恢复，一方面使社会生产能对准社会需要的口径，从而更好地满足社会全体成员的多方面的需要；另一方面它也就能使社会全体成员不断增长的需要直接作用于生产，成为推动生产迅速发展的强大动力。但是如果我们由此就说，发展生产与满足需要的直接统一，只能存在于社会主义社会，而不可能存在于其他的社会形态内，这就不正确了。因为，如果从历史上来考察，例如，

---

① 马克思：《资本论》第1卷，人民出版社，1953年，第200页。

② 漆琪生：《论社会主义社会基本经济规律的内容和表述问题》，载《学术月刊》1961年第6期。

在原始公社制度下，人们进行生产的直接目的，只是原始氏族公社成员的迫切的生活需要，在当时，存在着效率极为低下的生产和原始人极其卑微的自然需要的直接的统一；而在此后的奴隶制经济或封建庄园经济中，生产的直接目的乃是奴隶主或封建主的奢侈享乐的生活需要。马克思指出，美国南部诸州的黑奴劳动在最初一个时期，生产上就"主要是为满足（奴隶主的——引者注）直接的自我需要……"①。在我国秦汉以来不断发展的"官手工业"的生产，其直接的目的就是为了满足封建帝王及整个官僚阶层的需要；而存在于各个社会形态下的自给自足的小农经济，它的生产的直接的目的正是为了满足农民及其家庭的生活需要。显然，在上述各种场合，发展生产与满足需要之间的直接统一也都是存在的。由上所述可知，在资本主义以前的各个社会形态的生产中，都还是存在着发展生产与满足需要之间的直接统一，因此，认为"发展生产，满足需要"只是社会主义生产的特点，显然是很难自圆其说的了。

也许有的同志会说：在资本主义社会岂不是根本不存在着"发展生产"与"满足需要"之间的直接的统一么？的确，资本主义生产的直接目的，不是为了人及其需要，它不是直接为了劳动人民的需要，而且也不是直接为了资本家自身的消费需要，因为，在资本主义私有经济中，生产的直接的目的已不是用以满足消费需要的使用价值而是为了交换价值，马克思曾多次指出剩余价值乃是资本主义生产的"直接目的和决定动机"，"资本家从事生产，并不是为要由生产物满足自己的需要；他的生产，一般并不直接顾到消费。他生产是为生产剩

---

① 马克思：《资本论》第1卷，人民出版社，1953年，第267页。

余价值"①。在以利润作为调节生产的决定性的杠杆的资本主义制度下，生产与需要之间的直接联系便遭受到破坏，在对高额利润的狂热的追求下，资本会在各个生产部门间盲目地转移，从而使生产超过需求（这里是指有购买力的社会需求）或生产暂时落后于社会需求的情况，在各个不同生产部门和各个不同商品之间递次地出现。但是，在资本主义制度下，由生产与需要之间的直接联系的破坏所决定了的社会生产与社会需要之间的脱节，并不能绝对地加以理解，并不能认为从此就不存在生产与需要之间的任何联系与统一了。因为，即使是在唯利润是图的资本主义经济中，生产最终毕竟还是不能离开需要的，不能不受社会需要状况的制约。因为利润固然是资本主义生产发展的直接动因，但是利润的高低，却还会受为社会需要状况制约的市场价格的影响，从而，在资本主义生产与社会需要之间终究是存在着十分密切的联系和相互依存的。如正是由于资本主义制度下广大劳动人民有购买能力的需求的极度低下，因而就决定了社会生产第二部类，特别是供一般居民消费的消费品部门的发展迟缓和处于萎缩衰落状态；正是由于现代资本主义国民经济军事化的需要，决定了社会生产第一部类，特别是军事生产部门的畸形的扩张；正是由于垄断资产阶级奢侈享乐的需要的滋长，决定了资本主义经济中奢侈品生产和服务部门的膨胀。由此可见，在资本主义社会，尽管在生产与需要之间的直接联系遭受破坏的基础上，决定了生产与需要间的对抗性矛盾的加深和相互脱节，但是另一方面，社会生产与需要间的密切的联系总还是存在，并且往往是借助破坏性的危机来恢复二者间的某种相对的与暂时的平衡或统一。可见，资本主义社会，在生产的发展与社会需要之间

---

① 马克思：《剩余价值学说史》第1卷，三联书店，1953年，第154页。

还是有某种统一关系存在，只不过这种统一是间接的、暂时的和经济遭受破坏的，从而与社会主义社会中生产与需要二者之间直接的、经常的与圆满的统一有所不同。因而那种认为生产与需要之间的统一只是社会主义所特有，从而认定"发展生产，满足需要"就是社会主义生产的本质特点的看法，便是欠缺充分的理由了。

主张用"发展生产，满足需要"来表述社会主义基本经济规律的同志所持的另一理由是："发展生产，满足需要"表明了生产与需要之间的互相推动，即在生产发展的基础上，使需要得到不断满足，但生产又会激起新的需要，这种新的需要又推动生产进一步发展。他们认为生产与需要的这种矛盾运动，正是社会主义社会所特有的，而这正是可以用"发展生产，满足需要"来表述的。我认为这种论点也是值得商榷的。

如前所述，生产总是与需要、与消费有着联系的，而不可能是绝对脱节的。也就是说，在任何社会形态下，生产与需要之间都存在着既相矛盾又相统一的关系。首先，人们的需要总是受生产所决定和制约的，因为需要不是指脱离实际的主观的空想，而是一定的物质生产条件在人们主观中的合理反映，因而这种需要便是客观的。如在原始社会低下的生产水平下，决定了原始氏族成员极其卑微的生活需要；而在拥有高度社会生产力水平的社会主义社会，决定了劳动者多方面的复杂的物质与文化生活的需要。生产每发展一步，必然会给社会需要添加新的内容。由此可见，生产水平是第一性的，而需要则是第二性的。承认与揭明社会需要的物质基础，从社会生产的状况来考察社会需要的变化，乃是历史唯物主义对待需要的基本的出发点，也是马克思列宁主义政治经济学与资产阶级政治经济学的根本不同的地方。但是，需要绝不仅是生产的机械的反映，在生产的发展使人们某种既有的需要得到满足的条件下，人们又会产生出新的、更高一级的需要，需要超过社会当时既有的生产水平，这是人类的主观能动性的特殊表现。承认需要可能超越生产，正是辩证唯物论与机械唯物论相区别之点。既然需要总会超过现有的生产水平，从而对生产提出更高的要求，这也即是说生产与需要之间存在着矛盾，既定的社会生产水平与更高一级的需要的矛盾，通过生产的进一步发展而得到解决，达到生产与需要之间的某种暂时的统一。但是新需要又复产生，从而又引起生产与需要之间的新的矛盾，这又推动生产向更高一级发展。由此可见，社会生产的发展总是受生产与需要之间矛盾所推动的。所以说，生产与需要的互相推动、互相促进是社会生产发展的一般规律。

我们说生产与需要之间的互相推动、互相促进是社会生产发展的一般规律，并不是说生产与需要二者间的矛盾运动，在不同的社会形态下就没有其特点和不具有特殊的作用形式了。大体说来，在社会主义以前诸社会形态下，由于存在着物质条件上和社会生产关系上的诸种限制，从而使生产与需要的矛盾运动的规律未获得充分发挥作用的场所。如在原始公社制度下，随着原始人使用的工具的不断改进与生产力的逐步提高，不断给原始人带来新的需要，如熟食、定居等，而这些生活需要又推动了原始人去进一步改进工具，增强向自然作战的能力。由此可见，在原始公社生产发展的进程中，生产与需要的相互推动的规律已经在发生作用。但是，由于当时生产力的极度低下，从而原始人的需要也是极其卑微，生产的发展和现实需要的略微提高也往往要经过漫长的时期，因而在这种条件下，生产与需要的相互推动还不能充分顺利地展开。这也就意味着生产与需要相互推动的规律发生作用还缺乏充分的条件。

在阶级社会中，无论是奴隶社会、封建社会还是资本主义社会，需要具有不同的阶级内容，大体说来可以分化为互相敌对的剥削阶级与被剥削的劳动群众的需要。在阶级社会中，社会生产最终是旨在满足剥削阶级的需要，但剥削者需要的最大满足，乃是以劳动群众的需要和消费被压到极为低下的水平为前提的。在阶级社会中，生产的发展只是意味着劳动群众遭受到的剥削的加深，他们贫困化的加剧与生活需要的进一步被限制。而劳动者生活需要的遭受压制，也就直接破坏了劳动力的再生产，它使劳动者对生产丧失了兴趣，归根到底会阻抑生产的发展并引起生产的破坏（如在资本主义社会中的经济危机）。由此可见，在社会生产与承担物质生产的劳动人民的需要之间的有机联系遭受到破坏的阶级社会中，生产与需要之间的关系经常地表现为二者间的相互脱节与对抗。但是，尽管如此，在阶级社会中，生产的发展总是扩大了少数剥削者寄生享乐需要的范围与满足程度，而剥削阶级无厌的贪欲又推动他们去加强对劳动者的剥削，从而在一定条件下，也会起着推动社会生产发展的客观作用。因此，在阶级社会中，生产与需要相互推动的规律的发生作用，尽管是不经常的、受限制的，但却总是在各种各样的桎梏中开拓道路。既然在社会主义以前各个社会形态中，生产与需要的相互推动是在不同社会形态上与范围内进行着，因而，它就绝不只是社会主义生产所能具有的特点。因此，用实际上是反映在各个社会中都发生作用的生产与需要相互推动规律的一般概念——"发展生产，满足需要"——来作为社会主义生产的特征，便是极不妥当的了。

由上所述，我们看见，"发展生产，满足需要"这一较为抽象的概括本身，并不能反映社会主义生产方式中生产与需要的矛盾运动的特点。把这个适合人类社会各个发展阶段的抽象概括来表述社会主义基本经济规律的内容是不适宜的。

毛泽东同志说："如果不研究矛盾的特殊性，就无从确定一事

物不同于他事物的特殊的本质，就无从发现事物运动发展的特殊的
原因，或特殊的根据，也就无从辨别事物，无从区分科学研究的领
域。"①因而，在对社会主义基本经济规律的规定上，我们必须首先揭
明社会主义经济基本矛盾的特点——它是决定社会主义经济发展的主
要方面和主要过程的特殊的根据；其次，在抓住了社会主义生产发展
的本质特点的基础上，还必须对社会主义基本经济规律做出科学的表
述，使这一表述能最确切地反映社会主义经济的本质特点。这样才符
合科学研究的要求，有助于人们由此能清楚地抓住社会主义经济的本
质。有的同志认为"发展生产，满足需要"这一表述贵在简短，便于
称呼。其实，对于客观规律的科学表述更重要的是能最确切最深刻地
反映客观事物或过程的矛盾运动，而不在于追求简短。如果我们在研
究过程中已经找到了客观事物的发展规律，但是在表述这一规律时却
走了样，那么这只是表明我们还不善于作科学的概括，也表明我们对
客观事物的认识还不够完善和深入。

　　我认为社会主义基本经济规律的表述，应该表明社会主义社会基
本矛盾的特殊表现形式及其发展，一方面应表明社会主义生产的目的
的特性，是最大限度地满足全体社会成员的不断增长的需要；另一方
面应表明社会主义生产的特征是，最充分地发挥劳动者的积极性和最
迅速地采用先进技术来不间断地和高速度地发展生产。因而，试概括
表述为：最充分地发挥劳动者的积极性和最迅速地采用先进技术，不
断地高速度地发展社会生产，以最大限度地满足全体社会成员不断增
长的需要。这一表述只不过是一个初步设想，我在这里大胆提出，是
为求得同志们的指教。

---

① 《毛泽东选集》第1卷，人民出版社，1952年，第297页。

论马克思列宁主义政治经济学的对象①

　　什么是政治经济学的对象？特别是生产力是不是政治经济学的对象？这是政治经济学研究中长期有争论的一个问题。《经济研究》1961年第7期刊登了方文同志的《马克思列宁主义政治经济学的对象是社会生产方式》一文，提出了政治经济学的对象是社会生产方式的论点，认定生产力应该是政治经济学的对象。我认为这个意见有进一步讨论的必要。下面的一些看法，主要是针对方文同志的文章而提出的。有不正确的地方，希望同志们更正。

一

　　马克思列宁主义政治经济学是马克思主义的重要组成部分。在马克思列宁主义经典作家的著作中，属于政治经济学方面的占有最主要

---

① 原载《经济研究》1961年第10期。

的地位。谁都知道，马克思最重要的著作《资本论》便是一部具有划时代意义的政治经济学巨著。列宁指出："马克思的经济学说就是马克思理论最深刻、最全面、最详细的证明和运用。"①在马克思、恩格斯逝世以后，列宁、斯大林的创造性的理论活动，进一步发展和丰富了马克思、恩格斯所创建的无产阶级政治经济学，使这一门学科成为益发严整和完备的体系。这一门科学，在百年来经过了世界资本主义经济发展的实际和无产阶级革命斗争的暴风雨般的严酷检验，证明它是完全正确和战无不胜的。既然马克思列宁主义政治经济学是早已经成熟了的、完备的科学体系，那么关于这门科学的对象问题，自然也是早已经由马克思列宁主义经典作家所正确解决了的。因此，我们在考察政治经济学对象问题时，应该以经典作家的思想为准绳。

但是，我认为，有的同志在体会和解释经典作家关于政治经济学对象的思想时，还存在着片面的地方。例如方文同志的文章，一开始便引证了经典作家的话，进行了一些解释，企图证明政治经济学是以社会生产方式为对象的。在我看来，方文同志这些解释是有违经典作家的本意的。

在马克思从事政治经济学研究的过程中，关于政治经济学对象的提示是很多的。从这些提示中可以清晰地看出，马克思关于政治经济学对象的思想脉络是前后一致的。马克思在1844年前所写的经济学笔记中就曾指出："政治经济学——也正如真正的运动一样——其出发点是**人对人的关系，是个别的私有者对个别的私有者**的关系。"②马克思在1846~1847年写成的《哲学的贫困》一书，就已经形成了生产关系

① 《列宁全集》第21卷，人民出版社，1959年，第41页。
② 《马克思恩格斯全集》德文版，第3卷，第536~537页，转引自卢森贝：《19世纪40年代马克思恩格斯经济学说发展概论》，三联书店，1958年，第80页。

必须适应生产力变化的科学见解，并且指明了作为政治经济学内容的"经济范畴只不过是生产方面社会关系的理论表现，即其抽象"①。而在《政治经济学批判》一书序言中，马克思更开宗明义地这样写道："我照着这个次序来研究资本主义经济制度：资本、土地所有权、雇佣劳动；国家、对外贸易、世界贸易。"②作为马克思列宁主义政治经济学的最重要的经典著作《资本论》——顾名思义，就可以知道这一著作的核心是在于分析资本主义生产关系的实质——资本对剩余劳动的榨取。由上所述，我们可以看出，自从马克思在1840年代开始研究政治经济学直至《资本论》的出版，马克思以生产关系为政治经济学的对象这一基本思想是始终一贯和越来越鲜明，而在表述上则越来越确切完整的。

方文同志引证了《资本论》第一卷初版序中以下一段话："我要在本书研究的，是资本主义生产方式及与其相应的生产关系和交换关系。"认为这一段话说明马克思在《资本论》中所研究的不单是生产关系，而是包括生产力在内的生产方式。方文同志对这句话的理解，在我看来并不是正确的。其实，马克思在这里乃是指明《资本论》所要研究的是资本主义社会经济形态，而不是什么其他的经济形态，正如列宁在阐释《资本论》第一卷初版序的基本思想时所指出的："说到这里，我们首先要指出两件事实。马克思只说到一个'社会经济形态'，即资本主义社会经济形态，换句话说，他研究的只是这个形态而不是别的形态的发展规律。"③马克思在这句话中特别着重指出要研究的是与资本主义经济形态**"相应的生产关系和交换关系"**，是强

---

① 《马克思恩格斯全集》第4卷，人民出版社，1958年，第143页。

② 《政治经济学批判》序言，人民出版社，1955年，第1页。

③ 《列宁全集》第1卷，人民出版社，1955年，第116页。

调把生产关系作为研究对象的。如果说，马克思在这里认为《资本论》的对象是生产方式，而生产方式这一范畴已经包含了生产关系，那么马克思为什么紧接着还要说"与其相应的生产关系和交换关系"呢？！由此可见，把马克思这一句话，理解为《资本论》，从而政治经济学是以生产方式为对象（包括生产力在内）的，在我看来是对马克思原意的误解。

何况《资本论》的对象究竟是什么，只要认真研究《资本论》的内容，是不难得出令人信服的结论的。《资本论》第1卷研究的是资本的生产过程，第2卷研究的是资本的流通过程，第3卷研究的是资本主义生产总过程。可见《资本论》这一著作，就其内容来看，乃是对资本主义生产、交换、流通、分配等各个方面、各个领域的经济关系的全面的科学分析。《资本论》所深刻分析论证了的各个范畴，正是资本主义生产关系的理论表现。因此，《资本论》乃是对资本主义经济制度最深刻最完备的理论分析。《资本论》所展示的伟大范例给我们生动地表明政治经济学是以生产关系而不是以生产力为对象的。列宁对《资本论》的对象更有经典式的说明："马克思认为经济制度是政治上层建筑借以树立起来的基础，所以他特别注意研究这个经济制度。马克思的主要著作'资本论'就是专门研究现代社会即资本主义社会的经济制度的。"①

为了证明政治经济学对象中包括有生产力的同志，往往援引恩格斯在《反杜林论》中如下一句话："政治经济学，从最广的意义上说，是研究人类社会中支配物质生活资料的生产和交换的规律的科

---

① 《列宁全集》第19卷，人民出版社，1959年，第5页。

学。"①并认定恩格斯在这里提到的"生产"乃是指生产关系和生产力的统一，也就是指的生产方式。真的是这样吗？不是。因为恩格斯在紧接着的下文中明确指出政治经济学所要研究的"生产"与"交换"，乃是指"人类各种社会中生产和交换所借以进行的那些条件和形式，以及与此相适应的生产品分配所借以进行的那些条件和形式"②。什么又是恩格斯所指出的"生产""交换""分配"所借以进行的条件和形式呢？如果我们只是从语义的角度望文生义地来阐释"条件和形式"，当然也可以不费气力地将它解释为生产关系与生产力二者，但这是无助于我们去了解经典作家的真正思想的。只要我们对《反杜林论》上述引文的前后有关部分进行通盘考察，而不是抓住一词一句，那么我们不难发现恩格斯不止一次提到过的生产的"形式"，乃是指的生产的社会关系的形式。就在《反杜林论》上述引文的同一节中，恩格斯明确提到"封建生产形式与交换形式"与"资本主义的生产以及交换的形式"在作为剥削形式上的区别。恩格斯对生产"形式"一词的使用，是与马克思所说"资本主义生产关系是社会生产过程的最后一个对抗形式"③的用法相一致的。至于生产与交换的"条件"，按照马克思恩格斯通常的用法，是指的社会的历史的条件。马克思曾不止一处提到"劳动者失却土地和土地所有权这件事，正是资本主义生产和资本的生产的根本条件"④。可见将"条件与形式"解释为生产力与生产关系二者，并企图由此得出政治经济学的研

---

① 恩格斯：《反杜林论》，见《马克思恩格斯选集》第3卷，人民出版社，1972年，第186页。

② 恩格斯：《反杜林论》，见《马克思恩格斯选集》第3卷，人民出版社，1972年，第189页。

③ 马克思：《政治经济学批判》序言，见《马克思恩格斯选集》第2卷，人民出版社，1972年，第83页。

④ 马克思：《剩余价值学说史》第1卷，三联书店，1957年，第45页。

究对象包括生产力的结论是大可怀疑的。何况恩格斯对政治经济学对象的提示，绝不仅见于《反杜林论》一书中，早在1859年发表的《论马克思〈政治经济学批判〉》一文中，恩格斯就指出了马克思的《政治经济学批判》一书是以"说明资本主义生产与交换法则为目的"①。在该文中恩格斯还明白指出："这里我们立即得到一个贯穿着整个经济学并在资产阶级经济学家头脑中引起过可怕混乱的特殊事实的例子，这个事实就是：政治经济学所研究的不是物，而是人与人之间的关系，归根到底是阶级和阶级之间的关系；可是这些关系总是**同物结合着**，并且**作为物**出现。"②这里岂不是明白告诉我们所谓生产与交换的法则，归根到底是属于生产关系的范畴么！

列宁关于政治经济学的对象的思想，可以从下面一段话集中表现出来："政治经济学的对象决不象通常所说的那样是'物质的生产'（**这是工艺学的对象**），而是人们在生产中的社会关系。"③这样明确地将政治经济学的对象严格限定于社会生产关系的提法和思想，在列宁的著作中还可以找出许多（这里不再引述），而并不是如方文同志所说列宁的著作中只是"表面看来似乎把政治经济学的对象规定为生产关系的"。斯大林更是明确指出："政治经济学的对象是人们的生产关系，即经济关系。"④认定政治经济学的对象是包括生产力在内的同志，又如何来解释列宁和斯大林这些无可怀疑的明确的提示与表述呢？！难道说列宁与斯大林的关于政治经济学的对象的思想是离开了

---

① 恩格斯：《卡尔·马克思〈政治经济学批判〉》，见《马克思恩格斯选集》第2卷，人民出版社，1972年，第119页。

② 恩格斯：《卡尔·马克思〈政治经济学批判〉》，见《马克思恩格斯选集》第2卷，人民出版社，1972年，第123页。

③ 《列宁全集》第2卷，人民出版社，1956年，第166页。

④ 《苏联社会主义经济问题》，人民出版社，1961年，第58页。

马克思与恩格斯的思想吗？！

由上所述，我们看见，如果在对待经典著作上不是抓住一词半语随意解释，而是认真地研究马克思和恩格斯的指示，那么我们是看不出马克思和恩格斯在那里曾经把"政治经济学的对象规定为生产方式的"（即是说将生产力也规定为政治经济学的对象），如方文同志所认定的那样；恰恰相反，将政治经济学的对象规定为生产关系，正是马克思和恩格斯基本的和一贯的思想，而列宁和斯大林关于政治经济学的对象的思想，也正是对马克思和恩格斯的基本思想的继承和进一步发展。由此可见，在马克思列宁主义的经典著作中，是不能找到证明政治经济学要以生产力为对象的论据的。

二

马克思列宁主义政治经济学之所以要以生产关系为对象并不是偶然的，是有其现实的阶级基础的。这就是说，决定马克思列宁主义政治经济学以生产关系为对象的，主要在于这一门科学所由此产生的客观的阶级基础，在于这一门科学所肩负的阶级的使命。马克思列宁主义政治经济学是无产阶级为实现解放自身以及解放全人类这一伟大历史使命的理论武器，它是一门有着鲜明的党性和阶级性的科学。在资本主义制度下，全面考察与剖析资本主义的经济制度，揭露资本主义生产关系的剥削实质和对抗性矛盾，揭露资本主义生产关系发生、发展和必然灭亡的规律，便成为无产阶级革命斗争的最紧迫的需要。而这一任务便不能不由马克思列宁主义政治经济学来承担。显然地，如果马克思列宁主义政治经济学不以生产关系为对象，不以揭露错综复杂和不断发展变化的资本主义经济关系的剥削实质和资本主义制度必然灭亡的规律为任务，那么它就不可能成为启发、动员和鼓舞无产阶级去进行反对资本主义制度的斗争的理论武器，它也就不能显示马克思主义的"批判的和革命的"本质，从而它也无从完成它本身所肩负的阶级使命。《资本论》这一部政治经济学巨著，所以是像列宁所指出的，是以"研究这个历史上一定社会（指资本主义社会——引者）的生产关系的发生、发展和衰落"[①]为其对象和内容，正是由无产阶级革命斗争现实的迫切需要所决定的。

由上所述，可见只要联系着无产阶级革命斗争的现实需要，联系着马克思列宁主义政治经济学的历史使命来考察，我们便可以清楚地认识到它所以要以生产关系为对象，不仅具有历史的必然性，而且这也正是马克思列宁主义政治经济学的党性及其"批判和革命的"本质之所在。

三

主张政治经济学研究生产力的同志往往持这样的理由：生产力与生产关系二者本身乃是密切结合、不能截然分开的，从而研究生产关系也是不能脱离生产力的，既然如此，我们就不能说政治经济学的对象只是生产关系而不包括生产力。这种论点，乃是用客观事物的互相联系的性质来否定科学研究对象合理区分的可能性，因而是错误的。

我们知道，人们在认识客观世界（及主观世界）的过程中，一开始便存在着有限的认识能力与无限的客观现象的矛盾，为了有效地和细致地探索客观现象的规律性，要求人们将无比庞大的统一的客观现

---

① 《列宁全集》第21卷，人民出版社，1959年，第41页。

象与事物，分成为各个领域，分门别类地，由各种不同的科学来加以研究。而客观现象的各个领域，存在有其自身的特殊的质的规定性，并由此互相区别开来，这正是不同的科学的对象能互相区分的客观依据。毛主席指出：客观事物和现象"都是因为具有特殊的矛盾和特殊的本质，才构成了不同的科学研究的对象"①。由此可见，科学研究的对象并不是人们主观任意加以确定与划分的，而在于它是在质上有区别的具有相对独立性的客观存在，不同的科学正是要研究"某一现象的领域所特有的某一种矛盾"，是要揭明这一特定领域事物运动的规律性。目前在自然科学和社会科学领域中业已形成的极其众多的不同的科学门类，都是以揭明自然现象或社会现象的某一个特定的领域的矛盾及其运动的规律性为任务的。固然，客观现象的诸领域是互相联系的，而某些事物和领域之间的联系是极其密切、难以截然划分和机械地加以分割的。如生产力和生产关系、经济基础和上层建筑之间的关系就是这样。但是客观事物与现象之间的这种密切联系并不排斥它们之间具有质的差别性和相对独立性，因而这并不能成为我们将这些相联系的领域作为由不同科学来研究的不同对象的障碍。如在生产力与生产关系这一矛盾统一体中，生产力与生产关系二者毕竟是有质的区别的相对独立的事物，而我们完全可以将生产关系划分出来作为政治经济学这门科学的独特的对象。何况，马克思告诉我们："在经济形态的分析上，既不能用显微镜，也不能用化学反应剂。那必须用抽象力。"②因此在生产力与生产关系密切地相互作用和不能截然分开的现实运动中，人们还是可以用抽象力来对生产关系领域的规律性进行

---

① 《毛泽东选集》第1卷，人民出版社，1952年，第297页。
② 《资本论》第1卷，序，人民出版社，2004年，第8页。

独立的考察的。如果我们以客观事物、现象有其密切的联系为理由，便否定科学研究对象能够不断地合理地划分的可能性，那么其结果势必会将一切相关联的领域都拉入一门科学之内，使任何一门科学都成为一个包罗无遗的、无确定的研究领域的大而无当的杂烩。这样，就违背了认识的规律性，就不可能正确地认识客观世界。

有的同志认为，生产力与生产关系之间的关系是矛盾统一的关系，单单以生产关系作为政治经济学的对象，就是将生产力完全排除于政治经济学的研究范围之外，就是割裂了生产力与生产关系的有机联系，从而违背了辩证法所要求的分析事物矛盾的原则。这种非难乃是似是而非的。问题在于这些同志没有弄清楚研究对象与研究范围的关系。

如上所述，科学的对象乃是指科学所要反映、认识和探究其规律的客观存在的特定领域。由于客观现象与事物具有质的区别性与相对独立性，从而决定了各门科学的对象的区别性与排他性。但是另一方面由于客观现象与事物具有相互联系、相互制约、相互影响的性质，决定了各门科学不可能将作为其对象的特定领域孤立起来，与外界绝缘地进行研究。因而，任何一门科学的研究过程，不仅要探索属于其对象的特定领域的规律性，而且为了达到这一目的，对于某些不属于其对象范围，但是却与后者密切相联系的、相制约的诸现象与事物，也要加以考察和探究。如果排除了对这些与对象有密切联系的诸事物与现象的研究，就会把处在辩证运动中的对象范围内的事物禁锢于人为的静止的框子中，这样就不能究明事物的运动规律。由此可见，某一门科学以客观现象的特定领域作为其对象（后者形成其对象范围），并不意味着这门科学的全部研究范围仅仅是铁定于其对象范围之中，而不研究某些对象范围以外的现象与事物；恰恰相反，任何科学的研究范围，除了由作为其唯一主体的对象范围所构成外，还要以与这对象范围有密切关联的诸现象与事物作为其中必要的组成部分。如社会科学研究人类社会的产生，还必须考察人类产生的自然地理条件；研究意识形态的科学还要考察经济关系、政治关系对思想意识所起的作用；研究政治上层建筑领域的诸科学（政治学、法律学），也要考察经济基础对政治上层建筑所起的作用。这一切都表明任何科学的研究范围事实上是较其对象范围更为广泛。如果将研究范围只是限定在对象范围，排除一切非对象的诸现象与事物，事实上便是否定了事物间的辩证联系，也就是以形而上学的方法来代替辩证法。

当然，必须指出，尽管科学研究范围包括有某些不属于其对象的现象与事物，但是它们与作为对象的事物与现象在这门科学中的意义与地位是不同的。因为，作为研究对象，乃是这门科学所要揭明其规律的特殊领域，而在研究范围中所要包括某些对象范围以外的现象与事物，它们只是用来完满地阐明对象范围事物的规律性所必要涉及的从属性的领域，对于后一领域事物的规律性的揭明，不是这门科学的任务。如哲学史、美学史、文学史等科学，固然也要研究和考察经济基础与政治制度，但是却不是以经济基础和政治制度为对象，不是以揭明后者的规律性为任务。由此可见，只有弄清楚研究范围和对象范围的区别，我们才能在各门科学研究中所要涉及的颇为广泛的领域里明确主次，分清对象，才能弄清各门科学所要探索和揭明的是什么领域的事物的规律性，从而明确各门科学的特有任务。

基于以上认识，我们就可以更清楚地来考察政治经济学的对象问题了。如前所述，马克思列宁主义政治经济学的对象乃是社会生产关系，但是生产关系首先是与生产力密切联系着，形成矛盾统一的关系；同时，生产关系又是与上层建筑处在密切的相互作用中，形成另一种矛盾统一关系。因而政治经济学是从生产力与生产关系的矛盾、经济基础与上层建筑的矛盾着眼来研究生产关系的发展规律。这也表明政治经济学的研究范围包括生产力和上层建筑的某些方面，但是生产力和上层建筑却不是政治经济学的对象，生产力与上层建筑的规律性的揭明也不是政治经济学这门科学的任务。

四

方文同志还对政治经济学所要揭明的经济规律作了一个注释，认为经济规律"就是生产力与生产关系发展的规律，就是社会生产方式发展的规律"。仿佛这样，就给政治经济学的对象是包括生产力在内的生产方式的论点，找到了另一重要论据。在这里，我们有必要对经济规律一词的含义略加论述。

"经济规律"一词，已见于古典经济学家的著作中，而经济规律之真正成为反映客观经济过程的科学概念，则首先应归功于马克思和恩格斯。马克思在《资本论》一书中指明："本书的最终目的，是揭露近代社会的经济的运动法则。"[1]马克思所说的近代社会的经济运动法则是指的什么呢？只要我们深入研究《资本论》一书，就可以看出那是指：决定资本主义生产的实质与支配资本主义生产的主要过程的剩余价值规律，反映资本家占有越来越多的社会财富的资本积累规律和无产阶级贫困化的规律，属于资本家瓜分剩余价值这个范畴的平均利润规律和利息、地租等规律，反映资本主义基本矛盾不断加深的经济危机的规律，以及其他竞争和生产无政府状态规律，等等。只

---

① 《资本论》第1卷，序，人民出版社，2004年，第10页。

要对上述这些规律加以分析，我们就可以看出这些规律的实质，在于从各个领域、各个方面揭明资本和劳动的对抗关系（资本家间的利益对立也在加深着这一基本的阶级对抗）。因而《资本论》中所揭示的诸经济规律都是反映资本主义最基本的生产关系——资本家对劳动者所创造的剩余价值的剥削关系——的确立、发展和对抗的加强，并最终导致资本主义经济制度必然灭亡的规律。列宁在《什么是"人民之友"》一书中，曾经就马克思《资本论》初版序中所提出的"近代社会的经济运动法则"，作了如下的阐释：马克思"从各个社会经济形态中取出一个形态（即商品经济体系）加以研究，并根据大量材料（他花了不下二十五年工夫来研究这些材料）把这个形态的活动规律和发展规律做了详尽的分析。这个分析仅限于社会成员间的生产关系。马克思一次也没有利用这些生产关系以外的什么因素来说明问题……"[1]列宁在这里岂不是明白地告诉我们经济规律乃是一定的生产关系的发生发展与灭亡的规律么！当然，马克思在研究资本主义生产关系的矛盾运动时，从来也不曾抛弃对生产关系变化的物质基础——生产力的考察，但是这并不能改变政治经济学所要揭明的规律是属于生产关系的性质。试问：马克思在《资本论》中哪里曾揭示过资本主义生产力发展的规律呢？

方文同志之所以认定经济规律是"生产力与生产关系的发展规律"，系建立在以下的论据之上的："社会经济本来就是生产力和生产关系的总和，社会经济形态本来就是生产方式，所以，社会经济的发展本来就是生产方式的发展，社会经济发展规律本来就是生产方式的发展规律。"这种论证，我认为是抽象的推理，并不是实事求是的

---

[1] 《列宁全集》第1卷，人民出版社，1955年，第121页。

分析，而且就这一推理本身而言，其大前提"社会经济本来就是生产
力和生产关系的总和"也是错误的。因为，"经济"一词，就其广义
而言，固然也包括生产力，但就其狭义而言，却是专指有别于生产的
物质技术的社会生产关系的方面，而马克思列宁主义经典作家一般正
是这样来使用"经济"一词的，他们以经济制度、经济基础、经济规
律、经济形态等专指生产关系方面。

至于方文同志认为政治经济学中事实上所研究的如按比例发展的
规律、劳动生产率不断增长的规律、生产资料优先增长的规律、以农
业为基础的规律，"就其自身来说，都是属于生产力发展的规律"，
在我看来，问题也不是那么简单。

如果说存在着按比例发展的规律，那么它乃是反映国民经济中各
个部门之间的关系；生产资料优先增长规律是反映社会扩大再生产过
程中生产资料的生产活动与消费资料的生产活动之间的关系；以农业
为基础的规律是反映农业的活动与工业和国民经济其他部门间的活动
之间的关系。而以上这些关系统统属于社会生产中处在不同地位的人
们之间的相互关系，这乃是属于马克思所说人们"共同活动和互相交
换其活动"[①]，从而是属于生产关系的范畴。既然以上这些规律所反映
的是生产过程中人与人的关系，而不是人与自然物或自然力之间的关
系，因而很难理解为什么这些规律"就其自身来说都是属于生产力发
展的规律"。当然，以上的规律都是适合各个社会形态的一般规律，
反映着各个社会形态的生产关系的某些共同的特性。方文同志正是将
这种不同社会形态生产关系的某些"共性"，当作是生产力的特点
了。至于劳动生产率不断增长的规律，马克思列宁主义政治经济学也

---

① 《马克思恩格斯文选》（二卷集）第1卷，莫斯科外国文书籍出版局，1954年，第67页。

从来是揭明引起劳动生产率增长的诸社会经济条件，如所有制、劳动性质、分工协作的社会形式等，换言之，研究生产关系对劳动生产率增长的作用。因而政治经济学所揭明的劳动生产率增长的规律，也并不是从生产力，从生产的物质技术因素着眼，而是要研究劳动生产率增长的具体社会历史形式，揭明实现劳动生产率增长的诸社会条件。由此可见，对于方文同志所举出的那些他认定为属于生产力发展规律的东西，只要进一步加以分析，就可以看出它们仍然属于生产过程中人与人的关系，即社会生产关系的范畴。因此，想用这些规律来证明政治经济学所研究的是生产力的发展规律也是不成功的。

五

主张政治经济学的对象包括生产力的同志，也觉得如果将作为生产力的一个重要内容的生产技术问题，统统拉进政治经济学的领域中来是不妥当的。但是他们为了不放弃政治经济学要以生产力为对象的论点，就说生产力是一个经济范畴，理应属于政治经济学的对象范围。上述方文同志的文章也持有这种论点。

什么是生产力呢？生产力是人们利用与控制自然界的程度与水平的最概括的表述。生产力包括劳动者、劳动手段与劳动对象三者，并且是在这三者间既相矛盾又相统一中实现的。在生产力中一个方面是属于什么样的劳动者（包括其觉悟程度、积极性、文化技术水平）以什么社会形式结合起来利用生产资料的问题，这一方面属于生产力的社会经济关系方面；生产力的另一个方面，乃是劳动手段与劳动对象的性质（包括工具、原材料的性质、效率、发展水平等）及二者结合的状况与方式的问题，这个方面属于生产力的物质技术方面。社会

生产力正是体现以上社会经济关系与物质技术关系的统一。这也表明
"生产力"一词就其完全的意义来说，绝不是如方文同志所说的那样
只是一个"经济范畴"，因为马克思说"经济范畴只不过是生产方面
社会关系的理论表现"①，而生产力由于它既反映社会经济关系，也
反映物质技术关系，因而按其实质，它乃是一个复杂的社会范畴，带
有社会经济与物质技术两方面的特性。这样也就决定了研究生产力便
必须研究以上两个方面。由于在生产力中，物质技术因素有重要意
义，工具的完善程度，科学技术的发展水平与应用状况，劳动对象的
性质，等等，在很大程度上决定着生产力的发展水平，特别是社会生
产力越是发展，科学技术在生产力发展中的作用会越来越重大，因而
要揭明生产力的发展规律，便必须揭明生产力的极其丰富复杂的物质
技术因素的性质、状况及其发展的规律性。显然，这一重要任务是政
治经济学这一门社会科学所不可能承担下来的，这些内容应该由工艺
学、农艺学、技术史，以及其他的许多自然科学，从各个不同领域来
进行研究，尽管在自然科学中没有生产力这个范畴，但是我们却不能
否认在一些自然科学中事实上是研究了生产力的物质技术因素的。

　　既然政治经济学不能全面地与周密地研究生产力和揭明其发展
规律，而只能是对生产力的社会性质、状况、社会关系方面进行一些
考察和研究，并且以此作为揭明生产关系的发展规律的依据，因而我
们便不能将生产力列入政治经济学的对象之中。由此可见，如果要坚
持政治经济学以生产力为对象的论点，便必然会走向将庞杂的科学技
术问题一并拉进政治经济学中来的道路，从而取消政治经济学这门科
学。如果我们承认政治经济学不研究生产力的技术问题（方文同志也

① 《马克思恩格斯全集》第4卷，人民出版社，1958年，第143页。

还是承认这一点的），那么就必然会得出政治经济学不可能全面研究生产力，不可能以生产力为对象，不可能以揭明生产力的发展规律为任务的正确结论。

六

最后，还必须提到社会主义政治经济学的对象有无将生产力包括进去的必要的问题。

认为政治经济学的对象包括生产力的同志，往往持这样的论点：在资本主义剥削制度业已被消灭，社会主义生产关系已取得胜利的条件下，发展生产力已成为无产阶级实现其历史使命的迫切任务。因此，政治经济学的任务就是为生产建设服务，因而将生产力作为政治经济学的对象便有其必要了。这种意见也是值得商榷的。

无疑，在无产阶级已取得社会主义革命的胜利，掌握着国家政权的条件下，就国内而言，首要任务是从事经济建设以发展生产力。社会主义政治经济学乃是无产阶级进行社会主义和共产主义建设的强大的理论武器，它要为生产建设服务是不成问题的。但是，如何来为生产建设服务呢？难道是抛弃生产的社会关系方面的研究可以达到为生产建设服务的目的吗？我认为这是不可能的。社会主义政治经济学正是要通过以揭明社会主义生产关系发展的规律性的理论来为生产建设服务的。

诚然，社会主义生产关系和那具有拜物教性质和虚假歪曲形态的资本主义生产关系根本不同，但社会主义生产关系却也并不是如有些人所说的那样"简单明了"；恰恰相反，适应着社会生产力全面的高速度的发展，社会主义经济活动日益复杂，社会主义生产关系的体系也就日益庞大。在这一经济体系中仍然会存在着内部矛盾（不过，它不具有对抗性），社会主义生产关系在矛盾中发展变化，仍然会具有复杂的和迂回曲折的形式。因而认识和掌握社会主义生产关系发展的规律性并不是轻而易举的，而是要经过艰苦的调查研究和长期的实践—认识—再实践过程的反复考验的。特别是建设社会主义乃是一个生气勃勃的发展过程，即使业已探明了的经济规律也将在不同的条件下有其特殊的作用形式，因而，认识社会主义经济规律必须付出艰苦的劳动。在未来的共产主义制度下，共产主义经济所涉及的方面将比社会主义经济更为广泛。同时，正如毛泽东同志所指出的，在共产主义制度下也还是存在着生产关系与生产力的矛盾、上层建筑与经济基础的矛盾的。因此，发现和探明共产主义生产关系发展的规律性，将仍然是一个艰巨的任务。

综上所述，在社会主义和共产主义社会，为了有计划有步骤地调节生产关系以适合高速度发展生产力的要求，人们必须全面地、深刻地认识社会主义和共产主义生产关系发展的规律，这个任务要求我们不是削弱而是加强对社会主义、共产主义生产关系的研究，从而要求我们在继承马克思列宁主义经典作家业已建立的以生产关系为对象的政治经济学的科学传统的基础上，进一步把政治经济学这门科学推向一个新的、更深刻、更完备的高峰。

论农业是国民经济的基础[1]

一

毛泽东同志提出的农业是国民经济的基础这一命题，深刻地揭明农业在国民经济中的重要地位与作用。它是人类社会经济发展的重要客观规律的最确切、最完整的表述。

农业是国民经济的基础，首先是由农业这一部门在整个人类社会生产与社会生活中的地位与作用所决定的。谁都知道，生产乃是人类社会存在的前提。斯大林说："为要生活，就需要有食品，衣服，靴鞋，住房和燃料等等，为要有这些物质资料，就必须生产它们……"[2]而农业这一部门的自然特点，决定了它是最重要最根本的生产部门。农业是人类衣食之源，生存之本。任何一个国家即使是在一个短时期，中止了农业劳动，人们也会面临着饥饿与灭亡的威胁。农业在人类生产和社会生活中的特殊重要地位，决定了它是社会存在与发展的

---

① 原载《成都晚报》1962年3月1日。

② 斯大林：《辩证唯物论与历史唯物论》，解放社编《马克思 恩格斯 列宁 斯大林思想方法论》，人民出版社，1963年，第185页。

基础与先决条件。我国自古以来"国以农为本""民以食为天"的说法，正是对农业的基础作用的一种朴素的认识与表述。

农业之作为人类衣食之源，社会存在之本，固然是体现了农业的基础作用的重要内容，但这并不是农业作为"基础"的全部内容。农业之所以是国民经济的基础的另一个重要方面，还在于农业的劳动生产率成为其他非农业的生产活动与生产部门的存在与发展的基础。马克思对这一方面曾作了如下的有名的概括："农业劳动不只是农业范围内的剩余价值的自然基础，并且是其他一切劳动部门所以能够独立化的自然基础。"①无论是在任何一个社会形态的社会经济发展进程中，都可以清楚地看出农业的这种基础作用。

如对于人类第一个社会形态——原始公社制度来说，由于社会生产力水平的极度低下，在最初一个时期不存在独立的农业活动与工业活动。但是即使在这个时期，人们所从事的多样的生产活动，总还是可以在性质上区别为以直接提供生活资料为目的的最广义的农业活动——包括采集、狩猎、捕渔等前期形态②——与主要以制造工具为目的的工业活动。在这种意义上，可以说，最原始的社会生产，就已经是农业活动与工业活动的统一。农业活动与工业活动二者是互为条件、互相促进的，但是这二者的相互关系中，农业活动处于基础的地位，它乃是工业活动进一步发展的先决条件。在农业活动的劳动生产率还是极低，还不能经常地提供一定的剩余产品的时候，人类大部分劳动时间便不得不被直接获取生活资料的农业活动所占去。在这种情况下，工业活动是不发展的，它只不过是附属于农业活动的副业。马

---

① 马克思：《剩余价值学说史》第1卷，三联书店，1949年，第42页。

② 马克思称获取生活资料的劳动为经济学上最广义的农业劳动。参见《资本论》第3卷，人民出版社，1953年，第829页。

克思说："农业劳动与工业劳动原来不是分开的。后者包括在前者中。农业氏族，家族共同体，或家族的剩余劳动和剩余生产物，包含有农业劳动，也包含有工业劳动。两者是并行的。狩猎，捕渔，耕作，没有适当的工具是不可能的。织与纺之类的工作，起先是当作农业的副业来进行。"①只是随着此后农业活动生产率的逐步提高，农业剩余劳动与剩余生产物有了增长，原始人才有可能腾出更多的时间来从事工业活动，如制造工具、缝纫、制作陶器等。由此可见，在原始社会工业劳动尚未独立化的时期，在社会经济发展进程中已经约略显示出这一规律性：农业活动的劳动生产率，决定了劳动者能分出多少时间来从事工业的生产活动，决定了工业活动发展的范围与程度。而在此后，在农业劳动所提供的剩余产品已经足以维持一部分不直接从事生活资料生产的人的生活的前提下，原始公社就逐渐分化出专门从事手工业生产的人，从此，才有手工业脱离农业而独立。

自从手工业从农业中分化出来，成为独立的部门后，手工业与农业之间仍然存在着密切联系，手工业的发展要以农业劳动生产率的增长为先决条件。如在奴隶制社会与封建社会的发展进程中，适应农业劳动生产率的逐步提高，农业中超越个人需要的剩余产品的逐步增大，可用以维持工业人口的生活资料与供工业使用的原料的数量就进一步增多。正是在这个基础上才会有更多劳动者脱离农业领域而转化为手工业者，手工业从业人口才会逐渐增长，内部分工才会越来越趋于细密。同时，适应农业工业交换的需要，商业活动也发展起来，作为工商业活动的中心的城市也就越加从农村分化与独立发展起来。前资本主义诸社会形态社会经济机体不断充实、社会经济不断发展的过

---

① 马克思：《资本论》第3卷，人民出版社，1953年，第826页。

程，正是立足于农业劳动生产率增长这一先决条件之上的。

农业作为工业独立发展的基础作用的更充分的显现，是以资本主义社会为起点的。资本主义乃是以剥削剩余价值为基础的大生产。资本家顺利地投资于大工业，要以农业中能解放更多的劳动力，以及农业中能提供更多的原料为条件，而这些都是以农业劳动生产率有更高发展水平为前提。马克思说："能够投于工商业上面而无须从事农业的劳动者人数——或如斯杜亚所说'自由的手'的数目——是取决于农业者在他们自身的消费额以上，能够生产多少的农产物。"①资本主义社会工业生产力以过去不能比拟的速度发展，大工业成为国民经济中占压倒优势的部门，在大工业和城市中集中了大大超过农业领域中的人口，而与封建社会的农业面貌相反，资本主义社会是以工业国为特征，工业成为"把其他一切色彩都淹没了的普照之光"（马克思）——资本主义社会国民经济的这种深刻的变化，都是以农业劳动生产率的提高为先决条件的。因此，马克思说："本国农业或者外国农业的一定发展程度，是资本发展的基础。"②又说："超越于劳动者个人需要的农业劳动生产率，是一切社会的基础，尤其是资本主义生产的基础。"③

农业之作为工业以及其他国民经济部门发展的基础，在社会主义经济发展中得到了鲜明的显现。在生产资料公有制的基础上，消除了市场狭窄、生产无政府状态与利润率下降等阻抑工业发展的社会制度的障碍，只有在社会主义制度下才开辟了工业及整个国民经济最迅速发展的道路。但是社会主义社会中，工业及其他国民经济部门（如交

---

① 马克思：《剩余价值学说史》第1卷，三联书店，1949年，第41页。
② 马克思：《剩余价值学说史》第1卷，三联书店，1949年，第42页。
③ 马克思：《资本论》第3卷，人民出版社，1953年，第1025页。

通运输部门、商业部门）以及文化教育机构的发展速度，乃是要取决于农业劳动生产率增长的程度。社会主义工业的发展不可能超越农业劳动生产率所确定的界限。只有在农业劳动生产率进一步增长的基础上，才能使原先束缚于农业中的生产资源——生活资料、生产资料及劳动力——解放出来，从而转化为工业及其他部门发展的资源。

由上所述，我们可以清楚地看出，无论是哪一个社会形态下，农业劳动生产率的增长，总是工业和其他经济部门发展的基础。

农业是国民经济的基础，除表现于上述两个方面外，还表现于在有商品经济存在的条件下，农业的发展为工业提供市场，从而成为工业进一步发展的必要条件。在工业从农业中分化出来以后，工业与农业便是处在紧密联系和相互依存中，在商品经济的条件下，工农业间的这种相互依存的一个重要方面，表现于它们的互为市场上，即农产品要通过商品形式为工业和城市所吸纳，而工业品也要销售于农村并成为农业再生产的必要因素。在工农业互为市场中，农业对工业所起的市场作用尤其有重要意义。因为农业即使是卷入商品交换的轨道中，并使它的生产一部分转化为商品性生产以来，它总会有一部分生产是保存着自给性生产的特征（农业劳动者所生产的粮食、肉类、蔬菜等一部分是直接作为自身消费的），而不像工业生产那样主要是商品性生产。因而农业对于工业和城市市场的依赖，远不如工业对于农业和农村市场的依赖。从历史上看，正是由于农村中所提供的市场，为城市手工业的存在与发展提供了必要条件。而在资本主义经济发展初期，农村市场也曾经是资本主义国内市场的重要部分，农村市场的容量，很大程度地影响着资本主义工业及整个国民经济的发展。而在社会主义社会，农村作为轻工业品及重工业品的市场的作用则更为加大了。固然，市场本身是由生产决定的，但是市场的状况又反作用于生产，而农业中所包容的工业品市场的状况，对工业生产的发展有着重要作用。在农业不断发展的基础上，农村市场范围的扩大对工业生产进一步扩大所起的积极作用，正是农业的基础作用的另一个重要表现。

综上所述，从马克思列宁主义经典作家有关著作的论述中，从人类社会发展的历史中，可以看见，无论是哪种社会形态，农业都是人类社会存在的基础，是工业和其他经济部门存在和发展的基础。农业是国民经济的基础乃是社会经济发展的一个普遍规律，它适用于一切社会形态。

二

"农业是国民经济的基础"是对各个社会形态都适用的一般规律。这个一般规律的实质及其发生作用的客观依据是什么呢？有的同志认为，农业是国民经济的基础的规律对一切社会形态都起作用的原因，在于农业本身的自然属性与自然特点[①]。但是如果将农业的基础作用认作是农业本身的自然属性所决定的，那么这便是将农业是国民经济的基础的规律当作是反映农业的自然属性的规律，或者当作是生产力发展的规律了[②]。

这些看法，是值得进一步商榷的。

经济规律乃是在一定的生产关系下起作用的，它反映社会生产关系发展变化的规律性，是反映社会生产关系的本质的。农业是国民经

---

① 柯吾荆在《对"农业是国民经济发展的基础"的认识》一文中说："农业就其自然属性来说，就是国民经济发展的基础。"这种看法并不是个别的。载《理论战线》1960年第4期。

② 方文在《马克思列宁主义政治经济学的对象是社会生产方式》一文中认为农业是国民经济的基础的规律是属于生产力发展的规律。载《经济研究》1961年第7期。

济基础乃是一个经济规律，显然地，它也就是属于生产关系发展的规律的。而且，农业是国民经济的基础乃是在社会分工的条件下发生作用的。社会分工是人们的生产活动分成为不同的种类，形成了许多不同的生产部门，从而有了这些不同的活动与不同的部门间的相互关系与相互作用，进而也就产生了反映这些不同活动与不同部门间的经济关系的经济规律。农业是国民经济的基础的规律，正是反映了农业在国民经济中的作用与地位的，它是反映在有工业活动与部门和农业活动与部门的区分的条件下，农业活动与部门与其他的生产活动与部门间的相互关系与本质联系的；既然它是反映人们在生产过程中的经济关系，因而它便是属于反映生产关系的运动的经济规律的范畴。

固然，农业之所以在一切社会形态中都起基础作用，与农业这一部门的自然特性是有密切关系的。正是由于农业是提供生活资料以及提供工业原料这一自然特性，决定了它在人类社会存在与工业发展中的基础作用的重要方面；但是农业的自然特性从来不可能成为农业在社会经济中的全部基础作用的直接的决定因素。例如，在社会主义社会，农业之作为工业品的市场，作为国家工业化资金积累的重要来源等基础作用是分外重大的，而这种基础作用却不是农业的自然属性的直接表现，宁肯说是社会主义农业的社会经济特点所决定的。在各个社会形态下，农业的基础作用的表现形式与程度是有差别的，这也不是农业的自然性质所直接决定，而是农业的社会经济特点所决定的。因此，如果单纯地着眼于农业的自然属性与自然特点，抛弃了它的社会经济性质与特点，是不可能说明农业作为国民经济的基础的主要依据与根本原因的。政治经济学史上的重农学派对农业在国民经济中的地位曾经提出若干正确观点。但是重农学派以农业为唯一生产部门的观点是不正确的，他们从农业的自然特性出发来论证农业是唯一的生产部门的论据就更加错误了。马克思指出："他们（指重农学派——引者）的错误是在这里：即，他们把物材的增加——那是自然生长作用的结果，而使农业畜牧业和制造业区分的，也就是这个——和交换价值的增加混同了。"①马克思对重农学派的批判，对正确地理解农业是国民经济的基础的原理是有重要指导意义的。他告诉我们，在寻找和考察农业是国民经济的基础的一般规律与客观依据时，固然要看到农业的自然属性与特点，但更加重要的是要看到农业的社会经济特点。归根结底，不能将这个规律作为是反映农业的自然属性的，属于生产力范畴的规律，而是要将这个规律作为反映社会经济关系的经济规律来把握。

三

农业这一部门是社会生产有机整体的一个组成部分，而在各个不同社会形态下，农业的发展状况及其客观作用也不可能一样。这也表明农业是国民经济的基础这个普遍规律在各个不同社会形态下，有其特殊作用形式，并且也正是通过这些特殊作用形式来发挥作用的。毛泽东同志指出："对于物质的每一种运动形式，必须注意它和其他各种运动形式的共同点，但是，尤其重要的，成为我们认识事物的基础的东西，则是必须注意它的特殊点，就是说，注意它和其他运动形式的质的区别。只有注意了这一点，才有可能区别事物。"②因此，我们对农业是国民经济发展的基础，便不能仅仅停留在一般规律的了解

---

① 马克思：《剩余价值学说史》第1卷，三联书店，1949年，第50页。
② 《毛泽东选集》第1卷，人民出版社，1952年，第296~297页。

上，更重要的是要进一步揭明这一规律在各个不同社会形态下发生作用的具体形式与特点，特别是要揭明在社会主义社会中，这一规律作用的形式、特点及其较之于资本主义社会中的重大区别。如果忽视了这一点，那么只能是在抽象意义上谈论农业的基础作用，说不上是对这个规律有了深刻的认识。

农业是国民经济的基础这一规律，在各个社会形态下的具体作用的形式及其特点，是由各个社会的基本经济规律的作用所决定的。因为，基本经济规律是决定一个社会生产的实质，从而也决定和制约社会生产发展的主要方面和主要过程的，因而它也就必然制约着该社会形态下农业生产的发展与农业劳动生产率提高的状况，归根到底，它也就制约着农业的基础作用发挥的状况与程度。

如原始公社制度的基本经济规律，是依靠简陋的生产工具，并在集体劳动的基础上来生产原始公社最必需的生活资料。农业劳动生产率的极度低下，乃是原始公社制度社会的重要特征，这也决定了在这个社会形态下，农业是国民经济基础的规律的作用的极不充分。它表现在原始公社制度下工业活动的不发达与手工业生产发展的极度缓慢性上。在此后的奴隶社会与封建社会中，在生产工具改进与农业劳动生产率进一步提高的基础上，农业的基础作用获得了进一步发挥的场所，它表现在手工业进一步分化与发展、商业的扩大、城市的兴起、社会经济机构的复杂化上。但是由于奴隶社会与封建社会生产的实质，都在于通过残酷地剥削劳动群众——奴隶或农奴——来为奴隶主或封建主生产剩余产品，这种对抗性的生产方式是与技术的迅速进步以及与农业劳动生产率的迅速提高不相容的，因而，在这种社会形态下，农业的基础作用也带有很大的局限性，这表现在无论是在奴隶社会或是封建社会，手工业生产以及商业与城市的发展都是很缓慢和不充分的，农业却是社会占绝对优势的部门，而整个社会还是保持着落后的农业社会的面貌。

在发达的资本主义国家，资本主义生产方式在农业中的渗透与取得支配地位，引起了农业生产领域的深刻革命，建立在机械化技术基础上的资本主义农业，使农业劳动生产率提高到了在过去难以设想的水平。正是在这一基础上，带来了资本主义工业及其他各个经济部门的巨大发展，使这些资本主义国家完成了从农业国到工业国的飞跃。因而，农业在国民经济发展中的更大的基础作用乃是资本主义社会的一个显著特征。但是在资本主义基本经济规律——剩余价值规律的作用下，资本主义经济中，特别是在农业领域中充满了不可克服的矛盾，这些矛盾决定了农业的基础作用从来不可能得到最充分的发挥。这表现于以下几个方面：（1）资本主义生产方式的基本矛盾越来越阻抑农业的技术进步，使农业的发展落后于工业，使乡村落后于城市；（2）资本主义社会，农业发展日益片面与畸形，一些发达的资本主义国家缺乏国内完整的农业体系，而依存于殖民地的农业基础；（3）垄断资本主义越发深刻的矛盾，引起无比拖延持久的农业危机，使农业发展缓慢与趋于衰落。因而，在许多资本主义国家，农业成为国民经济中的薄弱环节与落后的部门，农业与工业之间的脱节十分严重。正如列宁指出："农业的发展落后于工业，这是一切资本主义国家所固有的现象，是国民经济各部门间比例遭到破坏，发生危机和物价高涨的最深刻的原因之一。"① 因而，尽管在资本主义经济的上升期，农业的基础作用曾经有更大的与较显著的发挥，农业曾经有力地推动工业，从而也推动了整个国民经济的发展。但是在资本主义制度下，

---

① 《列宁全集》第22卷，人民出版社，1958年，第84页。

农业这一部门不可能得到最顺利与最迅速的发展，因而农业不可能是工业发展的持续的支柱，农业对工业以及整个国民经济的推动作用是带有不经常与不稳定的性质。特别是在当代资本主义时期，在许多不发达的国家，出现了工农业间的脱节的加剧，农业趋向衰落，农业在资本主义国民经济中的积极作用趋于缩小，农业的基础作用有所削弱的现象。正如列宁所指出："假如资本主义能推进现在到处都远远落在工业后面的农业的发展……资本主义就不成其为资本主义了，因为发展的不平衡和大众的半饥半饱的生活水平，是这种生产方式的根本的、必然的条件和前提。"①

在社会主义社会，社会主义基本经济规律的作用，决定了农业不断的迅速的发展与农业的基础作用最充分最完满的发挥的客观必然性。社会主义生产的目的在于最大限度地满足全体社会成员的不断增长的物质与文化的需要，它首先要充分满足广大劳动者在资本主义制度下不曾得到满足的基本生活需要（如食品、衣服等），而这些都是要直接地由农业来提供或是由以农业原料进行生产的轻工业来提供的。因此，社会主义生产的目的便赋予了农业这一部门在一切社会形态中所未曾有过的意义。而只有使资本主义经济中处于相对落后状态下的农业根本振兴起来和迅速发展，只有使国民经济的农业基础大力加强起来，才能保证有充裕的粮食、肉类、乳类、蔬菜以及保证轻工业有充足的原料。归根到底，只有农业的迅速发展，才能使全体社会成员的生活越来越富裕和丰富多彩。同时，达到社会主义生产目的的手段，在于以先进技术为基础的社会主义生产的高速度发展。社会主义经济的高速度发展，一方面要求优先发展重工业，因为只有在重工

---

① 《列宁全集》第22卷，人民出版社，1958年，第233页。

业优先发展的基础上，才能有用来进一步扩大重工业本身所必要的生产资料（机器、设备、原材料等），才能以先进的技术来装备国民经济各部门，特别是农业。但是重工业以及整个社会主义经济的高速度发展是不可能脱离农业的发展的，只有农业劳动生产率的进一步增长，重工业才有可能获得充足的追加的劳动力，才能有重工业与城市进一步发展所必要的粮食与副食品，也才能保证重工业发展所必要的国内市场的扩大，才能从农村积累必要的资金。由此可见，只有农业的迅速发展，才能为重工业的优先发展创造必要的前提。归结起来，社会主义基本经济规律的作用，决定了农业的不断高涨与农业的基础作用的最充分的发挥。在社会主义农业高速度的发展、农业劳动生产率不断提高、农业的基础作用越来越全面与充分发挥的基础上，工业以及整个国民经济的蓬勃的高涨，乃是社会主义经济发展的一个显著的特征，它与资本主义社会农业的基础作用的薄弱与工业和整个国民经济发展的缓慢，恰恰成为一个鲜明的对比。

由上所述，我们看见在不同社会形态下，农业的基础作用的程度与形式是有差别的，这种差别直接制约着各个社会形态下经济发展的状况，大体说来，在社会主义社会以前的各个社会形态中，都不曾具备农业是国民经济的基础最充分地发挥作用的必要条件，而只有社会主义社会，才为这一规律的最充分最完满地发挥作用，开辟了广阔的场所。认清在各个不同的社会形态下农业发挥基础作用的差别，对于认清各个社会形态经济发展过程的特点，有着重要意义。特别是探明在社会主义制度下，农业是国民经济的基础这一规律的作用形式与特点，不仅对于我们进一步深刻地认清社会主义经济的优越性有重要意义，而且对于我们学习与熟练地运用社会主义经济规律，以加速我国社会主义的建设事业，也有着极为迫切和重大的意义。

四

农业的基础作用，不仅在各个不同的社会形态下，具有不同的形式与特点，而且即使是在不同国家、不同的具体条件下，农业的基础作用也是有所不同的。在社会主义国家，无疑地，农业都有着充分发挥基础作用的场所，但是应该看到，对于那些人口多、农业在国民经济中有更大比重的社会主义国家，农业在国民经济中的作用与意义，自然是分外重大的。我国是一个拥有6.5亿人口的大国，而其中农业人口占全国人口80%以上，农业是我国拥有最多劳动力与最丰富的生产资源的一个部门，因而，农业在我国国民经济中具有举足轻重的地位。毛泽东同志说："我国有5亿多农业人口，农民的情况如何，对于我国经济的发展和政权的巩固，关系极大。"[①]农业在我国的特殊重要性决定了农业在社会主义国民经济中客观存在着特别重大和突出的基础作用。首先，农业的状况乃是全国6.5亿人民丰衣足食，生活水平不断提高之所系。其次，拥有5亿人口的农村，是我国工业发展必要的追加劳动力的最丰富的后备，农村中丰富的劳动力资源一旦解放出来，将使我国工业、交通运输业以及文化科学事业获得难以想象的大发展。农业又是我国轻工业的原料基础，毛泽东同志说："大家知道，轻工业和农业有极密切的关系，没有农业，就没有轻工业。"[②]农村又是我国工业的最大国内市场。在我国不仅70%的轻工业品销售于农村，而且重工业也要以农业为重要市场。此外，农业又是工业发展所需要的资金积累的重要来源。农产品还是增加出口换回必要的机器设备的重要资

---

① 毛泽东：《关于正确处理人民内部矛盾的问题》，人民出版社，1964年，第16页。

② 毛泽东：《关于正确处理人民内部矛盾的问题》，人民出版社，1964年，第37页。

源。同时，农业的发展，还直接关系到我国5亿农民创造性与积极性的发挥，以及工农联盟的巩固。归结起来，在我国，农业在国民经济的发展中有着极端重要的意义。农业这一个领域从各个方面关系着我国工业以及整个国民经济的高速度发展，它成为我国国民经济高速度按比例发展的中心环节与关键部门。

既然农业在我国国民经济发展中具有分外重大的作用，因而，从各个方面来加强农业战线，千方百计地促使农业最迅速地发展，促使农业的基础作用最充分地发挥，便是我国社会主义建设中头等重要的课题。而新中国成立以来经济建设的实践证明：农业发展了，一切经济工作就好办了，轻工业好办了，重工业也好办了，而其他如文教卫生事业等也好办了。事实证明，搞好农业是我国进行经济建设的极端重要的出发点。我国社会主义经济建设的实践极其明白地显示出：通过农业的发展，促进和带动工业与整个国民经济的发展，是加速我国社会主义经济建设的客观规律。

关于简单再生产和扩大再生产的
几个问题的探讨①

社会再生产的理论，在马克思列宁主义政治经济学中占有重要地位。进一步深入地研究马克思列宁主义的再生产理论，特别是探明社会主义再生产的规律与特点，对于社会主义经济建设的实践具有重要的意义。本文拟对有关简单再生产与扩大再生产的几个问题作一初步探讨。

一、区分简单再生产和扩大再生产的尺度

马克思的再生产理论告诉我们，社会再生产具有简单再生产和扩大再生产这两个基本形式。如何来区分简单再生产和扩大再生产呢？这是首先需要加以解决的问题。

社会生产过程，就其物质内容来说，是人们凭借一定的劳动手

---

① 原载《经济研究》1962年第4期。

段向自然作战，以控制和征服自然的过程。社会生产从来就是一个不停顿的运行，不断更新的长流，马克思指出："每一个社会的生产过程，如果是在一个不断的联系中，就它的更新之不断的流来观察，便同时是再生产过程。"①在不断的社会再生产中，人类社会向自然作战的规模——生产规模，不可能是静止不变的；恰恰相反，这一条人类向自然作战的战线会在外延方面与内涵方面不断扩展，生产规模会不断地发生变化。这个生产规模的变化，就其物质内容来说，它表明人类利用与征服自然程度的变化，表明社会生产力的变化；而另一方面，就其社会形式来说，它又表明社会生产关系的变化。因此，为了全面揭明社会再生产的规律，对社会生产规模发展变化的规律的探讨便有着重要的意义。在马克思的再生产理论中，马克思正是从社会生产的不断之流中生产规模变化的状况，将社会再生产区分为简单再生产与扩大再生产的。马克思明确指出简单再生产是"再生产依照不变的规模来进行"，扩大再生产是"规模扩大的再生产"②。由此可见，简单再生产和扩大再生产乃是反映社会再生产过程的量的方面，反映量的规定性的变化的范畴。

但是生产规模的变化，又是如何来测度的呢？对于这一问题，我们的回答是：生产规模的大小，就其一般的意义来说，是以社会生产所提供的生产物或使用价值的数量来测度的。马克思指出："劳动过程，我们只把它表现为它的简单的抽象的要素时，是一种有目的的产生使用价值，使自然物适于满足人类需要的活动。"③社会生产过程，不论它是在哪一种社会形态下，总会以一定数量的产品或使用价值作

---

① 马克思：《资本论》第1卷，人民出版社，1953年，第706页。

② 马克思：《资本论》第2卷，人民出版社，1953年，第632页。

③ 马克思：《资本论》第1卷，人民出版社，1953年，第200页。

为其结果。不论对于哪一个社会形态，如果某一年的生产较之上年度提供了更多的总产品，那么这便是表明生产规模有了扩大与实现了扩大再生产；如果它提供的是与上年度同等的总产品，那么这便表明生产规模不变，从而只是简单再生产。由此可见，正由于社会生产是以提供使用价值为一般的特征，因而决定了作为生产的结果的使用价值的数量，乃是测度生产规模大小与区分简单再生产与扩大再生产的一般的尺度。

但是必须看到，在各个不同的社会形态下，生产的目的与社会内容是不同的，因而各个不同社会形态的再生产也就具有不同的目的、形式与特点。同样地在各个不同社会的再生产中，测度生产规模大小与划分简单再生产和扩大再生产的一般尺度，必然会具有一定社会历史的形式与特点。如在原始公社制度下的再生产，表现为供公社社员生存的生活资料的再生产，而奴隶社会的再生产表现为供奴隶生存的必要产品和供奴隶主享有的剩余产品的再生产；封建社会的再生产，表现为供农奴生活需要的必要产品与供封建主享有的封建地租的再生产。在这几个不同社会形态下，再生产的目的与社会内容是不同的，但是在这些自然经济占据统治地位的社会形态下，再生产的不同的目的——如原始公社社员的生活资料、奴隶主的享乐资料或是封建主的地租——总是表现在使用价值形态上[①]。因而对于前资本主义诸社会形态来说，使用价值的数量都是作为测度社会生产规模，从而区分简单再生产与扩大再生产的社会尺度，在这里，作为测度生产规模与区分简单再生产和扩大再生产的一般尺度与社会历史尺度是相一致的。

----

① 即使在封建主收取货币地租的场合，它也要将货币地租作为享乐手段，从而实现在使用价值形态上。

但是，在资本主义社会，社会生产具有使用价值的生产和价值（以及剩余价值）生产的二重性，因而资本主义再生产也就具有使用价值和价值再生产的二重性，但资本主义再生产的实质与绝对动机，不在于使用价值，而在于追求剩余价值，在于尽可能地扩大资本价值，马克思说："如生产采取资本主义的形态，再生产也同样会采取资本主义的形态。在资本主义生产方式下，劳动过程只表现为价值增殖过程的一个手段；同样，再生产过程也不过表现为一种手段，其目的是把垫支的价值，当作资本，那就是，当作增殖自己的价值，来再生产。"① 因此，资本主义再生产的实质乃是社会资本价值的再生产，对于旨在发财致富的资产阶级来说，即使生产的使用价值增大了，但如果没有垫支资本价值的增殖，对于它们来说仍然是没有意义的事。因此，对于资本主义社会，测度生产规模从而划分简单再生产与扩大再生产的有效社会尺度，便不可能是使用价值而必然是资本价值。我们看见，马克思在《资本论》中，特别是在第2卷中所详细分析了的，正是社会资本再生产的规律。马克思所分析的资本主义简单再生产，正是社会资本的简单再生产，它正是以剩余价值全部为资本家所消费、资本规模不变为内容的；而马克思所分析的资本主义扩大再生产，正是指社会资本的扩大再生产，它正是以积累和资本规模的扩大为必要内容的。马克思说，"具体的说，所谓积累，不外就是资本以累进规模进行的再生产"②，"扩大的再生产（在这里我们把这种再生产，解作是用较大投资来经营的生产）……"③。显然地，我们在考察资本主义再生产以及区分资本主义简单再生产与扩大再生产时，如果

① 马克思：《资本论》第1卷，人民出版社，1953年，第707页。
② 马克思：《资本论》第1卷，人民出版社，1953年，第727页。
③ 马克思：《资本论》第2卷，人民出版社，1953年，第637页。

不从资本再生产过程，不从价值增殖过程着眼，不以资本价值为具体尺度，那么我们就不可能把握与揭明资本主义再生产的本质与规律。

资本价值再生产与使用价值再生产，是同一资本主义再生产过程的不可分割的两个方面，这两个方面的运动是既相统一又相矛盾的。大家知道，决定资本主义生产的实际规模的生产力诸要素，都要在资本的价值量上得到反映，马克思说："全部垫支的资本价值，那就是，资本的一切构成部分，由商品构成的，由劳动力构成的，由劳动手段构成的，由生产材料构成的，都须不断用货币购买，并且再购买。就个别资本说是如此，就社会资本说也是如此。"[①]因此，在生产资本诸构成要素的价值不变的场合，垫支资本的扩大，总是意味着有更多的物质的或人的要素合并于生产过程中，并从而使生产规模发生实际的扩大。由此可见，只要是在生产诸要素的价值不变的场合，资本主义再生产的三个机能形态——货币资本再生产、生产资本再生产与商品资本再生产——的运动便是相一致的。货币资本的扩大总是与体现实际生产规模的生产资本的扩大，以及与体现生产结果的商品资本的扩大相一致的。因而，以资本价值这个资本主义尺度来区分简单再生产与扩大再生产，便会与用使用价值这个一般尺度来划分简单再生产与扩大再生产相一致，而不至于使社会再生产的真实的运动得到歪曲的或颠倒的反映（比如，使生产规模的实际扩大表现为社会资本的简单再生产，等等）。但是，由于劳动生产率的提高，会使价值量相同的垫支资本获得更多的使用价值量，或者会使单位使用价值中的价值量减少。使用价值与价值的对立运动，会在资本主义再生产中引起深刻的矛盾，它使资本价值的变化与表现在使用价值上的实际生产

---

① 马克思：《资本论》第2卷，人民出版社，1953年，第432页。

规模的变化间出现差别与矛盾。马克思在《资本论》第2卷第1篇中，曾经分析了资本主义再生产的资本价值形式与使用价值形式间的矛盾运动。马克思指出了在生产资本诸要素价值降低与价格跌落时，即使是较小的货币资本的规模，也是可以包含着实际生产规模扩大的内容，而在生产资本要素价值，从而价格是提高的场合，"要维持原来范围（指生产范围或规模——引者）就必须使用追加的货币资本（那就是货币资本的拘束）；不然，就是动用已有的积累货币基金，将其全部或一部，移用来维持旧规模的经营，而不是用来把再生产过程扩大……"①。马克思这样指出："……各种生产要素的价值一有变化，一方面的 $G\cdots G'$（即货币资本的循环与再生产——引者）和另一方面的 $P\cdots P$（生产资本的循环与再生产——引者）及 $W\cdots W'$（商品资本的循环或再生产——引者）间，就会显示出一种差异来。"②大体说来，在劳动生产率提高，生产资本物质要素发生贬值与生产物价值降低的场合，资本规模的扩大程度通常会小于实际生产规模（从生产资本的物质要素与商品资本的自然形态来表现）的扩大程度，而且从理论上来说，甚至可能使社会实际生产规模的扩大表现在社会资本的简单再生产上。归根到底，再生产的资本主义形式的运动，会与生产规模的实际变化相背离。在研究资本主义再生产时，从再生产的资本主义形式与实际生产规模的矛盾出发，我们才不会为资本主义经济的虚假的外观所迷惑，才能进一步把握资本主义再生产的本质与规律。

在社会主义社会，由于还存在着商品生产，以及价值规律还发

---

① 马克思：《资本论》第2卷，人民出版社，1953年，第111页。

② 马克思：《资本论》第2卷，人民出版社，1953年，第109页。

生作用，因而社会主义再生产除了具有使用价值形式而外，还具有价值形式；社会主义再生产不仅表现为社会总产品的再生产，而且还表现为生产资金的再生产与循环。但是由于社会主义生产的目的是为了最充分地满足全体社会成员不断增长的生活需要，因而在社会主义经济中，使用价值具有特殊重要的意义。社会主义再生产的实质，主要不是为谋求价值的增殖，而是为了使用价值的扩大，是为了真正意义的国民财富的最迅速的增长。因而对于社会主义再生产来说，测度再生产规模的变化以及区分简单再生产与扩大再生产便自然地要以使用价值来作为尺度了。但是又由于社会主义总产品还具有价值形式，因而在测度生产规模与区分简单再生产与扩大再生产时，还必须运用价值作为尺度。但是在社会主义经济中，使用价值的运动与价值形式的运动依然是存在着差别与矛盾的，在其他条件不变时，如果劳动生产率增长一倍，社会产品的价值形式会不变，而社会产品的实物形式却会倍增。显然地，我们是不能认为这时候，社会主义经济只是实现了简单再生产的，因为在这里社会的实际生产规模确实是扩大了一倍。社会主义生产既然不是以价值的增殖为根本目的，而是旨在最大限度地增加使用价值，并且也正是为了这一目的而有意识地利用价值规律的作用和利用价格杠杆的，因此，社会主义社会，对于生产规模的任何实际的扩大——不论它是否有总产品价值的增大——都是要加以肯定的。因而，在劳动生产率增长，从而单位产品价值下降的场合，我们便必须从使用价值形式来考察和测定社会生产规模的扩大程度，也就是要按某一年的价格为基数的不变价格来计算总产值，并通过总产值的变化来反映各个时期产品使用价值量的变化，从而比较各个时期生产规模的变化。只有这样，我们才能如实地反映社会生产规模的变化，才能正确地区分简单再生产与扩大再生产的限界。

二、简单再生产与扩大再生产的相互关系

简单再生产和扩大再生产，乃是社会再生产的两种基本形式，这两者都是反映社会实际的经济关系的范畴。但是对这一点，并不是大家都有一致的认识的。有的同志认为，资本主义再生产是扩大再生产，社会主义再生产更是最彻底的扩大再生产；即使是前资本主义的再生产，由于社会生产永远不会长久停留在一点上，而是始终处在变化和发展的状态中，因而也属于扩大再生产的范畴。他们认为，在实际生活中根本不存在以不变规模来继续的再生产，简单再生产只不过是用以对比说明扩大再生产的理论上的假设。我们认为，这种看法根本否定了简单再生产范畴的现实基础，是值得商榷的。

的确，辩证唯物主义认为，客观事物是处在不断的发展和变化的过程中。但是任何事物的发展变化总是遵循着量变到质变的规律的。事物总是由不显著的量变逐步过渡到显著的质变，当事物处在量变的阶段，它会显示出好似静止的面貌。对于社会生产的发展来说，也是如此。社会生产是经常处在不断地前进运动中，社会生产规模总是会处在不断向前扩展的过程中。如果否认了这一点，便是否认了辩证法。但是前资本主义社会的历史阶段，特别是人类社会的早期阶段，生产的前进运动是分外地缓慢。越是在人类社会产生后的初期阶段，社会生产力越是低下，即使是生产工具上的某些不显著的改进，以及劳动者的生产经验与熟练程度的细微的积累，也往往要经历极为长久的历史时期。如在原始公社制度下，生产工具与生产方法上的每一个新的进步，都是要经历以千年计的时间。在进入奴隶制和封建制社会以来，生产的前进运动较过去是加速了，但是在奴隶制和封建制社会中，社会的生产技术方面的有重要意义的进步的发生，通常也是需要

数十年或以十年计的时间。因而对于前资本主义社会，除非是由于自然条件所引起的农业丰歉的显著变化，在一般情况下，生产规模的较显著变化是要在一个较长的历史时期才能实现的，而如果以一年为单位，在通常情况下生产规模的增长都是极其细微、极不显著的，而整个说来社会生产规模是保持着好似静止的状态，这种再生产便基本上是属于简单再生产的范畴。我们认为，无论如何也不能将这种生产规模只有极其细微的变化的再生产，看作是扩大再生产。

在资本主义社会，在资本家对于剩余价值的无厌的贪求以及竞争的强使下，资本家会不断地扩大资本规模，而资本主义机器大生产的确立，使社会生产的前进运动大大加速，即使是以一年计，社会生产的规模也会发生比较显著的变化。因而对于资本主义社会来说，扩大再生产便成为资本主义再生产的本质特征与通例形态。但是，即使是资本主义社会，也并不是不存在着简单再生产的。马克思指出，资本主义"虽然在十年或十一年的产业循环中，往往会有一年的生产，比前年度的总生产小，所以，和前年度比较起来，连简单的再生产也没有"①。事实上，在资本主义的产业循环中的危机阶段生产会有很大的下降，萧条阶段生产规模会停滞不前，从而社会再生产会呈现出简单再生产的状态。因此，对于资本主义社会，简单再生产也不是一个理论上的假设和抽象，而是反映社会再生产的实际关系的理论范畴。综上所述，归结到一点：简单再生产和扩大再生产乃是社会再生产的两种基本形式，正如马克思指出："在极其不同的经济社会形态内，不仅有简单再生产出现，并且在规模不一的程度上，有扩大再生产出

---

① 马克思：《资本论》第2卷，人民出版社，1953年，第657页。

现。"①

　　既然简单再生产与扩大再生产是社会再生产的两种基本形式，那么，这二者间的关系是怎样的呢？

　　如前所述，简单再生产与扩大再生产乃是反映社会再生产的量的方面的变化的范畴，这两个再生产形式是有重大区别而不能加以混同的。但是这两个形式在社会再生产过程中又是紧密联系、互相交织，而不能截然加以割裂的。因此，我们不能认为某一时期（如一年）的再生产是排除了扩大再生产的绝对的简单再生产，同时又认为另一时期（如另一年度）的再生产，是排除了简单再生产的绝对的扩大再生产。为要说明这一点，首先有必要区分社会再生产与个别生产单位再生产这两个范畴。

　　社会再生产乃是指作为不可分割的总体的社会生产的不断之流；个别生产单位的再生产乃是指各个社会形态下，作为社会生产的总体的组成单位（如氏族公社、奴隶庄园、封建庄园、资本主义企业、社会主义国营企业与集体经济单位）的生产的不断之流。作为总体的社会再生产，正是这些互相联系、互为条件的个别生产单位的再生产的有机总和。它们二者间的关系，乃是整体与局部的关系，整体是由局部组成的，没有个别生产单位的再生产，便不可能有作为总体的社会再生产。由此可见，个别生产单位的再生产乃是反映再生产的实在关系的范畴。

　　有的同志怀疑个别生产单位再生产范畴的实在意义。其实，马克思在分析资本主义再生产时，早就将社会总资本的再生产和个别资本的再生产加以区分了的。马克思说："好比个别的资本家只是资本家阶级的个别的原素，个别的资本也只是社会总资本的独立的，赋有个

---

① 马克思：《资本论》第1卷，人民出版社，1953年，第749页。

别生命似的断片。"①这个作为社会资本的构成部分的个别资本的再生产与社会总资本的再生产是有区别的。马克思在《资本论》第1卷以及第2卷的第1篇与第2篇，曾分别考察了社会资本的独立部分——个别资本的运动形态。但是个别资本的再生产与社会资本的再生产又是相联系的，马克思指出："社会资本的运动，是由资本各独立部分的运动的总和，即个别资本的周转的总和构成。"②马克思对个别资本的再生产与社会资本的再生产的分析，虽然是针对资本主义再生产而言，但其意义决不仅限于资本主义再生产。它也表明在任何社会形态下，再生产过程都存在从总体看的社会再生产与作为其构成部分与局部环节的个别生产单位的再生产之间的辩证联系。如果不区分和探明这二者间的关系，是不可能揭明各个社会再生产的规律的。

既然社会再生产是个别单位再生产的有机总和，因而它们二者间的运动就具有统一的一面。即社会简单再生产是由个别生产单位的简单再生产所构成；而社会扩大再生产是由个别生产单位的扩大再生产所构成。但是，如同事物的局部与整体之间有区别与矛盾一样，个别生产单位的再生产与社会再生产之间也存在着区别与矛盾的一面。例如在社会简单再生产的状况下，固然是意味着个别生产单位的生产规模是不变的，但是事物发展是不平衡的，社会众多的个别生产单位的生产条件不可能是相同的，因而其再生产的状况也不可能绝对一模一样。在绝大多数部门生产单位是进行简单再生产的场合下，也可能有一部分个别生产单位由于种种原因却实现的是扩大再生产。这就意味着扩大再生产是与简单再生产相并存的。不过由于这种扩大再生产只是在社会局部领域中

---

① 马克思：《资本论》第2卷，人民出版社，1953年，第428页。
② 马克思：《资本论》第2卷，人民出版社，1953年，第428页。

发生，它只是作为社会简单再生产中并存的扩大再生产因素，所以它尚不足以改变整个社会生产的简单再生产的基本性质。

个别生产单位中的扩大再生产的结果，会增加可作为追加的生产资料和消费资料的物质因素，因而它会增强社会向扩大再生产过渡的物质基础。它在事实上也由此激起一个连锁反应，推动其他个别生产单位由简单再生产向扩大再生产的过渡。在一定的时期内，当社会大多数生产单位都过渡到扩大再生产的情况下，那么整个社会生产便会处在扩大再生产的状态。但是，即使在这种条件下，还是会有个别生产单位的生产规模不变，这就意味着还是会有简单再生产与扩大再生产相并存。

由上所述，我们可以清楚地看见，社会再生产不存在那种绝对单一的简单再生产，也不存在那种绝对单一的扩大再生产，而是在任何时候，社会再生产中都会有简单再生产与扩大再生产的并存与交错运动。由于"矛盾着的两方面中，必有一方面是主要的，他方面是次要的。其主要的方面，即所谓矛盾起主导作用的方面。事物的性质，主要地是由取得支配地位的矛盾的主要方面所规定的"[1]。因而社会再生产大体说来总是处于两种状态。一种状态下，简单再生产是主导的再生产形式，而扩大再生产是以一种因素而存在，社会再生产总的性质便是简单再生产。但在生产不断发展中，矛盾的主要方面与非主要方面会互相转化，因而会出现另一种状态，即扩大再生产成为主导的形式，简单再生产是作为因素而存在，社会再生产总的性质便是扩大再生产。这样，在社会再生产的不断的过程中，便会有简单再生产与扩大再生产的不断的交替。简单再生产与扩大再生产的相互交替，在不

---

① 　《毛泽东选集》第1卷，人民出版社，1952年，第310页。

同的社会形态下，具有不同的特点。大体说来，在前资本主义的诸社会经济形态下，简单再生产是通常的再生产形式，扩大再生产只在个别的时期，不规则地出现；而在资本主义社会，扩大再生产成了通常的再生产形式，只在危机后会一时地出现简单再生产。对于社会再生产过程，如果不从简单再生产与扩大再生产并存，不从二者的紧密联系与互相转化着眼，那么就会陷入无视这二者的辩证联系的绝对的纯粹的简单再生产或扩大再生产的形而上学的立场，从而就不可能对社会再生产有正确的了解。

社会主义社会为生产力的迅速发展开辟了道路，社会主义经济不存在着周期性的危机及由此所带来的生产的下降和停滞状态，因而继续不断地扩大再生产乃是社会主义再生产的本质特征。那么，社会主义再生产中是否还存在着简单再生产与扩大再生产这两种基本形式呢？能否说，对于社会主义社会，简单再生产是理论上的抽象而不再具有实际的意义呢？这一问题是很有必要加以探讨的。

的确，由于社会主义制度的巨大的优越性，由于党和国家在认识和运用经济规律的基础上自觉地推动社会主义经济按比例地高速度地发展，因而，在社会主义再生产过程中不再存在着扩大再生产中断的客观必然性。但是对社会个别部门和个别生产单位的再生产来说，也并不排斥简单再生产的可能性。在整个社会扩大再生产的情况下，某一生产部门可能会因某种原因而在短时期内处在简单再生产的状态；在某一生产部门扩大再生产的情况下，这一部门范围内的个别生产单位也可能在短期内处在简单再生产的状态。以上情况是社会主义再生产中依然有简单再生产与扩大再生产的并存与交错运动的一种表现。但是除此而外，社会主义再生产中，简单再生产与扩大再生产的并存与交错运动还有更重要的表现。这是在下面要进一步加以分析的。

任何事物的发展过程都包含有对旧事物的肯定与否定两个方面，它一方面是对事物原有的某些特性的继承的过程，另一方面又是对事物原有性质的否定和新的特性出现和发展的过程。在社会生产规模的发展与变化中，也极为鲜明地体现出继承与创新这两个方面。人们在新的年度中将生产规模扩大，是不可能脱离和抛弃原来的生产基础，凭空地另起炉灶的，而是要在继承原有的生产基础上，进一步对原有的生产基础加以充实、提高，进行新的创造，由此来实现社会生产规模的扩大。如在扩大再生产中，生产工具数量的扩大，是由于原有消耗、磨损了的工具的补偿与新的工具的创造、添设而获致；设备能力的扩大，是由于原有设备能力的恢复和保持与新的设备能力的添置所获致。社会生产规模扩大的全部过程，总是一个继承原有生产规模又进一步将原来的生产规模充实、提高和发展的过程。既然社会扩大再生产的过程内部，总还包孕着一个继承原有生产基础和继续原有生产规模的内在过程，由于这一个过程具有使原先社会达到生产规模再现的特性，因而是可以视为简单再生产的。从这种见地出发，我们可以说社会扩大再生产的总过程内部包孕着简单再生产。

上述包孕于扩大再生产过程内部的简单再生产，在社会生产规模实际的扩大中，居于什么地位和有什么意义呢？

首先，这种简单再生产乃是扩大再生产的起点与基础。新的年度生产规模的扩大，必须以达到上年的生产规模为第一步，如果社会不是首先经过了简单再生产这一阶梯，便不能进入扩大再生产这一阶梯。如在一个新的年度，在原有企业中已消耗的生产资料尚未完全补偿，原来的生产规模尚未达到以前，即使是进行了新的企业的建设，有了新的生产能力的追加，但这些新企业与新的生产能力也只不过是形成扩大再生产的可能因素。只有在原有企业中生产能力的消耗已经获得充分补偿，原来的生产规模已经达到的情况下，这些新建企业与新增生产能力才真正转化为扩大再生产的现实要素，这些新的生产能力才真正体现为生产能力的追加与扩大部分。而如果原有生产规模由于一些企业的设备耗费未能得到补偿而未完全恢复，那么这种新建企业生产能力的一部分在再生产中只能作为补偿原有企业损耗的生产能力的用途，从而是属于简单再生产的范畴了。例如，如果旧矿井未能保持原有采矿能力，那么新建矿井的采矿能力相应的一部分便只不过作为补偿旧矿井能力的损耗而存在，而不是作为增加采矿能力，不是作为扩大再生产的构成要素。由此可见，在社会扩大再生产总过程中，生产过程的真正的扩大，必须以简单再生产为起点和基础，只有充分地实现了简单再生产，社会才能顺利地进行扩大再生产。人们如果不是首先恢复原有的生产能力和实现原有的生产规模，那么生产规模进一步扩大便没有立足点。

其次，在简单再生产中包含着扩大再生产的条件。因为扩大再生产并不是只有诉诸建设新企业与添设新机器设备一途的。在人们继续利用原有的生产基础的过程中，只要采取改进生产方法，合理组织，提高劳动者的熟练度与技巧，采取新工艺，对原有设备更好地保养与维修等办法，就可以使原有的生产基础发挥更大的生产能力，从而实现一个较原来的规模更大的生产。这也就表明，只要人们最有效地继承与利用原有的生产基础，充分发掘一切潜力，不仅可以使社会生产达到过去的规模与水平，而且可以进一步超过原有的水平。

明确在扩大再生产总过程内部还存在着简单再生产，不仅能进一步揭明社会扩大再生产过程的内在规律，从而在理论上有其意义，而且对于社会主义经济建设的实践活动也有重要的意义。具体说来，它对于我们处理与安排属于简单再生产性质的经济活动与属于扩大再生

产性质的经济活动的关系，提供了指导原则。例如，简单再生产尽管
是扩大再生产的起点与前提，但是在扩大再生产条件下，属于简单再
生产性质的经济活动与属于扩大再生产性质的经济活动，却并不是可
以在时间上截然划分先后的。恰恰相反，无论是对于已消耗的生产能
力的补偿，还是属于扩大生产能力的新厂矿的建设，都是要在新的年
度开始就加以安排，使这两方面的经济活动同时并进的。因而，在人
力、物力、财力的分配中，便有属于保持原有生产规模性质的需要与
属于扩充新生产能力的需要的矛盾。这一矛盾反映扩大再生产总过程
内部的简单再生产与扩大再生产的矛盾。为要妥善处理这一矛盾，在
人力、物力、财力的分配中便要首先满足简单再生产的需要。这也是
马克思在《哥达纲领批判》中所论述的社会总产品分配的第一项，即
扣除"补偿消费掉的生产资料所需要的费用" [1]。只有在从各个方面都
保证已消耗的生产资料得到补偿的前提下，扩大再生产才有巩固的基
础。如果在人力、物力、财力的分配中，将本应用之于维持现有生产
规模的部分用于扩大再生产，就会影响到作为扩大生产基础的简单再
生产。在这种情况下，在该年生产中或许会增加更多一些的新生产能
力，但另一方面却会有旧的生产能力的削弱或丧失，归根到底，就会
阻碍社会生产规模的最大限度地扩大。

指明在扩大再生产总过程中，简单再生产是起点与前提，以及在
社会主义计划工作中要在人力、物力、财力等方面首先满足简单再生
产的需要，并在此基础上来考虑基本建设的规模，来进一步安排和满
足扩大再生产的需要，这并不是说社会主义经济工作就是以"简单再
生产为纲"，或者就是不重视扩大再生产了；恰恰相反，扩大再生产

---

[1] 《马克思恩格斯文选》（二卷集）第2卷，莫斯科外国文书籍出版局，1955年，第20页。

乃是社会主义再生产的本质特征，在生产安排与人力、物力、财力的分配中，首先满足简单再生产的需要，并不是仅仅为了使社会生产重复过去的规模，而是旨在为扩大再生产打下巩固的基础。

特别重要的是，我们在这里所说的简单再生产，并不是指整个社会总体的简单再生产，而是包孕于扩大再生产总过程内部，并作为其有机组成部分的简单再生产。这种简单再生产是从各个方面适应扩大再生产的要求，从而实质上已经成为扩大再生产的必要因素。如在安排新矿井的建设中，一方面是要替换原来已报废的旧矿井，从这方面看是补偿已有生产能力消耗的过程，但是新建矿井在生产能力上又大大超过原有矿井，从这方面看便是生产能力扩大的过程。在这里表明，在扩大再生产过程中，生产中已有耗损的补偿，是与新的生产能力的增加与生产规模的扩大结合在一起的，在这二者间往往是不能截然加以划分的。归结起来，在扩大再生产过程中的简单再生产，是与扩大再生产紧密衔接和交融在一起的。

基于上述情况，在扩大再生产条件下来安排简单再生产性质的经济活动，最中心的问题便是要从社会扩大再生产的见地出发，并从属于扩大再生产的需要。如在人力、物力、财力的分配中固然要首先满足简单再生产的需要，但是也要尽力谋求以最少的人力、物力与财力来实现简单再生产，从而腾出更多的人力、物力与财力来实现扩大再生产。归根到底，要保证简单再生产性质的经济活动成为进一步推动整个社会扩大再生产的有效契机，从而使社会主义扩大再生产顺利实现。

论社会必要劳动[1]

——兼答寒苇同志

我在《关于社会主义经济效果两个理论问题的初步探讨》一文中，曾从评价社会主义经济效果的角度，提出了社会主义条件下生产单位使用价值的社会必要劳动时间，存在着三种具体形态的见解。《江汉学报》1962年第10期发表了寒苇同志《两种涵义社会必要劳动是两个不同的经济范畴》一文，提出了不同的看法，这对推动我进一步考虑一些问题是有教益的。但是对寒苇同志的批评论点，我是不同意的，并觉得许多问题有进一步商榷的必要。下面就几个主要问题，谈谈我的意见。

一、如何正确理解商品经济中两种含义的社会必要劳动范畴

寒苇同志在批评我关于社会主义经济中必要劳动范畴的论点时，

说我将属于两个不同范畴的两种含义的社会必要劳动混淆不清。但在我看来，寒苇同志倒是将商品经济中属于同一质的并存在着密切有机联系的两种含义的社会必要劳动范畴加以人为地割裂了。因而，我也想首先从商品经济中两种必要劳动范畴谈起。

商品经济中社会必要劳动有两种含义，这一点，大家的看法是一致的。为了用词准确，第一种含义的社会必要劳动，可称为个别商品必要劳动；第二种涵义的社会必要劳动可称为满足需要部门必要劳动，或简称部门必要劳动。寒苇同志认定这两种含义的社会必要劳动，"无论是从质的规定性和量的规定性上看，都是两个不同的经济范畴"。对此，我的看法不同。

寒苇同志认为，社会必要劳动的两种含义在质的规定性上是两个不同的经济范畴，因为"从质的规定性上看：第一种含义的社会必要劳动，是指同一生产部门生产单位使用价值所必须耗费的劳动；第二种含义的社会必要劳动，是指适合于社会对各种生产物已经在数量上确定了的需要成比例地分配于不同生产部门的劳动"。在这里，姑且讨论一下"适合于社会对各种生产物已经在数量上确定了的需要成比例地分配于不同生产部门的劳动"的含义。我们知道，"社会对各种生产物已经在数量上确定了的需要"，不可能是什么空洞的东西，而是表现于一定的使用价值总量上。因此，"适合于社会对各种生产物已经在数量上确定了的需要成比例地分配于不同生产部门的劳动"，也就是生产这一个使用价值总量部门所必要的总劳动耗费。那么，是不是可以说这个部门使用价值总量所必要的总劳动耗费与单位使用价值（即个别商品）所必要的劳动耗费是两个在质上全然不同，彼此不相干的范畴呢？在我看来是不可以的。我认为，个别商品必要劳动，可以视为生产出一个单位使用价值以满足社会需要的一个可除部分的社会必要劳动，而部门必要劳动则可以视为生产出某一使用价值总量以满足社会总需要的社会必要劳动。部门必要劳动，如马克思指出："在这里，包含着另外一种意义。只有这样多才是满足社会需要所必要的。"①马克思这里所说的"另外一种意义"，只是说它不是从满足个别需要的个别使用价值的角度来考察，而是从满足社会总需要的部门使用价值总体的角度来考察。这里的区别，只不过是个别与整体（即部门）的区别，在这里，部门必要劳动只不过是个别使用价值必要劳动从部门使用价值总体上所取得的转化形态。它们二者尽管是不同的范畴，但却不具有根本质的差别；它们尽管各有其特殊的含义，但却并不像寒苇同志所理解的那样是彼此截然区别的，而是存在着紧密的有机联系。

寒苇同志认为两种含义的社会必要劳动在量的规定性上也是全然不同的：第一种含义的必要劳动时间乃是"表现为同一生产部门内生产单位使用价值平均必要劳动时间"。后一含义社会必要劳动时间"它取决于社会对某一生产物已经在数量上确定了的需要"。在这里，问题是部门必要劳动，是否如寒苇同志所理解的那样，其量的决定与个别商品必要劳动量的决定无关，并不受后者的制约与影响呢？

我们且考察一下部门必要劳动量是如何确定的。社会某一部门为满足需要所必要的劳动量决定于两个因素：足以满足社会需要的使用价值总量与单位使用价值必要劳动量。写成公式即：部门必要劳动时间=满足社会需要必要商品量×个别商品必要劳动时间。假定劳动生产率不变，如果社会需要倍增，那么部门必要劳动量也就倍增；如果社会需要减半，部门必要劳动量也就相应减半。可见社会需要是制约着部门必要劳动量的。正由于此，所以马克思说："在这里，社会的需

---

① 马克思：《资本论》第3卷，人民出版社，1953年，第831页。

要即社会尺度上的使用价值，对于社会总劳动时间分归不同各特殊生产部门的分量，好像是决定的因素。"①但是社会的需要——它表现于一个确定的使用价值需要量上——只是部门必要劳动的决定因素之一，因为单只是知道一个部门所必需的使用价值量，还是不能确定这一部门必须分配的社会劳动量的；而为了要确定后者，便必须确定个别商品的社会必要劳动时间。而且，在社会需要量不变的场合，它唯一地决定于个别商品的必要劳动时间。个别商品必要劳动时间，既然是规制着部门必要劳动量的界限，因而，它也就要规制着社会总劳动在各个部门间的分配比例。例如，在个别商品必要劳动时间减少的场合，社会总劳动就得有更多数量投入别的生产部门；而在商品个别必要劳动时间增加的场合，则必要有更多的社会劳动由其他部门抽出以投入这一部门。

特别是，由于在资本主义经济中，广大劳动人民的需要是禁锢于低下的购买力的限度内，在那里，社会需要（即有购买力的要求）也是受商品必要劳动量的变化和价值规律调节的。因而商品必要劳动时间这一因素便有着分外重大的决定作用，它正是一个前提和基础，离开了它是不能确定部门必要劳动量的界限的。而寒苹同志认为部门必要劳动时间的规定的准则是："它取决于社会对某一种生产物已经在数量上确定了的需要。"寒苹同志的错误在于将社会需要当作部门必要劳动时间的唯一决定因素，而不知道决定因素是两个：社会需要量与个别商品必要劳动量。

必须指出的是：资本主义经济中，不仅部门必要劳动时间量的确定是受个别商品必要劳动时间的规制，而且社会总劳动在各个部门

---

① 马克思：《资本论》第3卷，人民出版社，1953年，第830页。

按照部门必要劳动量而实行分配，也是支配个别商品运动的价值规律作用的结果。无疑地，在资本主义的竞争和生产无政府状态规律支配的条件下，即使是各个商品都按照社会必要劳动时间来生产，但是也随时会有这一部门投入过多总劳动，或者投入过少总劳动的情况发生，从而实际上会经常有个别商品必要劳动时间与商品量的乘积大于或小于部门必要劳动量的情况出现。但是这种情况不外乎表示商品供求的不平衡，从而商品不能依照价值出售，有的商品生产者取得更大利润，有的则甚至难于保证平均利润率。其结果便是资本的转移，并最终使供求达到相对平衡，从而使个别商品必要劳动量的总和重新与部门必要劳动时间相一致。由此可见，正是价值规律在价格波动中的必然贯彻，其结果使各个部门必要劳动时间与个别商品必要劳动时间会在背离中趋于一致。马克思指出："这种趋势（指按生产价格出售——引者）的作用是：社会劳动时间的总额，会依照社会的需要分配在不同诸生产部门之间。"①

最后还须指出，除了个别商品必要劳动时间规制着部门必要劳动时间外，部门必要劳动时间的变化也影响着个别商品必要劳动时间的变化。假定社会原来个别商品必要劳动时间，是由中等生产条件下的商品所决定的，在社会需求激增，从而部门必要劳动时间也增加的场合（假定劳动生产率不变），又假定在部门内现有的生产条件下，必须要由中位生产条件以下的企业提供较大量的商品才能满足社会需要，那么，这时，商品必要劳动时间，将偏向由劣等条件的商品必要劳动时间来决定。而换一种情况，假定社会需求激减，部门必要劳动量也减少，从而使劣等条件下甚至中等条件下所生产的一部分商品退

---

① 马克思：《剩余价值学说史》第3卷，三联书店，1957年，第59页。

出市场，这时中等生产条件以上的企业占了较大量，那么商品必要劳动时间也将偏向由中等条件以上的个别必要劳动时间来决定。以上种种情况，不外乎表明这两种含义的社会必要劳动时间之间是客观存在着相互影响、相互依存的紧密的有机联系，而这一点却是寒苇同志所忽视了的。

基于以上分析，我们可以简略概括如下：第一，在资本主义商品经济中，体现个别商品价值的社会必要劳动乃是一个最基本的范畴，部门必要劳动只不过是个别商品必要劳动在为社会需要所规定了的总商品上的转化形态。个别商品必要劳动，即是形成个别商品价值的，部门必要劳动是形成部门总商品价值的。这两个范畴都是价值范畴的不同形态，不过个别商品必要劳动乃是属于基本价值范畴，而部门必要劳动乃是属于进一步发展了的价值范畴。正如马克思在谈到部门必要劳动的场合一再指出的："事实上，这就是价值法则，不过这里说的，不是个别商品或物品，而是特殊的由分工而独立化的社会各生产部门各个特殊场合的总生产物。"①又说："对于社会劳动时间可以用到不同各特殊部门的分量这个量的限界，不过是价值法则一般的进一步发展了的表现。"因而，我不同意寒苇同志认定两种含义的社会必要劳动"无论是从质的规定性和量的规定性上看，都是两个不同的经济范畴"的见解。这种看法是将同一质范围内的不同范畴，当作是两个具有质的根本不同的对立的范畴。同时，这种看法又是将基本的范畴（个别商品必要劳动）与进一步发展了的范畴（部门必要劳动）平列起来，主次不分。特别是，按照寒苇同志的看法，就否定了两种含义的社会必要劳动时间客观存在的辩证关系，因而这种论点在方法论

---

① 马克思：《资本论》第3卷，人民出版社，1953年，第830页。

上便是违反辩证法的。

二、两种含义的社会必要劳动是不是普遍范畴

寒苇同志的另一个论点是：两种含义的社会必要劳动是一个普遍范畴，无论是在原始公社与共产主义社会都存在。这个看法代表了相当一部分同志的共同看法，但我却是不能同意的。

我认为，由于在任何社会形态下，社会产品总是人类劳动的结果，是劳动生产物，因而反映产品的质的规定性的最简单劳动便是社会劳动。但是社会劳动本身是处在不断的历史发展过程中，它在不同社会形态下具有不同的社会属性与历史形态，并承担着不同的社会职能。因此在考察社会必要劳动——它是社会劳动的更具体的规定——范畴时，必须从各个社会形态的生产关系出发，着重阐明它的社会历史内容，而不能脱离历史条件，将商品经济中社会必要劳动范畴的含义不加区别地强加于一切历史形态。

如果从历史发展的观点来考察社会必要劳动范畴，那么可以说，满足不同需要的社会必要劳动是一个普遍范畴，这是由于人类社会为了满足多方面需要而将社会劳动按比例分割的必要性所决定的。从历史上来看，满足需要的社会必要劳动可以表现为氏族共同体、家长制家族、个体农民家庭，或鲁滨逊的不同机能必要劳动的形态；在有部门分工后，它具体表现为部门必要劳动的形态；在商品经济中，它表现为部门商品必要劳动（即作为形成部门价值的实体）的形态，等等。可见这一个普遍范畴也会因不同社会形态的生产关系而具有不同的更具体的特征。

至于说个别商品社会必要劳动，它乃是商品经济中特有的范畴，

而不可能像寒苇同志理解的那样可以适用于"一切产品的生产"。谁都知道，商品必要劳动，是马克思在分析商品价值决定时所确立的一个科学范畴。按马克思原意，它是用来表现私人劳动的社会性质的同一的抽象的人类劳动。这一范畴所由以确立的现实基础是私有制商品经济中私人劳动与社会劳动的矛盾。马克思说："表现在交换价值中的劳动，却以分散的个人劳动为前提。这种劳动，要靠它采取与自己直接对立的形式即抽象一般性的形式，才变成社会的劳动。"[1]在私有制的商品经济中，私的生产者的劳动必须经过一个社会比较的过程，必须将各式各样的有差别的个人劳动，作为无差别的抽象劳动以表现私人劳动的社会性。同时，商品经济中的竞争与生产者不断由一种劳动转移到另一种劳动，更表明了有差别的个别劳动转化还原为无差别的抽象人类劳动的客观实在性。可见，作为商品必要劳动的内涵的用来表现私人劳动的社会性的同一的抽象的人类劳动，显然不能从人类生理学意义上的一般劳动耗费——如肌肉、神经、手等支出——来理解，它实质上是特定的生产关系，即私有制商品经济的生产关系的反映。马克思说："就抽象性这个规定的本身而论，它们同样是历史关系的产物，它们的完全适用性，仅限于对这些关系并在这些关系之内。"[2]马克思一再指出，抽象劳动"只有当作最近的现代社会的范畴，才能在这一种抽象性上成为实践中的真理"[3]。在原始公社与中世纪社会中，不存在这种将个人有差别的劳动转化还原为抽象劳动以表示劳动的社会性的客观必要性，因而也就不存在这种抽象劳动范畴。马克思说："我们就一切文明民族历史初期所见到的自然发生的公社

---

[1] 马克思：《政治经济学批判》，人民出版社，1956年，第7页。

[2] 马克思：《政治经济学批判》，人民出版社，1956年，第167页。

[3] 马克思：《政治经济学批判》，人民出版社，1956年，第167页。

中的劳动来看。这里，劳动的社会性显然不是靠个人劳动之采取一般性这个抽象形式，或者靠它的生产物之采取一般等价物的形式。"①又说："我们就中世纪的义务劳役和实物租税来看，自然形式上的一定的个人劳动、劳动的特殊性而非劳动的一般性，成为这里的社会联系。"②马克思与恩格斯不曾提到社会主义阶段有体现商品关系的抽象劳动范畴，这是与马克思和恩格斯假定社会主义社会一切生产资料归社会占有——即全民所有——这一设想相关的。历史实践证明社会主义阶段还存在社会主义所有制的两种形式，从而实际存在商品生产与体现商品价值关系的抽象劳动范畴。但是社会主义商品经济中的抽象劳动，尽管不是用来表现私人劳动的社会性，但总是用来表现直接社会劳动范围内社会化程度不同的劳动的无差别的社会性的。而一旦社会实现了全面的全民所有制，一切劳动均是全民范围内直接社会化了的，这种反映商品关系的抽象劳动范畴也就会归于消失。综上所述，我们可以看出，个别商品社会必要劳动这一范畴，就经典作家原来确定的内涵来说，它是反映私有制商品关系的范畴；就更广泛的意义（包括社会主义商品生产）来说，它是商品经济条件下的范畴，从而只是一个历史的范畴，而不是永远存在的普遍的范畴。

有的同志认为，固然原始公社不存在体现商品价值关系的抽象劳动，但是原始公社总还要进行各种社会劳动的比较，因而还有将各种各样的劳动还原为同一的抽象劳动的必要性，从而也就有产品社会平均必要劳动的范畴。这里就涉及作为反映核算关系的劳动范畴的内涵问题。由于劳动乃是人们所进行的合目的性的活动，人们自来便要关

---

① 马克思：《政治经济学批判》，人民出版社，1956年，第7页。
② 马克思：《政治经济学批判》，人民出版社，1956年，第7页。

心劳动的效果，便要对各种经济活动的效果进行评价，为此，人们便要对各种经济活动中的劳动耗费进行估量、测度与核算。马克思说："在一切状态内，生产生活资料所费的劳动时间，都是人类关心的事，虽然关心的程度，不是在不同的发展阶段上一致的。"①对经济过程的核算，本质上是劳动耗费的核算，为此，必须有用来作为核算的工具的劳动范畴。但我认为作为核算工具的劳动范畴，不一定必须是抽象劳动；在个别的有差别的劳动基础上，也是可以进行劳动耗费的核算的（虽然它是不太精确的）。例如，原始人在他有了某种核算的能力时，他可以将某次收获当作男子若干人、妇女若干人、儿童若干人一天劳动的成果。可见，即使是为了经济核算，也不是绝对要以抽象劳动的存在为前提的。当然，为了要更完善更精确地核算和比较各种各样的劳动耗费，有必要确立比较不同种的劳动耗费的共同尺度，这就必须将不同的有差别的劳动，还原为同一的、抽象的劳动，还原为劳动者活动中所包含的共同劳动支出。例如，在现代高度复杂的社会主义生产整体中，在劳动形态上具有复杂劳动与简单劳动、熟练劳动与不熟练劳动、重劳动与轻劳动、脑力劳动与体力劳动等的区别，为了对各种经济活动的劳动耗费进行正确的计量与比较，那么便必须把各种不同的劳动还原为无差别的抽象人类劳动。但是，即使是这种抽象劳动，也只是计量和比较劳动耗费的工具，是反映劳动核算的关系的范畴，它与反映商品价值关系的抽象劳动有原则的区别，而不可

---

① 马克思：《资本论》第1卷，人民出版社，1953年，第53页。

混为一谈①。

而且，必须指出，在抽象劳动的基础上核算劳动耗费，乃是劳动核算发达的高级形式。这种形式的出现，依存于一定条件，这就是：第一，有社会分工，从而有劳动者从事于多种生产活动，这才有将不同的劳动换算为共同尺度的必要。第二，劳动者能够从一种劳动转移到另一种劳动，即劳动本身具有无差别的社会性质。马克思说，"在这个总体中，已经没有哪一种劳动居于支配一切的地位"，从而社会才能"对于劳动的一定种类抱无差别的态度"②。这也有劳动的抽象化与同一化的可能。第三，社会已经发展到自觉地节约时间、计算经济效果与严格核算劳动的水平。以上这些条件，并不是任何社会都具备的。

在社会主义与共产主义社会，资本主义社会遗留下来的不合理的分工不断得到克服，但体现社会主义现代化生产要求的分工却又不断发展，因而劳动形态的多样差别是不可能消灭的。社会主义社会为了节约劳动时间、争取最大经济效果，要求对各种经济活动的劳动耗费进行精确的核算与比较，因而作为核算范畴的抽象劳动才获得了最充分的活动范围。

可见，抽象劳动不是一个自然生理范畴，而是一个社会经济范畴，无论是就体现商品价值关系的抽象劳动范畴来说，还是就体现核

---

① 许多同志在讨论"价值"概念的内涵时，往往是混同了反映商品价值关系的劳动范畴与反映核算关系的劳动范畴的原则区别。如吴传启同志说："只要有分工就需要计算劳动时间和比较劳动花费。也就是说，就需要有'价值'概念。"（《从一般和特殊的辩证法探讨马克思价值论的几个问题》［J］.《哲学研究》，1959（Z1）：3-26.）这是将劳动核算范畴当成与价值范畴无差别的东西了。而我认为，正是要从这两个范畴的原则差别出发，才能更好理解马克思与恩格斯在论述非商品经济形态时，也有时使用"价值"概念，并肯定后者的作用的思想。

② 马克思：《政治经济学批判》，人民出版社，1956年，第166页。

算关系的抽象劳动范畴来说，都不是任何社会形态共同存在的。[①]因此将个别商品必要劳动当作是有社会以来的产品生产中同样存在的普遍范畴的看法，是不能成立的。

三、社会主义制度下社会必要劳动有无新的特征

在社会主义制度下，社会必要劳动范畴具有什么新的特征？是否应有与社会主义经济形态相适应的新的社会必要劳动范畴？对这个问题，寒苇同志的答复是否定的。寒苇同志认为，商品经济中存在的两种含义的社会必要劳动范畴，是一个普遍的范畴，无论是原始社会和共产主义社会都同样存在和起作用。寒苇同志在批评我关于社会主义社会必要劳动的看法时，是将资本主义经济中两种含义的必要劳动范畴，不加区别地搬到社会主义经济中来了。在我看来，社会主义经济中有与之相适应的社会必要劳动范畴，但不能与资本主义经济中社会必要劳动范畴混为一谈。揭明社会主义经济中社会必要劳动范畴的特征及其形态，正是社会主义政治经济学研究的重要课题之一。

设想一个全民所有制独占统治，从而商品生产业已消亡的高度发达的社会主义（以下分析均是指这种情况）[②]，这时一切产品生产均是全民范围内直接社会化的生产，这里不存在将个别劳动转化还原为抽

---

① 王学文同志说"抽象劳动就是社会劳动"，并说它是"永远存在的"（《江汉学报》1962年第10期。王学文同志谈《商品生产和价值规律》，第18~19页）。我觉得这是将社会劳动以及作为后者的一种历史形式混同了。社会劳动是永存的，但是作为体现私的劳动的社会性的抽象劳动只存于商品经济中；作为体现社会化生产中核算关系的抽象劳动，也不是有社会以来就存在的。

② 即使是在两种社会主义所有制存在，从而商品生产存在的场所，社会主义必要劳动的新的特征也会在全民所有制经济中展示出来，因此以下的以商品生产消亡为前提的分析，对现阶段社会主义经济还是有意义的。

象劳动以表现劳动的社会性的必要性，从而产品也就不再具有价值，这也就意味着作为体现商品价值关系的商品平均必要劳动范畴的不再存在。

即使在上述高度发达的社会主义，也仍然存在部门必要劳动的范畴，后者是为了满足社会主义社会多方面的需要，必须在各项不同的经济活动中按比例分配劳动的必然性所决定的。

部门必要劳动是一个最基本的范畴，这是由于社会主义制度下一切生产活动是从属于满足全体社会成员的需要的目的。而社会需要乃是多种多样、分门别类的，它在一定时期是体现于对各种不同使用价值的特定的需求量上。在全民所有制独占统治，社会占有全部生产资料的情况下，社会不仅有必要而且有可能按照整个社会总需求，按照有机联系在一起的对不同部门产品的需求来确定总劳动的分配。社会主义制度的特点，正在于社会需要不是间接地和迂回地来制约生产，而却是与生产之间建立直接的联系。马克思说："只有在生产受社会的实际的预先决定的统制的地方，社会才会在被用来生产某种商品的社会劳动时间的范围，和这种商品所满足的社会需要的范围之间，创立联系。"[1]社会需要，具体说来是对各部门诸产品的需要直接成为生产计划安排的出发点，成为一切的生产活动的决定动因。因此，在社会主义制度下，受社会总需要规制的部门必要劳动，对生产资料与劳动力的分配便具有直接的调节作用。这与个别商品为细胞形态的资本主义商品经济中，体现商品价值关系的商品必要劳动是基本范畴，价值规律——支配个别商品运动的规律——对生产资料与劳动力在各部门的分配起调节作用的情况，恰恰成一鲜明的对比。

---

① 马克思：《资本论》第3卷，人民出版社，1953年，第215页。

在社会主义经济中，不仅存在从某一使用价值总体来看的部门必要劳动时间范畴，而且还存在从个别使用价值来看的个别产品必要劳动时间的范畴。这是由于社会主义经济中存在着社会需要不断增长与现有生产水平的矛盾，社会不但必须不断创设新的生产部门以进一步满足日新月异的需要，而且现有生产部门的生产也必须进一步提高以满足人们日增的需要。正是因此，在一切经济活动中讲求最大经济效果，对于社会主义经济便有特别重要的意义。为了认真做到讲求最大国民经济效果，就必须在各个不同部门间，以及同一部门内部各生产单位间进行经济效果的比较。这也就要求对各种经济活动进行严格的劳动耗费的核算，而个别产品必要劳动时间，正是社会主义劳动核算的必要范畴，是评价经济活动的效果的有效工具。首先，为了评价不同部门间的经济活动的效果，除了要进行产品使用价值的比较而外，还必须进行产品劳动耗费的比较，因此必须确立个别产品平均必要劳动时间的范畴。例如，假定甲、乙两个部门分别生产出甲、乙两种可以互相替代从而使用价值上可视为相等的产品，而甲产品每件平均劳动时间为10小时，乙产品每件平均劳动时间为5小时，借助个别产品平均必要劳动时间的范畴，便可以确定甲部门生产的经济效果为乙部门的1/2。其次，个别产品必要劳动时间范畴也是评价同一部门内各生产单位的经济效果的工具。因为，各个部门内部存在着企业间生产条件的不同，及由此引起的单位产品劳动耗费的差别性。显然地，如不借助个别产品必要劳动时间范畴，那么，便不能区别出有经济效果的生产与无经济效果的生产的界限。由此可见，个别产品必要劳动时间，乃是体现社会主义劳动核算关系的范畴，乃是社会主义高度社会化生产中进行劳动核算，争取经济效果的工具，它与体现商品价值关系的个别商品必要劳动时间范畴有原则的区别。

　　必须进一步说明的是，对部门内部来说，个别产品必要劳动时间是要通过特殊的个体形态来体现的。这是由于在部门内各个具有经济效果的生产单位间，客观存在着生产条件与状况的差别性，从而部门内个别产品的劳动耗费必然是高低不齐、有多样表现的。对部门内的生产活动，从它的本质趋势与类型出发，可以区分为平均的或中位的、平均条件以上的、平均条件以下的三种生产类型。马克思在《资本论》中，正是这样来分析资本主义部门内部的生产结构的[①]。如果从部门内部的生产单位有上、中、下三种类型出发，那么，同一部门产品的个别必要劳动时间也就必然有低位的必要劳动时间、中位的或平均的必要劳动时间以及高位的必要劳动时间这三种具体形态。同一部门个别产品必要劳动时间的三种形态，正是由于在社会主义生产中，先进、中间与落后的差别经常存在的必然反映，它是不以人们的意志为转移的。更重要的是应该看到单位产品必要劳动时间的这三种具体形态，不过是部门必要劳动时间的转化形态。因为，部门必要劳动量，是为了生产某种使用价值总量以满足一个确定了的社会需要所必要的社会劳动量，它是由这个部门中从事这种使用价值生产的各个生产单位的个别劳动耗费所组成的。写成公式是：部门必要劳动量=（低位必要劳动时间×产品量）+（中位必要劳动时间×产品量）+（高位必要劳动时间×产品量）。因而这三种个别劳动耗费，正是部门必要劳动量所由以表现的具体形态。如果排斥了某一类型的生产，比如说排斥了在高位必要劳动时间条件下的生产，那么这个部门产品的生产量就不能满足社会确定的需要，从而实际投下的部门必要劳动量便是不足额的。由此可见，在社会主义经济中，对单位产品的个别劳动

---

① 马克思：《资本论》第3卷，人民出版社，1953年，第10页。

耗费来说，不仅那种平均劳动时间是社会必要的（由此有平均必要劳动时间的范畴），而且平均生产水平以上的生产单位的低位劳动时间与平均生产水平以下的生产单位的高位劳动时间也都是社会必要的（由此有低位必要劳动时间与高位必要劳动时间的范畴）。

必须指出，只要是在具有满足社会需要效果的限度内，平均的、高位的、低位的劳动时间均是必要的，这种社会必要劳动的新的内涵，是与社会主义经济形态相适合，从而具有历史的合理性的。因为产品总是一个劳动生产物，它体现一定的劳动时间乃是一个自然性。但决定产品中所体现的劳动的必要性的尺度却纯然是社会历史的。在商品经济中，具有决定意义的是商品的价值，一切生产者所唯一关心的并在激烈的市场竞争中孜孜以求的是商品价值的实现。在这里，那作为形成价值的实体的社会平均必要劳动自然便成为商品必要劳动的尺度。凡是个别生产者超过平均劳动时间以上的部分，是不能得到社会的承认，即不能从交换中得到应有的补偿，从而是作为不必要的劳动浪费的。商品经济中经常有一部分生产者在竞争中破产，正是平均必要劳动时间强制贯彻的必然结果与表现。以平均劳动时间作为区分社会劳动必要与不必要的界限，这在商品经济中才具有充分的现实合理性，并实际成为一切商品生产者不加怀疑地自觉接受的观念；他们事实上也是以此为准绳来指导他们的生产活动的。"他应该只在他的生产物中，支出劳动时间的社会必要的平均。"[1]但是在高度发达的社会主义经济中，在设想商品生产已经消亡，只存在全民所有制内部的产品生产的条件下，产品中的劳动不再具有形成商品价值的劳动的特殊规定性，因而人们也就完全不需要将适合商品生产中的必要劳动的

---

[1]　马克思：《资本论》第1卷，人民出版社，1953年，第97页。

尺度——平均必要劳动——作为衡量社会主义产品的劳动的必要性的尺度。恰恰相反，社会主义生产的目的唯一的是社会需要，因而社会主义经济中生产产品的劳动的必要性的尺度，应该是以满足社会需要来衡定的。既然一个生产部门中的先进、中间与落后的诸类型的生产单位，只要它们都是满足社会需要的必要生产因素，那么它们的各种不同的个别劳动耗费便应该都属于社会必要的范畴。比如说，对某些生产条件较差，个别劳动时间在某种程度超过了平均水平，但却是满足社会迫切需要所不可缺少的企业，说它们的超过平均水平以上的劳动耗费是不必要的和社会不予承认的，这倒是十分悖理的；而且社会如果真正采取根本不承认这种劳动耗费的措施，这种耗费超过平均水平的生产是势难维持下去的。

将部门内共同肩负起满足社会需要的各个生产单位的不同的劳动耗费都归之于社会必要劳动，而且更进一步将个别产品社会必要劳动时间归结为三种形态——低位必要劳动时间、平均必要劳动时间、高位必要劳动时间——这对社会主义经济核算的完善与争取更大经济效果有着重要意义。因为同一部门内部各个不同生产单位在个别产品生产上的低位的、平均的与高位的必要劳动时间的具体范畴，正是为在这些生产单位间确切地区分出高度的经济效果、平均的或一般的经济效果、低度的经济效果提供了科学的标准，从而也就为妥善处理具有满足社会需要的经济效果的部门内部的先进、中间与落后的矛盾提供了依据。在这里，既肯定了在个别产品生产上超过平均水平以上的高位劳动时间是必要的，但又肯定了它因为劳动耗费大、经济效果小，从而与平均劳动耗费与低位劳动耗费的生产存在着矛盾，必须加以处理。由于平均必要劳动时间总是代表某一部门内一定时期大多数的生产单位产品的劳动耗费水平，从而它体现为部门内绝大多数企业所能达到（在充分运用生产的技术条件、经济条件与主观条件下）的劳动耗费的社会规模或标准，因而社会在经济管理制度上就应该创造条件，从经济上督促、鼓舞、推动落后的生产单位向大多数企业看齐。当前社会主义经济核算体系中的价值范畴，正是使平均必要劳动时间成为节约劳动、鞭策后进、鼓舞先进的一种形式。在未来共产主义社会，当价值消亡后，在共产主义的经济核算体系中，平均必要劳动时间还将继续起着鞭策督促后进，推动部门内节约时间的作用（不过它已经不再穿着价值的外衣，而直接以本来面貌出现）。但是无论是在社会主义还是共产主义阶段，平均必要劳动时间的这种作用，它已经根本不同于商品经济中的价值范畴与价值规律的作用。在商品经济中，平均必要劳动时间与超过平均水平以上的高位劳动时间的生产之间存在对抗性的矛盾，这一矛盾通过按平均必要劳动时间（或低于平均必要劳动时间）来生产的企业，在竞争中排斥、吞灭按高位劳动时间生产的企业的方法来解决。而在社会主义与共产主义经济中，平均必要劳动时间与高位必要劳动时间是部门必要劳动内部的非对抗性矛盾，它通过社会以及先进企业帮助后进企业赶上社会平均水平与先进水平的方法来解决。由上所述，可见论证社会主义制度下个别产品社会必要劳动范畴具有三种具体形态，便不是什么无意义的事，而是与确切评价和讲求社会主义经济效果和妥善处理部门内部经济矛盾有直接关系的重要理论探索了。

以农业为基础的道路是
社会主义工业发展的康庄大道[①]

当前全国人民的迫切任务是：贯彻执行以农业为基础、以工业为主导的发展国民经济的总方针。为了进一步贯彻以农业为基础，加快农业发展，逐步实现农业技术改革的任务，在当前对工业工作提出了更重大的要求。为此，党的八届十中全会规定了在处理工农关系中，必须坚决把工业部门的工作转移到以农业为基础的轨道上来。

把工业部门的工作转移到以农业为基础的轨道上来，不仅是指导我国当前进一步做好工业调整工作的正确方针，它还有着重大的现实意义。这一方针为我们指出了社会主义工业发展的正确方向与道路，从而创造性地丰富了马克思列宁主义关于社会主义建设的理论。

---

① 原载《成都晚报》1963年8月14日。

一、为农业生产与农民需要服务是社会主义工业主要任务

将工业部门的工作转移到以农业为基础的轨道上来的一个主要内容，在于所有工业部门都要面向农村，支援农业，即必须把为农业生产和5亿多农民的需要服务作为自己的主要任务。

社会主义工业要为农业生产与农民需要服务，首先是社会主义制度与社会主义工业的性质所决定了的。工业脱离农业，生产资料生产脱离消费品生产而片面地、畸形地发展，是资本主义经济固有的特征。在当前帝国主义国家农业发展愈来愈缓慢，农村市场愈来愈狭窄的情况下，资本主义工业发展的方向愈加走向"为生产而生产"，特别是为军事部门的需要而生产。社会主义工业是生产资料公有制为基础的工业。社会主义工业的发展不是为了追求私人利润，而是从属于促进整个国民经济的高涨，满足全体人民不断增长的需要这一根本目的。工业按其产品的性质分为两大部类：消费资料部类与生产资料部类。社会主义工业中的消费资料部类（主要是轻工业部门）是通过提供消费品来直接为全体社会成员（包括农民）的需要服务的。在我国，农民在全国人口中占80%以上，是我国人民的主体。因而工业中消费资料部门为人民服务的主要内容便是为5亿多农民服务。工业中的生产资料部类（主要是重工业部门）通过提供生产资料来装备消费品生产部门，提高消费品生产能力来达到为人民的消费需要服务的目的。在社会主义制度下，工业中生产资料部门不可能"为生产而生产"孤立地发展，重工业部门除了要用于装备重工业本身而外，主要是作为装备消费品生产部门的物质手段。国民经济中的消费品生产部门最主要是农业与轻工业，因此，为农业生产服务本来就是社会主义工业生产资料部类为消费品部门服务的必要内容。特别是在我国当前，农业

是最大的生活资料部门，轻工业的发展也主要依存于农业，这就决定了，在我国工业中生产资料部类为消费品部门服务的主要内容是为农业服务。

由上所述，可见工业部门将自己的工作面向农村，为农业服务，是社会主义工业发展的方向和道路；工业为农业生产与农民生活需要服务，绝不是什么临时性的措施与课加于工业部门的额外任务，它本身是社会主义制度所决定的，是社会主义客观经济规律的要求。因此，工业部门的工作以农业为基础，面向农村，以农业与5亿多农民为主要服务对象，将支持农业作为自己的首要任务，正是我国工业为人民消费需要服务的根本途径。

二、社会主义工业要在支援农业中才能充分发挥主导作用

社会主义工业的主导作用意味着全民所有制的国营工业对农业的领导，它坚定不移地带领农业走上社会主义集体所有制的道路，并在将来逐步走上全社会所有制的道路；意味着工业领导、带动农业和整个国民经济向现代化的方向发展；意味着工业用先进的技术改造农业和整个国民经济的面貌。斯大林说："我国工业是整个国民经济体系中的领导因素，它带领着、它引导着我国国民经济（包括农业）前进，它依照自己的面貌和模样改组我国整个国民经济……"[1]同时，全民所有制的工业体现着领导社会主义革命和建设的工人阶级的力量，工业的主导作用在政治上也就体现了工人阶级对广大劳动农民与全体人民的领导作用，而这一领导作用乃是工农联盟建立、巩固和发展，

---

[1] 《斯大林全集》第8卷，人民出版社，1954年，第121页。

以及整个社会主义革命与建设事业胜利发展的根本保证。由于农业是国民经济的基础，在我国它是最主要的物质生产部门，因而工业的主导作用从根本上还在于它对农业的领导、带动与技术改造的作用。工业的主导作用是否真正显示出来与充分发挥，在于工业是否确实起到支援农业、改造农业、促进农业生产发展的作用。

在资本主义制度下，工业在推动农业发展的基础上发挥主导作用的场所是十分狭窄的。资本主义制度中，工业与农业之间存在着对抗性的矛盾，在资本主义经济发展中，城市对乡村的剥削，工业对农业的排挤是十分剧烈的。如在不发达的资本主义国家，现代的工业生产与陈旧的农业技术，先进的工业地区与落后的农业地区的对立，便是极为鲜明的。列宁指出：倘若资本主义把现在到处都远远落后于工业的农业发展起来，资本主义就不会是资本主义了，因为发展上的不平衡性和大众生活的贫困，是这种生产方式的根本必要条件和前提。这就表明了资本主义工业对农业现代化的促进作用是很有限的，这也就意味着资本主义制度下工业的主导作用不可能得到充分发挥。

在社会主义制度下，工业与农业间是互相支援、彼此促进、共同高涨的，这就保证了工业在支援农业发展的基础上发挥主导作用有了最广阔的场所。

为了卓有成效地发挥工业的主导作用，必须要有必要的工业基础，首先必须要重工业达到一定的生产水平，才能够提供出足以满足农业技术改革需要的种种产品，如农业机械、化学肥料、农药等。但是工业要发挥它支援和改造农业的主导作用，还必须解决工业部门的工作方向问题，真正做到面向农村。如果重工业的发展仅只是为了进一步装备重工业本身，而很少用来装备农业，重工业部门只是面向工业，以工业部门为它的服务对象，而较少考虑到农业的需要，那么，即使重工业有很高的生产水平，也是不能充分发挥它的支援农业的作用的。而另一种情况下，如果重工业不仅在内部结构上适合支援农业生产的需要，而且所有重工业部门都明确树立起面向农村的指导思想，真正解决了为农业服务的工作方向，并尽其最大可能来提供农业生产上迫切需要的生产资料；如果所有的工业部门都将自己的工作转移到以农业为基础的轨道上，千方百计地去支援农业，那么工业在领导、带动农业与整个国民经济向现代化方向发展中的力量就能最充分地显示出来。归根到底，工业是否能充分地发挥它的主导作用，不只是看工业有多高的生产水平，工业在国民生产总值中占有多大比重，更主要的是要看工业在促进农业发展，支援农业技术改造中的实效。这也就是说，工业在国民经济中的主导作用，只有在支援农业、改造农业、为农业生产服务中才能最充分地发挥出来。

从我国情况来看，由第一个五年计划以来，特别是在过去几年中，我国在工业建设中取得了巨大的成就。我国业已建立了工业化的初步基础。我国重工业现在已经有了制造或是大量制造农业现代化所必需的大部分产品的能力。我国工业在进一步发挥支援农业技术改造，推动农业现代化的作用已经有了必要的基础。而另一方面，我国当前面临着农业技术改造的迫切任务，这就更加赋予工业在支援农业技术改造中进一步发挥主导作用以特殊重大的意义。如果我国所有工业部门在工作中认真贯彻面向农村，切实做到把支援农业作为第一位的任务，那么我国工业就一定能一步一步地将我国农业现代化的事业推向前进，我国工业就一定能卓有成效地去完成它所肩负的艰巨而又光荣的历史任务。

三、以农业为基础的道路是社会主义工业发展的康庄大道

社会主义工业在以农业为基础的轨道上，充分发挥它的主导作用，是农业迅速发展的必要条件，也是社会主义工业顺利健全发展的必要条件。因而，将面向农村，支援农业当作仅仅是为了发展农业而采取的步骤，便是不正确的。

农业是国民经济的基础，是工业发展所必要的粮食、劳动力、原料、市场、资金积累等前提条件的基本源泉与强大后备。社会主义农业愈是有强大的发展，那么可用来发展工业的前提条件就愈是充分，社会主义工业的发展就因此会得到更强有力的推动。正是因此，社会主义工业的发展必须以农业为基础，必须适应农业劳动生产率所决定的工业发展的可能性与界限。但是社会主义工业不只是消极地适应农业现有的基础，而要积极地去支援农业，加强农业基础。工业愈是有力地促使农业劳动生产率增长，反过来，农业也就会更加有力地促进工业生产的发展。可见，工业支援农业生产，它也就是为工业本身的进一步发展创造条件，也就是开辟工业更大发展的道路。

我国是一个农业大国，农业对我国工业以及整个国民经济发展具有分外突出的基础作用。特别是过去几年来，我国工业基础有很大增强，工业提供物质设备能力有很大增长。而农业生产水平在农业合作化以后虽有迅速提高，但由于技术装备仍然落后，主要还是以手工劳动为基础，农业劳动生产率还很低。显然地，以手工劳动为基础的农业，是不能适应社会主义大工业对粮食、原料、劳动力所提出的不断增长的要求的。加以1959年以来我国农业受到了连续三年的严重自然灾害的影响，尽管去年情况比前年好一些，今年情况还会比去年好，但是农业生产一时还不能满足工业生产与人民生活日益增长的需要。

因此，工业部门在积极主动支援农业中来为工业自身创造粮食、原料与劳动力等前提，来为自己的发展开辟道路，更有其重要的意义。

社会主义工业发展是依靠国内市场的。斯大林说："比起美国工业来，我国工业将在更大程度上依靠于国内市场，首先是依靠农民市场。这就是工业和农民经济结合的基础。"[1]在我国，农村市场对工业有更重大的意义。我国轻工业品70%是销售于农村的，而重工业品也要以农村为重要市场。毛泽东同志在1957年就明白指出："重工业要以农业为重要市场这一点，目前还没有使人们看得很清楚。但是随着农业的技术改革逐步发展，农业的日益现代化，为农业服务的机械、肥料、水利建设、电力建设、运输建设、民用燃料、民用建筑材料等等将日益增多，重工业以农业为重要市场的情况，将会易于为人们所理解。"[2]在我国农村集体经济不断巩固的基础上，在连年自然灾害不断得到克服，农业生产不断好转的情况下，农村社、队的积累能力与农民的购买力是不断增长的，农村对工业提供的各种农业生产资料与消费品的需求更是不断增加。我国的农村市场是任何国家都没有的最广阔的国内市场，这个市场不仅在今后能容纳愈来愈多的工业品，有愈来愈大的容量，而且在目前就有着很大的潜力。因此，工业工作面向农村市场，面对农业与5亿多农民的各种迫切的、具体的需要，既是支援农业生产的发展，又将使我国工业的发展更加落实于一个最广阔的国内市场的牢固基础之上。我国工业如果将自己的工作对准农村市场的需要，工业的活动范围将不是小了而是愈加扩大，工业的任务不是轻了，而是更加艰巨。归根到底，我国工业就将因此获得最强有力的推动。

---

① 《斯大林全集》第8卷，人民出版社，1954年，第120页。

② 毛泽东：《关于正确处理人民内部矛盾的问题》，人民出版社，1964年，第37页。

综上所述，可见，工业面向农村，支援农业，不仅是促使我国农业迅速发展的必由之路，而且它本身也就开拓了我国工业最迅速、最健康的发展道路。以农业为基础的道路，是我国工业最健全发展与我国社会主义工业化的康庄大道。

试论社会主义农业
扩大再生产的形式[①]

一、社会主义农业扩大再生产的标志与具体表现形态

社会再生产具有简单再生产和扩大再生产两种基本形式，这是马克思再生产学说的一个基本原理。这一原理不仅适用于整个社会总体的再生产，而且也适用于作为社会生产总体的重要构成部分的工业和农业的再生产。由于农业是国民经济的基础，因此在社会主义社会，农业再生产的状况对于整个社会再生产的进行有着决定性的意义，只有在农业生产规模不断扩大，农业中提供的粮食、原料、劳动力、市场、资金积累不断增长的基础上，社会主义工业及整个社会的扩大再生产才能够顺利地进行。因此，揭示社会主义农业再生产的形式，正确划分农业简单再生产与扩大再生产的界限，特别是揭示社会主义农业扩大再生产的运动规律及其实现形式，就具有重要的实践意义和理

---

① 原载《经济研究》1963年第8期。

论意义。

如何来认识和区分社会主义农业再生产的形式呢？马克思从社会生产的不断之流中生产规模变化的状况，将社会再生产区分为简单再生产与扩大再生产。马克思在《资本论》等著作中曾一再明确指出简单再生产是"再生产依照不变的规模进行"①，扩大再生产是"规模扩大的再生产"②。可见，马克思是将简单再生产和扩大再生产作为反映特定社会再生产过程量的规定性的变化的范畴的。资本主义再生产的实质是社会资本的再生产，是资本价值的不断增殖，因此，衡量资本主义再生产规模的变化以及区分简单再生产与扩大再生产便必然要以资本价值的是否增殖作为社会标尺。社会主义生产的目的是为了最充分地满足全体社会成员不断增长的物质和文化的需要，因此使用价值的生产在社会主义经济中具有特殊重要的意义，社会主义扩大再生产过程，是使用价值的生产的扩大的过程，因而测量再生产规模的变化便必然要以使用价值为尺度（一般是以不变价格计算的总产值来计量的），即要以使用价值生产的规模是否扩大来作为区分简单再生产与扩大再生产以及比较不同时期生产扩大的幅度的标准。以社会主义农业来说，就要以农产品的自然形态来考察生产规模的变化，并作为区分简单再生产和扩大再生产及比较不同时期农业生产扩大的幅度的标尺。

农业生产与工业生产都是一种有目的的生产使用价值，使自然物适于满足人类需要的活动。农业生产与工业生产的共同点决定了农业再生产与工业再生产一样，都是受社会再生产的一般规律所支配，因

---

① 马克思：《资本论》第1卷，人民出版社，1953年，第632页。
② 马克思：《资本论》第1卷，人民出版社，1953年，第632页。

而，马克思所揭明的关于社会再生产的一般原理是适应于农业的。但是，另一方面，农业再生产运动具有不同于工业再生产运动的特点。毛泽东同志指出："对于物质的每一种运动形式，必须注意它和其他各种运动形式的共同点。但是，尤其重要的，成为我们认识事物的基础的东西，则是必需注意它的特殊点，就是说，注意它和其他运动形式的质的区别。"[①]因此，重要的是在于揭明农业再生产运动的特点，在于揭明再生产的一般规律在农业中作用的具体形式。农业再生产运动的特点乃是由农业生产的特点所规定的。农业生产的特点，表现在农业的劳动对象是有生命的动植物，因而农业生产过程乃是社会劳动过程与有生命的动植物的自然生长过程的统一，这与工业生产过程基本上是单一的社会劳动过程有所不同[②]。马克思指出："在农业上面，大体说，自始就有自然力在协同发生作用；在农业上面，人类劳动自始就是由自然力这一自动体的运用和利用，而被增进。"[③]农业生产的这一特点，也就决定了农业再生产的重大特点，即"经济的再生产过程，无论其特殊的社会性质如何，总会在这个范围（农业）内，与自然的再生产过程交错着"[④]。这也就是说，农业再生产过程，既是从属于社会再生产规律的作用，又是从属于自然再生产规律的作用。例如：（1）农作物与牲畜的扩大再生产的能力，固然可以借助生产方法的改革而提高，但是它不像工业中那样仅借助物质技术条件的增加与生产方法的改善就可以使产量几乎无止境地增长，而是要取决于农

---

① 《毛泽东选集》第1卷，人民出版社，1952年，第296~297页。

② 在某些工业生产过程中，也有一个自然力作用于劳动对象的过程，但它与农业生产过程中包孕着有生命的机体的自然生长与增殖的过程有本质的不同。

③ 马克思：《剩余价值学说史》第1卷，三联书店，1957年，第42页。

④ 马克思：《资本论》第2卷，人民出版社，1953年，第439页。

作物与牲畜固有的自然增殖的规律。母猪产崽每年一般不过二窝至二点五窝，每窝一般产崽十余头。无论是植物栽培或动物饲养的农业生产活动的成果，都不能超越动植物的生长与增殖所固有的自然限界。（2）农业中农作物或牲畜的生长周期的长短，要受农作物或牲畜的固有的生长发育规律的限制，如谷物的成熟大约要四五个月至七八个月，家禽的长成要几十天或几个月，大牲畜的长成要几年，树木成材要十几年以至数十年。（3）农业生产不像工业生产过程那样能在人力的控制下独立地进行，农作物的生长发育是以一定的自然条件（土壤、温度、日照、水分等）为前提，因而农业生产过程是更大和更密切地受自然条件和自然环境的变化——后者是受气候运动、土壤运动等的自然规律所支配——的影响。以上诸情况表明农业再生产过程是一个经济再生产与自然再生产的相互交织的辩证的统一。因此，我们在考察农业再生产规律的变化时，必须从农业再生产乃是经济再生产与自然再生产相交织的这一特点出发，去揭明社会经济条件的变化以及自然条件的变化二者在特定时期的农业再生产过程中的作用，这样才能揭示农业再生产运动的内在契机和农业再生产运动的多样形式间的内在差别。

考察农业扩大再生产，必须以农业生产条件（既包括劳动力，也包括物质技术条件——如农具、机器、化肥，自然物质条件——如土地）的增加和质的改善为标志。这是由于：（1）生产条件的扩大与改善，乃是生产规模扩大的必要物质前提，而生产品的增长，乃是生产条件扩大与改善的必然结果。生产规模的扩大要以生产条件与产品的增加表现出来，乃是社会物质生产的客观规律，它不仅适用于工业，也同样适用于农业。（2）农业生产要受自然条件变化的很大影响。例如在风调雨顺的年份，即使人们未追加社会物质生产资料（农具、机器、化肥）和劳动力，也未扩大耕地面积，从而在生产条件不变的场合也可能取得更多的收成。但这种情况也并不能得出农业扩大再生产可以不以生产条件的改善为条件的结论。因为完全不依靠追加社会物质生产条件，不依靠增强人们的主观力量（如增加劳动力与改进生产经营方法），而纯然凭借个别时期的有利的气候条件而获得的增产，不可能是稳定的与持续存在的。在不利的年景，这种增产便会归于消失。而且，如果从更长的年代例如从5年或10年来看，由于不同年景收成差别的偶然因素的互相抵消，如果人们不扩大与改善各种物质生产条件，那么以5年或10年计的农业总的收获量便将是基本上稳定不增的。这表明农业生产规模的扩大，必然要以生产条件的增加与改善，特别是社会物质生产条件的增加与改善为必要前提。（3）社会主义农业的发展，不同于仅仅是在大体上维持简单再生产的小农经济，它是以农业中生产资金的不断追加，农业所拥有的机器、设备的不断增加，科学技术与生产方法的不断改进为前提的。我国农业合作化以来，农业生产的物质技术条件，如改良农具、排灌设备、拖拉机、农药、化学肥料等，就是不断地增加的。当前我国已进入以实现农业技术改革为主的历史时期，农业生产资料增加的规模还将进一步扩大。因而以生产条件的增加作为衡量和比较农业扩大再生产状况的标志就更有重要的意义，例如借助农业企业固定基金的增长的指标，就可以反映不同时期农业物质技术基础充实提高的程度与农业技术改革发展的状况，这也为比较确切地评价农业扩大再生产的程度，建立了一把共同的尺度。

考察农业扩大再生产，除了要看生产条件是否增加外，还要看农产品数量是否增加。这是由于：首先，生产条件的扩大乃是农业生产规模扩大的必要前提与扩大再生产进程的起点，而生产品的增加乃是生产规模扩大的最终结果，只有在生产条件的增加和改善带来了农产品增加的场合，这个农业扩大再生产的进程才算是得到完备的实现。其次，如上所述，考察农业再生产必须着眼于经济再生产与自然再生产的相互交织的情况，必须辨别与判明在实现某一农业再生产进程中，人类社会经济活动以及有生命物体自然生长过程二者的作用。如农业获得增产，到底主要是由于人们追加了生产资料与劳动力，从而社会生产力提高的结果，还是主要由于有利的气候条件下自然生产力增加的结果？由于农业物质生产条件的变化，反映了人们社会生产活动的变化，而农产品的变化，则是既体现了社会生产活动的变化，又体现了自然条件与自然生产力的变化，因此既看生产条件的变化，又看农产品的变化，就可以发现和揭示出这一时期农业生产中社会经济过程与自然生长过程交互作用的具体特点。例如某一生产周期内各种物质生产条件增加与改善了，而农产品却未增加。这种生产条件与生产品的矛盾运动表明了这一时期农业扩大再生产是受到了不利的自然条件例如气候因素的阻挠。再次，在工业生产中，在追加了生产资料与劳动的场合，一般便会提供出一个追加的产品来，因而生产条件的增加与产品的增加一般是一致的。但是在农业生产中，生产条件的变化与农产品的变化却并不是经常一致的。马克思指出："在农业上面，生产物的总量，和所投资本的总量是独立的，或能够和所投资本的总量相独立；在那里，劳动生产力一部分是依存于不能被控制的自然条件。"[①]如果单以生产条件为标志，那么便只是抓住了农业再生产过程中社会经济条件的变化和社会经济过程的一方面，而无视农业再生产过程中自然条件的变化和自然生长过程的另一方面，这样，就

---

① 马克思：《剩余价值学说史》第3卷，三联书店，1949年，第429页。

不能对农业再生产总的进程做出全面的与完备的评价，并且还会由此得出错误的论断。例如，在人们追加了生产资料，却因自然灾害而发生歉收的场合，如果只从生产条件着眼，便会将它当作业已实现了扩大再生产，这显然是与农业歉收的客观事实相违背的。最后，由于农业生产对自然条件与自然环境的密切的依存性，要求人们在农业生产活动中采取因地制宜、因时制宜、因作物制宜的措施，以适应农作物生长发育的客观规律的要求，这也决定了在农业生产中，人们的经营方式、生产方法等因素有着分外突出的作用，并成为农业生产力提高的重要条件。如果人们的生产活动违背了客观规律的要求，即使是追加了生产资料与劳动力，也不能带来增产的效果。如过度密植、不合理地增施肥料，不仅不能增产，甚至会引起减产。只有既从生产条件着眼，考察农业生产的物质前提的变化状况与程度，又从生产结果着眼，考察农业生产的实际结果的变化，才能够全面地把握和反映特定时期农业生产规模变化的真实面貌。

如果我们从生产条件与农产品这二重见地来考察社会主义农业扩大再生产过程，那么就会出现以下几种情况：

第一，生产条件改善与农产品相应增加，这种状况乃是社会主义农业扩大再生产的实现的形态。社会主义农业的特征，在于随着农业内部的积累能力与国家对农业的支援的增长，农业中的生产资料（如机器、化肥、农药等）在量上会不断扩大，在质上会不断改善，农业物质技术基础的不断增强与生产方法的革新，不断地增强了人们控制自然的力量，从而会使农产品不断增长。社会主义制度根本消除了堵塞农业发展的社会制度的障碍。优越的社会主义制度大大提高了社会克服不利的自然条件的影响和抗御自然灾害的能力，并且，在社会主义农业生产力迅速发展的基础上，自然条件与自然力为社会所控制的程度日益增加。因此，社会主义农业发展一般是表现在农业物质生产条件的改善与农产品相应的增加上，表现在各个时期农业扩大再生产的实现的形态上。

我们进一步来考察社会主义农业扩大再生产的实现形态，还可以将它区分为以下几种不同的状况：（1）在人们增加和改善了生产条件的同时，由于自然条件特殊有利（例如遇到特别的风调雨顺的年景），因此动植物自然再生产过程能够特别顺利地进行，从而出现农业例外的丰收。这种情况意味着农业社会生产规模的扩大获得了超出常规的表现。（2）在人们进行扩大再生产的同时，由于自然条件属于一般情况（例如平常的年景），从而动植物的自然再生产在一般条件下进行，而农产品也获得一般的增产。这种情况意味着农业社会再生产规模的扩大，得到一般的常规的表现。（3）在自然条件较为不利的场合（例如较差的年景），人们的扩大再生产活动只是带来了农产品较少量的增产，尽管这里农业扩大再生产还是得到了实现，但是农业的社会生产规模的扩大却只是获得了低于常规的表现。由上所述，可见，农业扩大再生产的实现形态，还是会因自然条件的差异而取得超出常规的、一般的、低于常规的多样的表现形态。在社会主义农业扩大再生产形式中，进一步区分以上诸种不同的具体表现形态有着重要意义，它可以使我们知道农业增产在哪种情况下是人们进行扩大再生产活动的正常结果，在哪种情况下则是特殊有利的自然条件的影响的结果。这样，人们才能对于社会某一阶段农业扩大再生产的实际能力与农业的发展水平做出正确的估计，并以此来正确地安排农业、轻工业和重工业的关系，保证整个社会主义国民经济按比例地、高速度地发展，而不至于囿于事物的现象，高估或低估农业扩大再生产的实际能力，从而给实际经济工作带来不利的影响。

第二，生产条件改善了，但产量没有增加，这乃是社会主义农业扩大再生产未获实现的形态。在社会主义农业的发展中，生产资料总是在不断增加，从而农业的生产条件总是在不断地改善，但是在一个很长的历史时期内，人们还不能完全控制自然，因而农业总要受到自然条件的影响，甚至在个别的特大自然灾害年份会出现产量不增甚至歉收减产的情况。如果从局部地区、个别公社、个别生产队来说，那么在任何年份，由于自然规律的作用，不利的气候条件总会在这一个地方或那一个地方交替出现，因而即使在整个社会主义农业总体的扩大再生产顺利进行的场合，个别公社、生产队等局部生产领域农业生产条件改善了，但产量却没有增加甚或减少的情况也是可能出现的。由此可见，农业的物质生产条件有所改善而产量没有增加，乃是社会主义农业再生产过程中的一种实际的可能性。

对于社会主义农业再生产的这一具体形态应该如何认识，究竟是属于简单再生产还是扩大再生产的范畴呢？如果单纯从生产条件着眼，由于农业生产中的物质技术基础已经加强，人们控制自然的力量与程度已经增大，因而这种状况便已经是实现了扩大再生产。而另一方面，如果单纯从生产结果——农产品数量着眼，由于农产品数量未增加（甚至减少），那么这种状况便是简单再生产甚至萎缩的再生产。显然这两种不同的着眼点与看法，只是各自抓住了农业再生产过程的某一方面，将它当作再生产过程的总体和全貌，从而都对在经济再生产与自然再生产的矛盾中展开的复杂的农业再生产运动作了简单化的、片面的理解，并得出了与再生产实际情况不相符合的结论。我们认为从生产条件与生产结果二重见地去考察，那么这种状况既不单纯是简单再生产，也不是业已实现了的扩大再生产，而可以称之为社会主义农业扩大再生产未获实现的形态，它乃是社会主义农业扩大再生产的总进程中的暂时的波折。因为，在这一年度的农业再生产过程中是以社会扩大再生产活动开始的，在农业中追加了资金，农业物质生产条件有了量的增多和质的改善，因而农业中已经有了更强大的物质力量，人们控制自然的力量已经扩大和加强。在这一年度内，人们也是凭借了这些物质力量在不利的自然条件下与各种自然灾害进行了更加顽强的斗争，避免与降低了自然灾害的不利影响。在这一生产周期内，人们向自然作战的能力事实上是增强了，因而这一农业生产过程与物质生产条件未曾变化的简单再生产的状况是根本不同的。但是另一方面，在这一农业再生产过程中，由于不利的自然条件阻碍甚至破坏了农作物的自然再生产过程，使农作物与牲畜的固有的自然生长与增殖能力不能得到充分的发挥，从而只得到更少的收成。自然再生产不能顺利进行，也就影响与削弱了社会再生产顺利进行的自然基础，使得社会的扩大再生产未曾得到实现，并使这种农业再生产进程带有简单再生产的外观。这种情况，正如马克思所指出："在农业上面，社会生产力的增加不过赔补自然力的减少，甚至连这种赔补也不够的情形是可能的。"[1]

我们说，这种社会主义农业扩大再生产未获实现的形态，乃是农业扩大再生产过程因不利的自然因素的影响而出现的暂时的波折。如果不是从一年来看，而是从一个更长的时期（例如5年或10年）来考察社会主义农业的发展，那么这种个别年份中呈现出的生产条件与生产结果的对立的运动，便将趋于消失，而农业生产条件的改善也必将体现在生产结果——农产品的增加上。这是由于，自然条件如气候的变化及其对农作物的影响，在不同的年份是不同的，但从比较长的时期

---

① 马克思：《资本论》第3卷，人民出版社，1953年，第1000页。

看，也可以获得一个平均数，从而消除个别年份的例外——不利或者有利的气候条件对社会再生产的干扰。此外，还由于农作物本身的生产周期较长，农业生产具有连续性的特点，因而投下的生产资料所发生的效果，不是在一年而是分布在几年之中。马克思指出："……例如在农业上面，为改良土地而投下的物质，就有一部分，是当作生产物的形成要素，加入植物性的生产物中去。但它的影响却是分配在一个比较长的时期，例如四年或五年。"[1]如土壤的改良和施迟效肥料（如磷矿粉和多数的有机肥料）都是这样，同时，农业生产上的有些投资是在多年之后才发生效果，如农田基本建设等。正因为这样，所以农业的再生产，应从比较长的时期来考察。如果我们从较长的生产时期，例如以5年、10年甚至15年来看，那么社会生产条件的改善与农产品的增长便将是一致的。因而，个别年份内农业扩大再生产虽未获实现，但从长期来看，它仍然是实现了的。

3. 生产条件没有改善，产量增加、不变或是减少的情况。社会主义农业发展的本质特征是不断地扩大再生产，无论是就整个社会或是从个别人民公社或生产队来看，其特征都是借助不断增加和改善生产条件以提高农产品产量。因而社会主义农业生产规模的不断扩大与小农经济的简单再生产活动形成极鲜明的对比。但是在社会主义农业扩大再生产过程中并不是说就根本不存在简单再生产因素了。从正常年景来看，人们从事简单再生产的活动将表现为农产品的数量大体维持原有的规模，在这种情况下简单再生产便会取得一般的与常规的表现形态。但是，农业生产中人们从事的简单再生产活动的结果，会因自然条件的例外变化，动植物自然生长过程的特别有利或不利等情况而

[1] 马克思：《资本论》第2卷，人民出版社，1953年，第178页。

有所不同。在有利的年景，人们的简单再生产性质的活动也将获得农产品的增产，而在不利的年景，人们的简单再生产性质的活动却会引起农产品的减产。在这两种情况下，生产条件与生产结果的变化都是不一致的。对于这两种情况下应该如何来认识呢？

我们认为，农业生产条件没有改善，而农产品却增加的情况，乃是由于人们的简单再生产性质的活动借助有利的年景而带来了农产品数量的增长。不能仅就农产品产量的增长这一点就将它当作是扩大再生产，因为从生产条件来看，这种生产的增长不是凭借社会生产力的提高，而只是凭借有利的自然条件引起的劳动的自然生产率的增长。对于这种农业再生产形态，可以称之为取得了扩大的外观的简单再生产。这种农业再生产形态具有暂时性，因为，这一时期某一农业活动取得的增产不是建立在农业物质技术条件增强的基础上，因而是不稳固的，它会随着有利的自然条件的消失而消失，并回复到简单再生产一般的表现形态。基于同样理由，对于农业生产条件不变，而产量却减少了的场合，可以称之为取得了萎缩的外观的简单再生产，后者，同样地带有暂时性，在自然条件恢复正常后，它也仍将回复到简单再生产的一般的与常规的形态上来的。

综上所述，可见社会主义农业再生产进程是受着社会经济因素与自然因素的密切的制约，并在经济再生产与自然再生产的矛盾中发展。农业再生产进程的复杂性决定了社会主义农业扩大再生产具体表现形态的多样性。社会主义农业再生产的本质的特征是扩大再生产，但是社会主义农业扩大再生产进程是通过其常规的、超出常规的甚至简单再生产的各种具体表现形态的不断变化，有起有伏地、不平衡地向前发展。在社会主义农业总体的扩大再生产进程中，仍然包孕着农业简单再生产的因素，而这种简单再生产也是会在扩大了的、简单的、萎缩的各种表现的交替变化中进行的。社会主义农业扩大再生产进程中，生产规模扩大的波幅有高有低，有升有降，具体表明了农业生产的发展是不可能直线式地向前发展的。在农业生产力尚未发展到使人们足以充分地控制自然条件的变化，以及动植物的自然再生产过程以前，社会主义农业扩大再生产过程中分外明显的波浪起伏的发展的特点是不能根本消失的，这就是我们对社会主义农业扩大再生产的具体表现形态的考察所得出的一个必然结论。

二、社会主义农业外延的扩大再生产与内涵的扩大再生产

如上所述，农业生产的扩大是以生产资料和劳动力的量的增加和质的改善为条件，而根据农业生产扩大的方法和途径的不同，我们可以将农业扩大再生产区分为外延的扩大再生产和内涵的扩大再生产。明确了这种区分，将有助于我们去根据不同的经济条件和自然条件，采取不同的方法以便更有效地扩大农业生产规模，增产更多的农产品。农业扩大再生产的外延的与内涵的扩大的区分，不仅有理论的意义，而且在生产实践中也是具有现实意义的。

马克思的再生产理论将凭借生产资料和劳动力的量的增加所发生的生产规模的扩大作为外延的扩大，将凭借生产资料和劳动力质的改善所发生的生产规模的扩大作为内涵的扩大。马克思曾经指出："如果生产范围扩大了，就是在外延上扩大；如果生产资料更有效率了，就是在内涵上扩大。"[①]在工业领域中上述生产范围的扩大就是在原有工厂之外新建或扩建工厂，马克思说，"……在外延上，在旧有工厂

---

① 马克思：《资本论》第2卷，人民出版社，1953年，第195页。

之外，设立新的工厂"①，因而工业中生产范围的扩大是以追加投资，追加生产资料和劳动力为必要前提，否则，生产规模的扩大便无法实现。可见，外延的扩大再生产乃是以生产资料和劳动力的量的绝对增加为特征，它意味着生产规模向外在的广度的方向扩展。但是生产规模的扩大并不是单纯采取这种方式来实现，它还可以采取凭借生产资料效率的提高和劳动效率的增进而实现。例如，借助提高了劳动技能、健全了劳动组织与经营管理，或者是由于更新了效率更高的固定资产和改善了原有的生产设备，实行了更科学的生产方法等。总之，在这种情况下生产规模的扩大，在性质上不是由于生产中追加了投资，累积了更多的物化劳动和活劳动而产生，而是技术进步、生产方法改善、劳动效率增加、劳动生产率提高的结果。所以，马克思在谈到内涵的扩大再生产时指出："但这种规模扩大的再生产，不是由积累（剩余价值到资本的转化）发生的，却是由于从固定资本的身体分离出来但还在货币形态上独立着的价值，已经再转化为追加的或效率较大的同种类的固定资本。"②可见，生产资料和劳动力质的改善是属于内涵的扩大再生产，它意味着生产规模向内在的深度方向扩展。

农业的扩大再生产也同样具有外延的扩大和内涵的扩大两种方式。农业的外延扩大再生产表现在以下场合：扩大耕地面积和播种面积，使农业生产的主要生产资料——土地数量增加；增加各种农业机械、工具、畜力、肥料、种子；增加劳动力进行集约化的精耕细作；促使农林牧副渔等多种经营的全面发展来扩大经营范围等。总之，凡是凭借农业生产资料和劳动力的量的绝对增加所引起的农产品数量的

---

① 马克思：《资本论》第2卷，人民出版社，1953年，第385页。
② 马克思：《资本论》第2卷，人民出版社，1953年，第195页。

增加便是外延的扩大再生产，它表明社会主义农业生产规模向外在的广度的方向扩展。农业的内涵扩大再生产表现在以下场合：改进耕作制度，合理利用现有耕地，充分发挥土地的生产效率；健全劳动组织，充分调动劳动者的积极性，提高劳动效率；合理使用农具和机器，或是更新了更有效率的机器和改良原有的机器和工具，充分发挥农具和机器的效率；改进生产方法，合理施肥，提高肥料的效率；改良品种，提高种子与种畜的自然增殖率等。总之，凡是凭借农业生产资料和劳动力的质的改善，从而在农业劳动生产率增长的基础上实现的农产品数量的增加，便是内涵的扩大再生产，它表明农业生产规模向内在的深度的方向发展。

如果我们对农业扩大再生产的外延的与内涵的方式作进一步的考察，便会发现，由于农业再生产具有经济的再生产和自然的再生产相交错的特点，无论是在外延的扩大再生产还是在内涵的扩大再生产中，均体现有社会经济因素的作用与自然因素的作用。因此从农业再生产的这一特点出发，去揭明社会经济因素与自然因素在这两种扩大再生产方式中的作用，便有重要意义了。

我们首先来看农业的外延扩大再生产的情形。农业外延的扩大再生产是凭借生产资料和劳动力的量的绝对的增加而引起的生产规模的扩大，但是这种生产资料和劳动力的量的增加却是在两种情况下发生的：一种情况是由于追加了各种农业机器、工具、肥料和劳动力等来扩大生产规模而获得增产，这种农业生产规模的扩大，是由于农业中追加投资，追加物化劳动和活劳动而引起的。如果农业中拥有更大的积累力量，能从工业中取得更多更好的生产资料，社会主义农业生产规模外延的扩大，便有了顺利实现的经济前提。农业外延的扩大再生产还可以在另一种情况下发生，那就是凭借更大范围内利用无偿的自然力因素以扩大生产范围。如扩大耕地面积，扩大湖塘河堰进行养殖业，利用丘陵山地进行造林，扩大自然牧地进行畜牧业，在这些场合，都表明了最主要的农业生产资料——土地的量的绝对增大，从而体现了生产规模向外在的广度的扩展。但是由于土地本身是一种自然力，它不是由人的劳动所创造的，因此这种由增大耕地面积所引起的农业生产规模的外延的扩大，乃是以扩大对不费于人的自然力的利用为基础，而与基于追加社会物质技术条件和劳动力的生产规模的扩大有所不同。由此可见，在农业生产规模外延的扩大可以由社会物质条件与劳动力的绝对增加所引起，又可以由合并在生产中的无偿的自然力的绝对扩大所引起。在农业外延的扩大再生产中区分这两种情况有重要意义，它将使我们认识到社会主义农业不仅在追加社会物质生产条件及劳动力来扩大农业生产规模方面拥有无限可能性，而且在利用无偿的自然力扩大生产规模方面的可能性也几乎是无限度的。我们既要采取各种措施，大力加强物质生产条件的积累，加强农业中的物质技术基础，又要采取如"见缝插针""寸土必争"等措施，尽可能地扩大对自然力的利用，这样才能最有效地扩大农业生产规模。既然农业生产规模的外延的扩大可以借助自然力的更广阔的利用而实现，因此那种单纯将资金积累作为外延的扩大再生产的标志，便不正确了。因为按照我们上面的分析，凭借对不费于人的自然力在更大范围的利用，仍然可以引起农业生产规模的外延的扩大，而且，这种生产规模的扩大，事实上，在一定程度上，在没有资金积累的条件下也是可以进行的。如凭借经营管理的加强与现有的物质技术条件与劳动力的有效利用，在不增加资金与劳动力的场合，还是能在一定范围内扩大耕地面积，增加对自然力的利用范围。如果单以资金积累为标志，则不可能看到农业中存在着的在不增加资金、劳动力的条件下对不费于人的自然条件的扩大利用的广阔的可能性，从而在生产实践中也容易使我们片面地依靠追加投资，单纯依靠物质技术条件的扩大，而忽视在现有经济条件下去加强对自然力更大范围的利用，这对于农业生产规模在外延上最充分的扩大是不利的。

农业外延的扩大再生产中，社会物质手段的追加与自然因素的扩大利用二者在性质上是有区别的，但是却又是密切相联系的。在人们追加投资，增加机器、动力设备等的同时，人们也就具有更大能力去扩大耕地面积，增加对无偿的自然力的利用范围；另一方面，人们为了开垦荒地，增加渔场、牧场、林场以扩大对自然力——土地的利用，就更加要求追加生产资料和劳动力，这种情况，正表明了农业外延的扩大再生产的生产条件的量的绝对增加，是在社会的生产因素的量的增加与自然的生产因素的量的增加两个方面相互促进下实现的。由此可见，从农业生产的客观条件出发，正确处理社会生产因素的扩大与自然因素扩大的关系便是有效地进行外延的扩大再生产的重要条件。

农业的内涵扩大再生产是凭借生产资料和劳动力质的改善所带来的生产规模的扩大。由于农业再生产的特点决定了这种生产资料和劳动力的质的改善也是由两种情况产生的：一种情况是由于经营管理水平的提高、生产方法的改善、劳动组织的健全等因素使现有的生产资料和劳动的效率提高；或者是改革了现有的生产工具以及在固定基金更新中，更替了更有效率的农业机器、农具等。总之是在劳动的社会生产率提高的基础上扩大生产规模和增加了农产品数量。这种内涵的扩大再生产，除了由于物质技术条件和社会条件的改善，还会在另一种情况下发生，那就是由于土地的自然丰度的更深入的发掘与利用，以及动植物的生长发育与增殖能力的最充分的发掘和利用，例如合理施肥、深耕、实行科学的轮作倒茬制度，以及正确的田间管理措施等，都可以进一步提高土地的肥力并获得高产。此外，从动植物对自然条件（土壤、温度、水分、日照等）的依赖性与适应性出发，严格地按照因地制宜、因时制宜的原则来安排农业生产活动，保证各种动植物有借以生长发育的良好的自然条件，就可以充分使动植物的生命活动过程充分顺利地展开，从而实现更大的自然增殖率。还有，选育良种，更是保证了劳动对象有更大的自然生产力，从而是获得增产的重要条件。可见在掌握了自然规律——土地肥力变动规律、各种农作物的生长发育规律的条件下，就能在各种自然要素的自然生产力进一步被发掘与利用的基础上，在劳动的自然生产率提高的基础上，实现农业生产规模的扩大。马克思指出："在农业上面……我们不仅要考察劳动的社会生产率，并且要考察劳动的自然生产率，即依存于劳动自然条件的生产率。"[①]在农业扩大再生产中，以社会生产力的提高为基础的生产规模的内涵的扩大，与以自然生产力的更深入与更充分发掘与利用基础的生产规模的内涵的扩大是相区别的，但也是相联系的。因为物质技术因素的生产力的提高，劳动的社会生产率的增长，乃是人们进一步有效利用自然力的前提条件；另一方面，自然生产力的更深入的发掘与更充分的利用，归根到底要依赖社会生产力的发展和科学技术的进步。技术愈进步和人们对自然条件变化规律的认识程度愈高，利用和控制自然条件的能力也就愈大，自然生产力在农业生产规模的扩大中的作用也就更大。由此可见，农业内涵的扩大再生产，也正是在社会物质生产因素生产效率提高与自然生产因素的生产效率提高两个方面互相交织与互相促进中展开的。从农业内含扩大再生产中社会物质生产因素效率提高与自然生产因素效率提高的相互区

---

① 马克思：《资本论》第3卷，人民出版社，1953年，第1000页。

别与相互联系出发，为我们在农业生产实践中更好地挖掘一切内涵扩大再生产的潜力以实现生产规模的扩大提供了理论依据，它使我们认识到既必须通过各种必要措施去提高现有物质技术条件的效率与劳动效率，同时也必须在现有技术条件下，更好地认识与掌握客观自然规律，去更深入地发掘和充分利用自然再生产的力量，才能最有效地实行内涵的农业扩大再生产。

农业的外延扩大再生产与内涵扩大再生产这两种方式是有区别的，但是在社会主义农业扩大再生产的实践中，这两种方式是同时并存与互相交织而不能截然划分的。由于人们在追加农业生产资料的量的同时，也不断地提高了生产资料的效率，因而无论是就整个社会的农业，或是就个别社、队来看，在增加生产资料所带来的农业增产中，既体现了外延的扩大再生产的作用，也体现了内涵的扩大再生产的作用。在某一时期农业生产量的增加，是凭借生产资料的追加与劳动力的增加，而不是凭借农业的物质技术条件的改变与劳动生产率的提高，那么这一时期的农业扩大再生产便是以外延的扩大再生产为主要特征，尽管其中也包孕着内涵的扩大再生产。如果某一时期农产品的增长主要是凭借生产资料效率的提高，凭借农业的物质技术基础的充实与劳动生产率的提高，在这时期农业扩大再生产便是以内涵的扩大再生产为主要特征，尽管在其中也包孕着外延扩大再生产。不断追加生产资料（社会物质技术条件以及自然生产条件如土地）乃是社会主义农业扩大再生产的必然趋势。在我国当前的农业发展中，不仅要保证农业中劳动力的充实和加强，而且随着社会主义工业对农业的支援的加强，我国农业中所拥有的物质技术手段将不断地和迅速地增加。此外，我国是拥有巨大土地和生物资源的国家，作为农田利用的土地约16亿亩，仅占全国土地总面积的11%，因而在我国农业发展中对自然物质条件（土地及植物资源）的扩大利用拥有无限的潜力。这也就表明在我国社会主义农业中生产规模的外延的扩大再生产拥有无限广阔的发展前途。另一方面，在社会主义制度下，生产力的发展、技术的进步不存在有社会制度的限制，随着生产力的迅速发展，随着工业化的不断发展，工业将以愈来愈完备的技术装备农业，因而农业的物质技术手段的效率将不断地和迅速地提高，并在此基础上引起自然生产力的更充分的利用与自然生产手段的效率的增长。特别是在我国当前，正处在伟大的农业技术改革的时期，我国农业正在向现代化方向发展，现有的生产效率低的手工工具与肥料将逐步为效率高的现代化的农业机器与化肥所补充与代替。而在物质技术条件的改善与充实和农业科学不断发展与应用的基础上，我国广阔的土地生产力与众多的动植物品种的生产力也将更深入地被发掘与利用，这也表明我国农业中生产规模内涵的扩大也是无限量的。社会主义农业的扩大再生产过程，乃是在生产条件量的绝对增加、生产条件效率的增进同时并举、互相促进中展开的，是在外延的扩大再生产与内涵的扩大再生产同时并举、互相促进中展开的。正如毛泽东同志指出的："社会主义不仅从旧社会解放了劳动者和生产资料，也解放了旧社会所无法利用的广大的自然界。人民群众有无限的创造力。他们可以组织起来，向一切可以发挥自己力量的地方和部门进军，向生产的深度和广度进军，替自己创造日益增多的福利事业。"[①]这正是我国社会主义农业发展的无限广阔与美好的远景。

---

① 毛泽东：《中国农村的社会主义高潮》中册，人民出版社，1956年，第578页。

全面地研究社会主义生产关系体系[①]

——有关社会主义政治经济学理论体系建设若干问题

　　社会主义社会的生产机体并不是简单明了的，而是一个由多方面、多层次的社会主义生产关系组成的社会组织。特别是对于还存在着商品生产与交换关系的社会主义发展阶段，带有商品性的社会主义经济结构更是分外地复杂。因此，应该把社会主义生产关系看作是一个体系，这一体系存在着多方面内在联系。无产阶级专政的国家，为了自觉组织、调节与完善社会主义生产关系，使之最充分地适合生产力的性质，这就要求社会主义政治经济学对社会主义生产关系的体系进行全面的研究，通过分析它的多方面的内在联系来揭示社会主义生产关系的发展和完善的客观规律。对社会主义生产关系体系进行全面的研究也是进一步改进、完善与丰富社会主义政治经济学的理论体系所必要的。在本文中，将就如何全面分析研究社会主义生产关系体系问题，谈一点不成熟的意见。

[①]　提交"孙冶方经济思想学术讨论会"论文，1983年8月。

对社会主义生产关系体系的全面研究，包括扩大研究的广度和加强研究的深度两个方面。扩大研究的广度，就是不仅要研究社会主义的生产、分配、交换、消费等四个方面，或生产关系的四维形态，而且有必要对生产、分配、交换、消费四个方面进一步地加以剖析，将它再分为许多环节和侧面，这实际上就是要研究生产关系的多样具体形式，或者说生产关系的多维形态。另一方面，要加强对生产关系的研究的深度，这就是要研究生产关系四个方面之间的内在、有机的联系，揭示由这些生产关系组合成的宏观的社会经济结构的内在层次，找出与区分社会主义经济结构中哪些生产关系属于基层性的生产关系，哪些属于上层性的生产关系，哪些是表层性的生产关系，哪些是里层性的生产关系。这样，才能细致、周详、全面地刻画出社会主义社会经济结构这个复杂机构的塑雕式的具体形态。

一、对社会主义生产关系从横的方面进行研究的主要课题

对生产关系的研究，大体地说，可以采取剖析它的横切面的方法和分析它的纵的发展序列的方法。从横的方面研究社会主义生产关系，就是运用四分法，按生产、分配、交换、消费这四个环节来进行研究。由于任何社会再生产过程总是要包括生产、分配、交换、消费四个环节，因而，任何一种社会形态的生产关系要表现为四个方面或四个横切面。马克思在《政治经济学批判》导言中，论述了政治经济学在研究社会生产关系时，有必要对生产关系进行四分。这种四分法体现了科学抽象法的应用。它把呈现在人们视野里的生产中人们相互关系的具体形式，归结为四种简单的关系与规定性，这种思维的抽象使社会经济结构的本质特征得到比较完全的反映。四分法，即剖析生

产关系的横切面的方法，是政治经济学的科学研究方法，社会主义政治经济学在研究、剖析社会主义社会的经济机理时，也有必要采用这种方法。这种方法包括以下四个方面。

（一）社会主义直接生产过程中人们相互关系的研究

直接生产过程是社会再生产过程中最重要的环节，分配、交换、消费等环节都是从属于它的。我们所说的生产关系，首先是指直接生产过程中人们的相互关系。

对直接生产过程中人们相互关系的研究可以归结为下述内容：

1. 研究与揭示人们参加物质生产过程的形式与方法，即人们进行物质生产的社会结合的形式与性质

人们参加物质生产过程的形式与方法，如：是社会全体有劳动能力的成员共同参加生产，还是只有社会一部分人或某一阶级从事生产；是人们自愿地从事生产还是被强制地参加生产；在自愿从事的生产中，是基于个人利益、私人利益参加生产还是为集体利益参加生产，等等。对社会主义直接生产过程中人们相互关系的研究，则要揭示社会主义劳动者进行共同生产的方式，要研究吸引联合劳动者自愿地去从事劳动的社会主义物质利益的性质，如要研究与分析现阶段全民所有制联合劳动所体现的作为主体的社会公益性及企业局部利益因素的结合，还要分析与研究集体所有制联合劳动所体现的作为主体的集体利益性，等等。要揭示在社会主义社会走向成熟的过程中社会主义劳动所体现的物质利益的特点及其发展变化的规律。如全民所有制企业联合劳动体现的利益公共性的增强和企业局部利益的逐步减退，以及集体企业联合劳动体现的利益公共性的增强，由体现小集体利益逐步提高到体现大集体利益，由体现集体利益逐步提高到体现全社会利益等。

2. 研究在生产中人们的相互关系或地位

人们在生产中的相互关系或地位，如：生产中人们彼此间是互助合作关系还是剥削与被剥削的关系；在直接生产过程中，人们相互间是处于共同劳动者之间的平等地位，还是处于统治与从属的主奴之间的地位。在社会主义制度下，则是要揭示社会主义联合劳动者之间的互助合作关系的发展变化，揭示不成熟的社会主义互助合作形式发展成为更成熟的社会主义互助合作形式和转变为共产主义的互助合作形式的规律。与此相适应，还要阐明广大劳动者日益广泛地参与企业管理和社会经济管理的形式，以及不断扩大与增强劳动者实际的当家做主的地位的途径；还要揭示联合劳动者随着城乡差别、工农差别、体力劳动与脑力劳动的差别的逐步消失，共同劳动者之间的真正的、社会主义与共产主义的彻底平等地位与关系的形成。

3. 对劳动性质的分析

社会劳动性质的概念是直接生产过程中人们相互关系的最集中的理论概括，是生产关系更深层次的理论表现。对直接生产过程的政治经济学的分析，总是要深入到对直接生产者的劳动性质的剖析，要通过各种各样的劳动形式的外观，揭示出直接生产者所从事的是被压迫、被强制、被剥削的劳动，还是摆脱了人对人的压迫与剥削的自由的、自愿的劳动；对于前者还要揭示它是奴隶劳动、农奴劳动，还是雇佣劳动。社会主义政治经济学要对社会主义劳动的性质进行深入研究，要阐明社会主义劳动的下述性质：

第一，社会主义劳动是摆脱了阶级压迫与剥削关系的劳动。无剥削性，是社会主义公有制在劳动性质上的实现，是社会主义劳动的本质特征。马克思常称社会主义劳动为自由人的劳动，正是这种摆脱了人对人的剥削的自由的劳动，使社会主义劳动区别于阶级社会中的奴隶劳动、农奴劳动和雇佣劳动。

第二，社会主义劳动是体现了公共利益性质的劳动。公益性是社会主义公有制赋予劳动的另一重要特征。社会劳动总是要体现某种物质利益。在以私有制为基础的压榨直接生产者的剩余劳动的生产方式中，劳动总是体现了剥削者的私利，如雇佣劳动体现资本家的私利，农奴劳动体现农奴主的私利。小手工业、个体农民的劳动虽不带有剥削性，但体现的是小生产狭隘的私人利益。社会主义劳动体现公共利益，由于所有制不同，体现公共利益的程度也就不同：全民所有制体现的是社会的公共利益；集体所有制体现的公共利益带有局限性，只能体现一个小集体的公共利益。

第三，社会主义劳动的公益性质是不完全的，它在体现公共利益的同时，还要在不同程度上体现个人特殊利益。劳动的性质不仅体现了生产资料所有制的性质，而且也体现了消费品分配的性质。社会主义制度下消费品实行按劳分配，它把劳动与消费品的占有联系起来，从而使劳动具有有酬性。由于按劳分配，多劳多得，它把劳动与个人物质利益相联系，从而使劳动具有私益性。劳动的有酬性与私益性是社会主义劳动的又一特征，这二重性质构成了作为谋生的劳动的内容。共产主义实行各尽所能，按需分配，共产主义劳动是与个人消费品占有脱钩的，从而使劳动具有无酬性。按需分配消费品，使劳动与消费品的个人占有不再有直接联系，多劳不要求多得，人们不再计较劳动的个人得失，从而使劳动不再具有私益性，真正成为体现无差别的公共利益的劳动。这种劳动的无酬性和劳动的完全的公益性，乃是作为目的的共产主义劳动的内容，它表明人们实现了彻底的劳动的解放，直接生产者不仅已经从雇佣劳动的枷锁下得到解放，不仅从超出人们的生理负担界限的沉重劳动下获得解放，而且使劳动从狭隘的个人占有和个人利益关系的羁绊中得到解放。

总之，结合社会主义生产关系由不成熟形式向成熟形式的发展，研究与阐明社会主义劳动的性质与特点的变化，阐明社会主义劳动向共产主义劳动发展与转化的条件和规律，乃是社会主义政治经济学在分析直接生产过程时的一个重要内容。

4. 对生产资料所有制性质的分析

上述直接生产过程中人们相互关系的性质，归根到底决定于所有制的性质。社会主义生产是以生产资料公有制为基础，要阐明社会主义直接生产过程中人们的相互关系及其发展变化的规律，归根到底，在于阐明生产资料公有制的形式、性质、特点及其发展规律。为此，有必要寻找加强对社会主义所有制的理论分析的广度与深度的途径。

我们认为，可以采取下列的不同角度，来对社会主义社会所有制进行更全面的研究，以揭示它的多方面的联系。

第一，对社会主义社会所有制结构的分析。社会主义社会所有制，并不表现为单一的内容，而一个多层次的体系，特别是在社会主义的初始的阶段，所有制关系的多层次性表现得更为鲜明。首先，社会主义公有制就是具有多样性，它是以生产资料的全民所有制为主体，此外还在一定范围内存在着集体所有制，同时，也还有一定数量的、作为上述所有制的混合生长形式的联合所有制。不发达社会主义的所有制体系中还存在附属和补充性的前社会主义所有制形式的残余和痕迹，它的主要表现是个体所有制。此外，还在某些范围内存在有带有私人资本因素的所有制形式，比如在我国现阶段的国家资本主义性质的公私合营和经济特区中外合资经营等形式。

如果说，由生产关系组合成的经济结构是社会的经济基础，那么，由多层次所有制关系组合成的社会主义社会所有制结构，就是社会主义社会的经济结构大厦的基石。由于整个社会主义经济结构中的其他生产关系都是立足于这种所有制结构之上，并且受到所有制结构的制约，因而，我们可以把社会主义社会的所有制结构称之为基层性的生产关系。而人们要在理论上展示出社会主义经济结构的清楚的图像，首先就要从对多样性的社会所有制结构的剖析着手。

第二，对现实的社会主义占有关系的分析。研究社会主义所有制，不是要停留在对物的法权形式上，而是要分析作为经济关系的现实的占有关系。如对于社会主义全民所有制来说，由于现阶段社会主义全民所有制表现为国家所有制形式，国家是占有主体，因而，首先要研究以国家为主体的占有关系，要深入阐明现阶段国家对生产资料和产品（企业纯收入）的占有权、支配权、使用权的表现及其范围。研究以国家为主体的占有关系，是认识现阶段社会主义全民所有制的性质和特点的重要内容。

社会主义企业是社会主义生产的基层单位，是社会主义全民所有制经济的一个重要环节。社会主义全民所有制，除了表现为作为经济主体的国家产品的占有、支配和使用关系而外，更要表现为作为经营主体的企业对生产资料的支配使用关系和对产品（企业纯收入）的局部占有关系（包括企业与企业内部经济核算单位之间的利益关系）。因而，弄清楚现阶段社会主义全民所有制的特征，还有必要深入阐明作为经营主体的企业所拥有的现实的支配、占有关系。只有把国家对生产资料与产品的占有关系与企业对生产资料和产品的支配使用关系结合起来，全面地进行研究，找出其相互关系的规律性，才能揭示现阶段社会主义全民所有制的性质与特点。

对社会主义集体所有制，也要分别地就集体与劳动者个人对生产资料占有、支配、使用等关系的状况及其性质和对产品的占有的状况及其性质进行研究，由此来揭示现阶段社会主义集体所有制的特征。

第三，对社会主义联合劳动者占有生产资料的直接形式的研究。马克思和恩格斯曾经论述，社会主义社会实行生产资料归社会即全体劳动者直接占有。全体劳动者直接占有除了体现产品分配（包括生产资料与消费品）的从属于社会公共利益而外，还体现了直接生产者对它们所从事的生产的最充分的当家做主与表现其自由意志。这种占有的直接性，乃是社会主义全民所有制的成熟形式的重大特征，而不是社会主义全民所有制一旦出现就能得到充分的体现。

社会主义政治经济学，要把社会主义劳动者占有的直接性的研究作为对生产资料所有制的研究的一项重要内容。要通过对全民所有制的占有形式以及经济管理体制的研究，来揭示现阶段全民所有制企业联合劳动者的直接占有性质的不完全性和特点，揭示随着全民所有制的日益完善与成熟，以及随着国家高度民主化和企业民主管理的完善，广大职工的真正的当家做主，联合劳动者占有直接性的程度将更增大和表现得更加鲜明。要通过这一研究来清楚地揭示社会主义制度下公共占有的直接性得到发展与增强的条件与规律，为人们自觉地完善社会主义全民所有制指明途径。

以上是社会主义直接生产关系的重要方面，对这些方面进行深入的分析才能全面揭示社会主义直接生产过程的性质和特征。

（二）社会主义分配结构的分析

社会主义分配结构（它是社会主义分配关系的总和）是社会主义经济结构的重要组成因素，社会主义分配关系的性质表现了社会主义经济的重大本质特征。众所周知，列宁把社会主义概括为生产资料公有制和按劳分配。因此，深入地研究社会主义分配的全部内容及其多方面的联系，揭示社会主义分配结构的内容及其发展变化的规律，就有着重要的意义。

对社会主义分配关系的全面分析，包括如下的内容：

1. 分配在社会主义经济中的地位

社会主义社会与一切社会形态一样，分配是从属于生产的。社会主义分配的性质是决定于社会主义的直接生产关系，决定于社会主义所有制。但是在社会主义经济结构中，分配有其特殊的作用与机制。

资本主义经济是以私有制为基础的，自发地、盲目地发展的商品经济，在那里分配要通过交换来实现，交换是生产与分配的媒介。比如，没有先行的劳动力的市场交换和生产品的市场交换，就不能实现物化在产品中的剩余价值的归资本家占有和必要产品价值的归工人占有这种分配；也不能实现剩余价值按照平均利润形式在不同的产业部门的资本家之间的分配。因而政治经济学资本主义部分范畴体系的逻辑序列，交换关系应该是作为所有制关系后的继起的环节，而社会生产关系的逻辑次序就表现为生产、交换、分配、消费。

在社会主义制度下，在生产资料社会主义全民所有制条件下，生产资料与产品归全民所有，国家不仅直接掌握和决定国民收入中积累和消费的分配比例，而且根据客观经济规律的作用，对生产资料和消费品的分配实行有计划的集中管理、指导和调节。这样，社会主义制度下就实现了生产与分配之间的直接的联系。固然，社会主义制度下交换有着重要的作用，但是，假设一个以生产资料全社会公有制为基础的社会，那么，交换就会失去商品经济中那种突出的意义，而变成实现有计划分配的一个手段。即使是在还存在商品关系的社会主义发展阶段，交换与市场作用也是要在保证分配的计划性的前提下来加以运用。可见，在以公有制为基础的社会主义经济中，就生产关系链条的本质联系来说，分配就成了更主要的环节。因而，社会主义政治经济学理论体系中，社会主义生产关系的逻辑次序就表现为生产、分配、交换、消费。把分配放在交换之前，这样的范畴体系是与社会主义经济机体的运行机制相契合的。

2. 社会主义分配结构的宏观分析

社会主义分配包括极其多样的形式与关系，因而是一个分配结构，大体说来，有下述方面：

（1）国家与企业之间的分配关系；（2）国家与地区之间的分配关系；（3）企业与企业之间的分配关系；（4）地区与地区之间的分配关系；（5）国家与个人之间的分配关系；（6）企业与个人之间的分配关系。

上述社会主义分配关系，是一个以国家为中心的蛛网式的复杂的分配体系，各种分配关系既是互相交错又是互相制约的。在这个分配之网中，某一个环节的变动都会对其他的环节发生一系列连锁性反应，因而存在一个社会主义分配网络内部的复杂的运行机制。社会主义国家在对这些复杂的分配关系进行计划管理与调节中，必须通晓与熟练地运用这一宏观的分配变动的机制与规律。因此，研究与揭示这一社会主义分配关系的运行机制和规律，是社会主义政治经济学的重要课题。

3. 对社会主义消费品分配结构的分析

分配关系包括生产资料的分配与消费资料的分配，而生产资料分配关系，总是要归结到消费资料的分配，因为任何一种生产资料的占有形式，总是为维护某种消费品的占有形式服务的。社会主义生产目的是全体社会成员的不断增长的物质与文化生活的需要。这就决定了消费品的分配具有特殊重要的意义，消费品分配的完善，是社会主义分配关系的完善的关键。因而，研究消费品分配关系及其运动规律，就成为政治经济学社会主义部分的重要课题。

现阶段社会主义消费品的分配关系也具有多层次性质，占据统治地位的是社会主义的按劳分配。按劳分配是生产资料社会主义公有制条件下的分配方式，这种分配方式是由社会主义直接生产关系所决定的，它又反作用于社会主义生产，成为社会主义经济发展的重要动力。因而坚持与不断完善社会主义按劳分配，寻找与各个经济领域的具体条件相适应的按劳分配的具体形式，乃是顺利地推进社会主义经济建设所必须解决的重要问题。

社会主义政治经济学要结合社会主义公有制的不同形式及其经营方式，来研究按劳分配的各种具体形式及特点。如全民所有制内部的按劳分配和集体所有制内部的按劳分配，它们本质上相同但各自又有不同的特点。农村集体所有制经济实行家庭联产承包责任制条件下的按劳分配形式与统一核算、统一分配的工分制按劳分配形式就具有不同的特点。城市实行经营承包制条件下的按劳分配关系，较之统一工资制下的按劳分配又有所不同。国营企业实行浮动工资制下的按劳分配关系，较之固定工资制下的按劳分配，又具有新的特点。按劳分配还有产品关系中的按劳分配，商品关系中的按劳分配，它们各自也有不同的特点。现阶段社会主义的按劳分配与未来消除了商品货币关系下的社会主义按劳分配也有所不同。可见，按劳分配存在着多样的具体形式和复杂的实现机制，特别是在商品生产与交换存在的条件下，按劳分配更要表现为不纯粹与不完全的形态。对按劳分配的政治经济学的分析绝不是简单地停留在马克思《哥达纲领批判》中所阐述的一般原理上，而是要结合社会主义国家的具体条件，阐明它的各种生动的具体形式。我们也不能把社会主义分配结构看作单一的社会主义按劳分配。要看到社会主义分配关系的体系中某些萌芽性的按需分配因素是客观存在的。从理论上承认社会主义阶段存在数量上极其有限的、不完全的、局限在特殊范围中的萌芽性的按需分配，并不是就混淆了社会主义与共产主义这两个发展阶段的界限，恰恰相反，正是揭示了社会主义与共产主义的经济既是相区别的又是相联系的。

在社会主义社会分配关系体系中还存在以个体劳动为基础的分配关系。社会主义社会的很长发展阶段，还将存在个体所有制经济，如农村集体经济组织中包孕的个体所有制经济因素（自营经济和家庭副业）和城市的个体经营这种以劳动者个人所有制为基础的分配关系，它既不是资本主义的按资分配，也不是公有制下的按劳分配，而是带有个人占有性的前社会主义小生产分配关系的残余。特别是实行包干到户的农村集体所有制的合作经济，采用包干分配的独特的形式，这种分配既主要地体现按劳分配，但又带有某些个人占有的性质。此外，一定范围内存在的投资分红关系还体现有非劳动的占有因素。

总之，社会主义社会的分配关系是多层次的。分析社会主义社会分配关系的内在层次结构，揭示它的内在联系、矛盾和发展变化的规律，是社会主义政治经济学的重要研究课题。

4. 国民收入的递次继起的分配序列的研究

为了全面地阐明社会主义分配的机制，还必须弄清国民收入分配的递次继起的序列， 即国民收入的分配与再分配。社会主义制度下，企业创造的纯收入 V＋M，要在国家、集体、个人之间进行一系列的分配。国家与劳动者之间在物质生产领域中分配的第一级的原生性的分配关系，这就是对企业创造的纯收入的 V＋M，由国家扣除一部分产品价值作为社会基金，一部分通过企业分配给劳动者，即第一次分配。继第一次分配之后的是一系列派生的分配关系。首先是国家将集中的社会基金用于支付国家机关和文教科学等事业单位的职工的工资，这就是物质生产领域的劳动者与非物质生产领域的劳动者之间的分配，即第二次分配。物质生产领域的劳动者通过支付各种生活服务费用，其收入的一部分就转到非物质生产领域的劳动者手中。非物质生产领域的劳动者之间也相互购买服务，这就形成第三次分配。第四次分配是劳动者与不劳动者之间的分配。劳动者为了赡养失去劳动能力的家庭成员、就学的子女，要把他的收入分给不劳动者，这是一种家庭范围内的劳动者与不劳动者之间的特殊的分配，可称为第四次分配。

可见，社会主义分配包括一个原生的分配和多级派生的分配组成一系列的继起的分配序列，是一个由国民收入的初分配与多次再分配组成的运动，阐明这一多次分配组成的国民收入分配运动的内在关系与机制，寻求使这一分配之畅通的途径，也是社会主义政治经济学的任务。

（三）社会主义交换结构的研究

社会主义交换结构（交换关系的总和），是社会主义生产关系的一个重要环节。特别是还存在商品关系的社会主义发展阶段，交换关系更具有重要的作用，它不仅是实现社会主义分配的杠杆，而且也是组织社会主义生产的重要经济杠杆。

社会主义社会的交换是一个多层次的体系，它是由经济性质上各具特点的交换关系组成的，具体地说，它包括：

（1）全民所有制内部的交换关系；（2）全民所有制与全民所有制范围内的职工的交换关系；（3）全民所有制与集体所有制之间的交换关系；（4）全民所有制与个体所有制之间的交换关系；（5）集体所有制之间的交换关系；（6）集体所有制与个体所有制

之间的交换关系；（7）个体所有制之间的交换关系。

上面这一系列的交换都表现为商品交换形式，但是就其经济性质来说，它包含社会主义的不完全的商品交换关系到社会主义的比较完整的商品交换关系，以及由社会主义性质的商品交换关系到个体经济性质的商品交换关系的一系列阶梯。除了上述商品交换关系而外，还存在着某些社会主义产品交换关系，如用于救灾的物资供应，以及各地区之间的物资相互支援，这是一种无偿的产品交换关系。社会主义社会各类商品交换关系性质上的特点，决定了商品交换的不同形式。如：（1）全民所有制之间的商品交换，是从属于国家的计划管理与指导的商品交换，它的最严格的形式，是从属于直接计划的商品交换，即生产资料的计划调拨（包括由国家直接控制的强制性供货形式）和消费品的计划供应。它的一般形式则是在由间接计划来加以指导和调节的国营企业之间的商品交换。（2）集体所有制经济单位，由于它的生产具有更完整的商品性，因而，集体所有制与外部的商品交换，要在更大程度上从属于价值规律的调节，各种交换关系表现为由国家运用经济杠杆进行调节的自主的商品交换。如国家与农村社队和城镇集体经济单位之间工农产品（特别是三类农产品）实行议价购销形式的交换。（3）以生产资料的个体所有制与消费品的个人所有制为基础的自由的商品交换，它包括城乡集市贸易，以及国营企业和合作企业与职工和居民之间的消费品的自由市场买卖，这种交换主要从属于价值规律的自发的调节。

总之，深入地分析社会主义社会交换关系体系，特别是揭示商品交换关系的多层次性质及其内在矛盾，由此阐明支配各个交换领域的商品交换的规律，是社会主义政治经济学的重要任务。

（四）社会主义消费关系的研究

消费按其性质可分为生产的消费（包括生产资料的消费和劳动力的消费）和个人的生活消费，这二者构成广义的消费概念。狭义的消费是指生活消费。生产的消费虽然使用"消费"一词，严格说来应称为"消耗"，生产资料的消费实际上就是一种生产中的物质的消耗，劳动力的消费实际上是人力消耗，它们共同形成物质产品。所以，消费按其狭隘的意义和真正的意义讲是指个人生活消费。

在任何一种社会形态中，消费均是再生产的一个必要环节，但是消费在各个社会形态再生产中的地位却是不同的。在原始社会，与当时的极其落后的物质生产力水平相适应，那里存在的是受到限制的难以维持生存为内容的极其低下的共同消费。在此后的阶级社会，是一种对占社会成员绝大多数的直接生产者进行压抑的消费。社会主义生产方式在人类历史上第一次把社会全体成员的内容不断充实的、健康的生活消费，提升到生产的目的与动机。社会主义的实质，不仅在于使作为生产主体的劳动者摆脱了剥削，而且还要使人们摆脱贫困，日益富裕起来。可见，消费在社会主义经济生活中占有十分重要的地位，而对消费的研究，也就理所当然地成为政治经济学的重要课题。

政治经济学对消费的研究，不是旨在研究消费的自然生理方面的内容，如社会及各地区、各个阶层的消费方式、消费心理及消费行为、消费结构等（上述问题乃是消费经济学的研究对象），而是着眼于消费过程中人们的相互关系。如要研究社会主义阶段由三大差别的存在引起的消费水平的社会差别，揭示社会主义消费的社会差别的变化的规律与探索形成与发展社会主义消费生活的组织形式，找出逐步缩小消费的社会差别，发展社会主义的共同的健康的消费，实现全体社会成员生活的普遍提高和共同富裕的途径。消费生活中的社会关系，包含着十分丰富的内容，它为社会主义政治经济学提供了许多崭新的课题，那种认为消费的社会关系没有什么可研究从而不能成为政治经济学的研究对象的观点，是不能令人同意的。

二、对社会主义生产关系从纵的方面进行研究的主要课题

社会主义的经济机体除了可以剖析为生产关系、分配关系、交换关系、消费关系这一四维经济结构而外，还可以剖析为由所有制形式、企业生产组织形式、企业经营管理形式、社会生产组织形式、国民经济管理形式形成的纵的或立体的社会经济组织形式。因此社会主义政治经济学对于社会主义经济机体的分析研究，除了要按照生产、分配、交换、消费的序列，从横切面来揭示社会主义生产关系的内在联系而外，还有必要按照所有制、生产组织方式、企业经营管理形式、社会生产组织形式、国民经济管理形式的序列，从纵的方面进行分析与研究。

（一）第一级的始发性的生产关系——生产资料所有制的研究

如果把整个社会主义社会的经济组织形式作为一座大厦，生产资料所有制形式就是它的基石。社会主义社会某一发展阶段，企业的生产组织方式、经营管理形式、社会生产组织形式和国民经济管理形式均是受生产资料所有制的制约，并且体现了这一发展阶段的生产资料所有制的特点。从上述意义来说，生产资料所有制乃是一种始发性与基层的生产关系，而体现于企业的生产组织、企业经营管理形式、国民经济管理体制中的生产关系则可以称之为"**第二级的和第三级的东**

西，总之，**派生的、转移来的、非原生的生产关系**"①。因此，从纵的方面来剖析社会主义社会的经济组织，理所当然地要从对生产资料所有制的分析开始。

进行所有制研究的内容，已经在上节加以论述，在此不再赘述。

（二）结合企业生产组织形式来研究社会主义的生产关系

企业生产组织形式，首先是劳动方式，它的主要内容是指生产中的劳动协作与分工形式。如企业的生产是实行没有分工的简单协作，还是以复杂的分工为基础的协作；是小而全的还是专业化生产；是专业化的小企业还是实行生产集中的大企业等。以劳动分工协作为内容的劳动组织与生产组织，马克思称之为"社会地发展了的劳动的形式"，或者说是劳动力的社会结合方式。这种人们劳动的社会组织形式是由物质生产条件的性质与状况决定的，首先是由生产工具的性质与状况决定的。如手工工具决定了生产中的简单的劳动协作形式，专门化的工具决定了手工业工场中的以分工为基础的劳动协作形式，机器生产决定了专业化生产这样的现代工厂制度下的发达的分工与劳动协作形式。可见，分工协作的各种具体形式可以看作是决定于生产的物质技术条件的社会劳动的组织形式，也可以称之为技术性的生产关系或形式。这种技术性的劳动的社会结合形式带有生产力的性质。只要物质生产条件不变，以特定的劳动分工与协作作为内容的生产组织形式，并不因所有制的改变而存废。

但是另一方面，由于生产组织形式乃是劳动力的社会结合形式，而劳动力具有社会的规定性，在不同社会，劳动力的社会结合就不能

---

① 《马克思恩格斯选集》第2卷，人民出版社，1972年，第112页。

不体现劳动力的社会性质与特点。例如，资本主义的简单协作，乃是从属于资本的社会结合劳动方式，它体现了资本榨取剩余劳动的关系，它与体现人们生产中的社会主义互助合作关系的社会主义的简单协作具有本质的差别。同样，资本主义企业的专业化生产组织与社会主义企业的专业化生产组织，它所体现的生产关系是根本不同的。上述情况表明，企业生产组织形式，它还有社会生产关系的一面，从而要体现出某种社会经济制度的特征。也就是说，要看到企业的生产组织形式带有二重性，它主要是作为生产力的社会劳动组织形式，但是它又要受所有制的制约，从而体现某种特殊的社会主义生产关系的性质。可见，劳动组织与生产组织具有处在生产力与狭义生产关系"结合处"的特点，可以称之为技术性生产关系与社会生产关系的复合体。

由于企业生产组织是生产力的具体组织形式，它首先决定于生产的物质技术条件，因而生产力决定生产关系的原理就要具体表述为生产力→企业生产组织形式→生产关系。在社会主义制度下，要表述为社会主义物质技术基础的变化，引起企业生产组织形式的变化，进一步引起社会主义所有制的发展变化。因此，社会主义政治经济学在研究社会主义所有制的发展变化时，就要采取生产力→企业生产组织形式→所有制的程序与方法，这样才能细致地揭示社会主义生产关系变革的一些必经的阶梯，真正做到阐明社会主义所有制发展的规律。

马克思在研究资产阶级所有制的发生、发展的规律时，就采用了上述方法。我们可以看见，《资本论》在研究资本的产生时，分析了下述的内在联系：

生产力	生产组织形式	所有制
手工工具	小规模简单协作	资本的萌芽
发达的手工工具	以分工为基础的协作	资本家所有制生产
机器体系	工厂制度下更发达的专业化生产与协作	资本家所有制的确立

按照这一方法，我们不难发现现代资本主义经济发展中也存在着下述内在的联系：

生产力	生产组织形式	所有制
自动化机器大生产	生产集中，联合化	垄断性联合资本
高度自控化的机器大生产	更高度的联合化	国际垄断性联合资本

上述分析的方法对社会主义政治经济学的研究也是同样适用的。如就农业来说，我国农业生产力水平还很低，还在很大程度上是以手工工具这一落后技术为基础，这就决定了我国现阶段的农业企业的生产组织就不能不以小规模集体生产与家庭分散生产相结合为特征。除了某些农业生产与经营领域实行"统一"而外，在农林牧渔生产的广泛范围内实行"分散"，这样就可以既发挥统一经营与集中劳动的优越性，又可以充分发挥分散生产与经营的潜力，使劳动力与生产资料有效结合起来。因而统分结合，把集中劳动与家庭分散劳动相结合，乃是适合农村生产力发展水平的现阶段社会主义农业的劳动方式与生产组织形式。这种社会主义农业的劳动方式也就决定了农业的社会主义所有制的下述特点：它是以集体所有制为主体，但又包孕有部分的生产资料的个人占有，从而使集体所有制带有不纯粹与不成熟的特征。我国农村当前实行的家庭联产承包责任制形式，在所有制上就鲜明地体现了上述特点。

当然，上述社会主义初始阶段的幼年期的集体所有制生产关系，是要发展变化的，随着今后农业机械化的发展，农业劳动方式与生产组织形式日益先进和现代化，农业分散生产与经营将进一步为统一的集体生产所取代，小而全与粗放的生产为专业化与集约化的生产所取代，农业集体所有制就会进一步完善，生产资料的个人所有将通过联合化日益社会化，不成熟的集体所有制就要发展成为更成熟的、更完全的集体所有制。而在此后农业现代化的进一步发展中，现代技术与科学在农业中的应用又将使农业生产进一步专业化与协作化，企业劳动方式与生产组织形式将进一步改变，如要实行联合化这种大规模的生产组织形式，农工商联合体将要普遍建立。劳动方式与生产组织的这种变革将带来所有制的变革，将会出现集体所有制企业的联合，或者是国营企业和集体企业的联合，以及其他形式的联合，从而产生新型的联合所有制。这种情况表明，随着社会主义物质技术基础的壮大，企业生产组织将进一步完善与改进，生产资料公有化将进一步发展。总之，结合企业的劳动方式与生产组织的演变来研究社会主义生产关系发展与完善的规律，是社会主义政治经济学的重要课题。

（三）结合企业的经营管理形式来研究社会主义生产关系

经营管理形式是企业在组织生产与经营中运用、支配生产资料，组织产品交换和支配收入分配的具体形式。经营管理形式主要是体现生产关系。因为：（1）经营管理形式体现生产资料的支配关系，如生产资料是归企业占有还是归企业支配使用；（2）经营管理形式体现收益分配关系，如收益主要归企业所有还是主要上交国家所有；（3）经营管理形式体现产品的交换关系，如是企业自主的商品交换还是国家支配的产品调拨。显然，这些方面体现的是企业与国家、企业与企业、企业与职工之间的生产关系，因而，经营管理形式主要属于生产关系范畴。

经营管理形式首先是取决于所有制，但是它又不等同于所有制。对于同样的生产资料所有制来说，可以采用多样的经营管理形式，如社会主义全民所有制经济中，由于企业经济条件不同——包括物质条件、产品性质、销售条件、价格制定——企业在经营管理形式上也是不同的，如邮政、航空、铁路、重要军工、原子能、最新科学技术等企业采取较长期的统负盈亏的经营形式。某些小型企业以实行经营承包、自负盈亏形式。某些企业如小型零售商业、饮食服务业，还可以采取租赁形式，或租给集体，或租给个人。可见经营管理形式具有多样性。

所有制关系总是通过一定的具体的经营管理形式而体现出来。如集体所有制关系要通过集体企业的具体经济管理形式而得到体现，全民所有制关系要通过国营企业的具体的经营管理形式而得到体现。上述国营企业的多样经营管理形式都体现了全民所有制关系，无论是统负盈亏、自负盈亏（相对的）还是租赁等经营管理形式都并不改变全民所有制的基本性质。

但是另一方面也要看到，经营管理涉及生产、分配、交换等关系的具体形式，因而某种经营管理形式总是要体现某种所有制的特点。例如国营企业实行相对的独立经营和自负盈亏，在这种经济形式下：（1）生产资料所有权属于国家、部分支配使用权属于企业，全民所有制关系没有改变，但生产资料支配使用权有了变化。（2）在统负盈亏下收益分配权集中于国家，实行统收统支，而自负盈亏则是以税代利，向国家上缴税金，自留利润归企业支配使用，在产品收益分配关系上就有了变化。（3）实行自负盈亏，就要给予企业以一定的自主生产余地，除了在必要的生产与交换领域实行指令性计划外，还要实行指导性计划，这就表明计划管理方式具有其特点。可见，自负盈亏使全民所有制企业在生产资料支配使用关系、产品占有关系上都要发生某些变化，它使全民所有制带有产品企业局部占有因素，从而具有不成熟与不完全的全民所有制的特点。

基于以上所述，我们可以看出，政治经济学不能撇开企业的经济管理形式来抽象地论述社会主义生产关系的特征。只有结合企业的经营管理形式来进行分析研究，才能阐明社会主义所有制的具体形式和特点。

（四）结合研究宏观的社会生产组织形式来研究生产关系

宏观的社会生产组织形式，是相对于微观的企业生产组织形式而言的，它首先是国民经济范围内生产的组织形式，但也体现有生产关系的性质，因此具有二重性。

从国民经济范围来看的生产组织形式，首先是指国民经济范围内的产业结构，它包括：

第一，物质生产与非物质生产部门的结构。物质生产与非物质生产的结构是任何社会生产组织的必要内容。由于非物质生产部门的劳动者与社会不生产的成员的生活消费数量是以物质生产部门的剩余产品总量为极限，因而，社会生产力发展水平越低，越需要把绝大多数劳动力用于物质生产，而以较少的劳动力用于非物质生产。相反，生产力发展水平较高的社会，就会以较少的劳动力用于物质生产，以较多的劳动力用于各种社会服务，如消费服务、文化服务、医疗卫生服务等。可以说，物质生产在社会生产结构中的地位与社会生产力发展水平成反比，乃是生产力发展的规律。比如，我国现阶段较低的生产力水平就要求有数亿农民从事农业生产，要求大量职工用于工业生产，服务行业及文化教育、医卫事业等部门的发展就受到限制。按物质生产力的发展水平所提供的可能性，把必要的劳动力用于物质生产，同时把足够的劳动力用于服务部门，特别是用于发展科学文教事业，形成一个最合理的物质生产部门与非物质生产部门的结构，这是合理的宏观生产组织所解决的重要问题。

第二，物质生产的内部结构。物质生产部门包括工业、农业、交通、邮电（严格说来是它为生产服务的那一部分）等部门以及商业（其中的大部分）。形成某种物质生产领域中的合理的产业结构乃是生产顺利地发展的必要条件。物质生产内部各个部门的相互关系的一般规律是：农业部门中占用的劳动力与物质生产力的发展水平成反比。生产力水平低，用于农业中的劳动力就愈多，农业这一部门在国民经济中比重就愈大；反之，生产力发展水平愈高，工业、交通等部门就能在物质生产部门中占据优势，形成工业为主要成分的现代产业结构。就工业而言，重工业与轻工业之间又有一定的规律性。作为现代化的生产力，重工业在工业结构中要占更大的比重，即形成重型的工业结构，才能适应技术进步下的扩大再生产的需要。

第三，第Ⅰ部类和第Ⅱ部类的结构，即生产资料部类与消费资料部类的结构。社会生产两大部类的合理结构，是顺利实现社会再生产所必要的。如 $Ⅰ(v+m)=Ⅱc$ 的两部类结构是实现简单再生产的物质条件，$Ⅰ(c+v+m)=Ⅰ(c+\Delta c)+Ⅱ(c+\Delta c)$ 的结构则是实现扩大再生产的物质条件。随着社会生产力水平的不断提高与技术的不断进步，社会两大部类的关系表现为第Ⅰ部类比重逐步增长和第Ⅱ部类比重相对降低的规律性，即生产资料优先增长的规律，这是对于任何社会都适用的技术进步下的扩大再生产的一般规律。当然随着物质生产力达到很高发展水平时，随着生产资料部类劳动生产力的发展，新技术的微型化和新技术带来的生产资料生产中劳动的节约，这些因素将对第Ⅰ

部类优先增长起反作用，从而为第 Ⅱ 部类以服务行业更迅速的发展提供物质条件。

第四，物质生产部门与科学技术部门的结构（包括作为第二层次的物质生产与文教部门即所谓智力开发部门的结构）。当代科学技术日益迅速地转化为直接的生产力，科学技术部门不仅服务于物质生产，而且日益显示出它的某些物质生产的性质。这里我们指的是密切与物质生产相结合的科学技术部门，如工厂里的研究所与技术科室，它们密切地与生产相结合而进行的科技劳动，也是具有物质生产劳动的性质。当然，从事理论研究的劳动，如高能物理、原子物理的这些理论研究的劳动，一般地还只是为物质生产服务，还不具有直接生产的性质。这些理论研究的运用于生产还得经过若干中间环节，还要经过由知识形态的可能的生产力向直接生产力的转化。因此，形成国民经济范围的最有利于生产力发展的合理的生产组织，还要求处理形成一个合理的物质生产劳动与科学技术劳动的结构。与此相关联，作为上述一般生产劳动与技术劳动结构的第二层次的，乃是物质生产部门与文教部门的结构，这一结构的合理化，乃是一般生产劳动与技术劳动结构合理化的前提。

总之，社会生产组织形式包括物质生产部门与服务部门、科技部门、文教部门之间的结构。除此而外，宏观的社会生产组织还包括地区生产结构，如工业与农业的结构、城市与乡村的结构、一般经济地区与生产力高度发展的经济中心的结构，中小城市与大城市的结构。上述的生产结构本身是生产力的一种特殊组织形式。但是，这些结构却又体现有生产关系性质。如生产部门与非生产部门的结构，体现了生产劳动与非生产劳动的关系；工业与农业的结构，体现了工人与农民的关系；一般生产部门与科技、文教部门的结构，体现了体力劳动与脑力劳动的关系，等等。因此，社会主义政治经济学不仅有可能而且有必要联系这一宏观的社会生产组织，从更大的广度来研究社会主义生产关系。

（五）结合国民经济管理形式来研究社会主义生产关系

为了全面地对社会主义生产关系进行剖析，还必须通过对国民经济管理形式即国民经济管理体制的分析来把握社会主义生产关系的具体形式。社会主义的国民经济管理是国家对宏观经济活动的管理和控制，以及对企业经济活动的调节和个人的经济活动指导。国民经济管理包括广泛的内容，如企业利润以税收形式上交国家与自留利润比例的制定，国民收入的积累和消费的分配，国民经济基本比例关系的确定，劳动力在各部门中分配比例的确定，等等。

社会主义国民经济管理的方式与体制，不是可以听随人任意地来设置的，而是决定于生产资料的社会主义所有制的性质及其特点。如对于国营企业来说，它的生产资料属于全民所有，因而它的生产与交换活动就是从属于全社会利益，它的剩余产品的分配和使用也应从属于全社会的需要。企业职工的劳动报酬也应该有社会统一的尺度。上述情况决定了社会主义国民经济管理体制的集中形式，它要以国家为最高管理主体和由国家对国民经济的主要活动进行集中统一的管理、控制和调节。但是另一方面，现阶段全民所有制经济关系还表现为商品关系，国营企业还要表现为不完全的相对独立的商品生产者，这一情况决定了微观经济活动的部分企业决策权。社会主义国民经济管理体制的形式，必须适应上述特点，把国家的决策权与企业的决策权结合起来。

国民经济管理体制，作为社会管理、调节与指导国民经济活动方法和制度，它包括：（1）最高管理主体的形式，例如是以国家为主体还是实行其他管理主体（如由社会中心做管理主体）；（2）管理模式，例如是高度中央集权型的、集中型的，还是分权型的，等等；（3）管理的组织机构体系与模式，例如，是以国家行政机关为主，还是以经济组织为主；（4）管理方法，例如是以行政手段为主或者是行政手段、经济手段与法律手段并用，但以经济手段为主。上述管理的主体、机构、方法等均是人们根据客观经济规律采用与确定的一种制度，从这一方面来说，它是带有上层建筑的性质，但是这是一种特殊含义的上层建筑，即它既包括有一部分政治上层建筑性质，又包括另一种上层建筑：耸立于生产关系体系之上的经济管理体系——经济上层建筑①，正由于此，我们不能把国民经济管理体制范畴与生产关系范畴混为一谈，要看到它与所有制关系是有区别的。例如，社会主义社会某一发展阶段的所有制，按其性质与基本形式来看总是带有稳定性的，国民经济管理体制却不是持久不变的，而是随着客观条件的变化而不断地改进和完善的。因此，同样的所有制形式，可以采取不同的管理形式，例如，对于全民所有制领域的经济活动，根据不同的政治经济条件，可以采取不同的管理形式。如不发达的社会主义国家初始发展阶段，或在战争、自然灾害时期，由于物资缺乏或比例关系不协调，要求实行某种较为集中的管理体制。在社会主义经济发展到以内涵的扩大再生产企业决策和个人决策相结合的管理制度，要扩大企业必要的自主权，适当减少国家干预。显然，国民经济管理体制的这些变革，并不改变社会主义国家所有制的性质。

但是也必须看到，如同上层建筑会积极反作用于经济基础一样，

---

① 从这种意义上讲，国民经济管理形式是一种管理关系，并可以称之为上层性的经济关系。

上层性的管理关系也会影响作为它的基础的所有制关系。社会主义的
国民经济管理体制实际上涉及生产资料的支配、使用形式。如生产资
料的所有权、支配使用权是统统归国家，还是实行所有权归国家，企
业有部分的支配使用权。管理体制也涉及分配形式，如国家与企业之
间是实行全收全支，还是实行把利润分为国家征收税金和企业自留
利润的分配方式。管理体制还涉及交换方式，如是实行全面的统购统
销、统购包销、统购统配，还是给企业某些自主购销权。总之，国民
经济管理体制模式的不同，也就意味着在生产资料占有、产品分配与
交换等的现实关系与具体形式上有所不同。这也就表明，在社会主义
制度下，国民经济管理体制的完善就不仅仅是一般上层建筑完善的问
题，而是也直接体现为社会主义生产关系的完善。特别是在生产资料
的社会主义公有制的改造取得基本胜利，社会主义经济制度基本确立
后，社会主义生产关系的进一步完善，在很大程度上是通过国民经济
管理体制的改进来实现的。如果人们能够寻找到和建立起一种与社会
主义所有制的性质和本国的国情相适合的完善的国民经济管理体制，
那么，就意味着社会主义生产关系的具体形式进一步完善和更加适合
生产力的性质。

　　基于以上的论述，我们就可以看出：国民经济管理体制这一上层
性的管理关系的性质及其在实现社会主义生产关系的完善中的重要作
用，正是社会主义政治经济学要对社会主义国民经济管理体制进行深
入研究的原因。

三、保证社会主义生产关系的全面适合于生产力性质，是生产力最迅速发展的根本前提

对社会主义经济组织的纵向的研究可以归纳为下图：

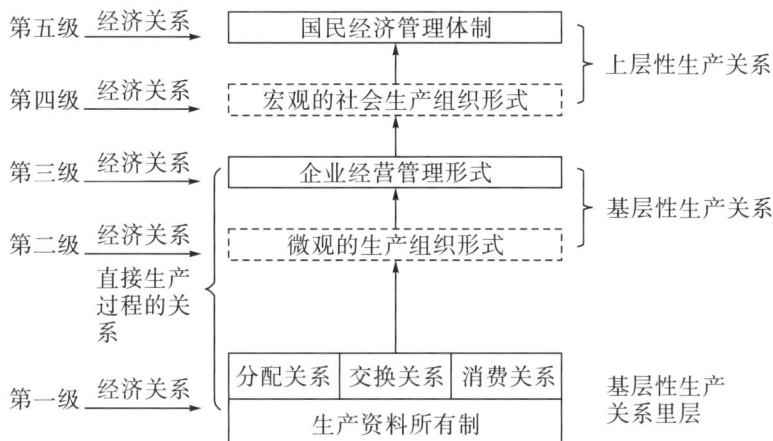

第五级	经济关系 →	国民经济管理体制	⎱ 上层性生产关系
第四级	经济关系 →	宏观的社会生产组织形式	
第三级	经济关系 →	企业经营管理形式	⎱ 基层性生产关系
第二级	经济关系 → 直接生产过程的关系	微观的生产组织形式	
第一级	经济关系 →	分配关系 | 交换关系 | 消费关系 生产资料所有制	基层性生产关系里层

（虚线是体现生产力与生产关系二者）

上图表明：（1）确立完善的生产资料社会主义所有制结构，是建立社会主义社会的经济组织的基础。（2）社会主义国家的微观的即企业生产组织形式是以生产资料公有制为基础，但它又是更直接地适应生产力而变化的。探索这种由直接生产力制约的最适当的企业经营管理形式，是组织社会主义生产的一个重大课题。（3）企业经营管理形式位于企业生产组织形式之上，就是说企业经营管理形式要适应劳动方式与生产组织形式的要求，以促进作为社会主义经济细胞的企业的生产与经营的顺利发展。（4）国民经济管理体制作为上层性的生产关系，它必须适应与有利于具有相对独立性的企业的生产经营的发展。

上图也表明，为了更清楚地揭示社会主义经济组织的内在构造，

可以将社会主义生产关系划分为基层性的生产关系和上层性的生产关系，原生性的生产关系和派生性的生产关系。对经济关系还可以划分为第一级、第二级、第三级等一系列阶梯，即生产关系的序列。具体地说，所有制关系乃是原生性和第一级的即基层性里层的生产关系，企业的生产组织与经营管理中体现的生产关系，是基层性的表层性的关系。国民经济管理体制是管理关系，它是所有制关系所派生的，可以称为上层性的生产关系。基于上述对经济关系的进一步划分与经济关系新概念的确立，我们就能对社会主义制度下生产关系一定要适合生产力性质的规律做出如下的阐述：要使作为上层性的生产关系的国民经济管理体制与基层性生产关系的要求相适应，要使基层性生产关系的表层与基层性生产关系的里层相适应，要使上述多层次的社会主义生产关系互相适应，从而建立社会主义经济组织中的全面协调关系，最根本的则是要保证社会主义所有制形式与生产力的性质相适应。社会主义政治经济学对社会主义生产关系的全面的分析与研究所得出的最终结论就是：要保证社会主义生产关系体系全面地适合生产力的性质，社会主义社会生产力的生气勃勃地发展的根源正在于此。

增强政治经济学社会主义
部分教材的中国特色①

　　中共中央《关于经济体制改革的决定》，以马克思主义的实事求是和开拓创新精神，为我国正在进行的全面的经济体制改革绘制了有科学根据的蓝图。它突破了传统的理论观念，以一系列有关社会主义经济的新的概念和命题，进一步发展和丰富了马克思主义政治经济学社会主义部分的理论。目前，我国城乡的经济体制改革正在健康和深入地发展，我国有计划的社会主义的商品经济的结构日益完善，社会主义经济在崭新的运行机制下欣欣向荣地发展着，有中国特色的社会主义已逐步地成为生活中的现实。

　　政治经济学社会主义部分是分析、研究和从理论上表现社会主义社会的经济结构及其运动规律的一门科学。它是用以指引人们自觉地完善社会主义生产关系，健全社会主义经济运行机制，加速社会主义经济建设的理论武器。当前，我国正在全面开展的经济体制改革，必

---

① 原载《红旗》1985年第13期。

然要求和推动政治经济学社会主义部分的理论进行改革和创新。

我国近年来出版的政治经济学社会主义部分教材，在分析阐述新时期中国社会主义的特色与规律、体系结构、经济范畴的逻辑顺序以及分析方法等方面，都取得了一定的成果，为发展马克思主义的经济理论做出了贡献。但也应该看到，我国的政治经济学教材中还存在反映苏联经济模式的斯大林传统理论观点的影响，如有关社会主义基本经济范畴和重要经济规律的理论阐述，就未摆脱回避价值概念和商品经济所固有的市场机制的自然经济论；在构筑与安排经济规律体系时，机械、排队的形而上学的格局仍然存在；不少教材甚至未能根本突破苏联政治经济学体系的老框框。由于政治经济学社会主义部分的理论体系不能科学地反映我国有计划的商品经济的内在结构和运动规律，这就决定了对政治经济学社会主义部分教材的改革绝不能是一些小修小补，而必须是十分深刻的改革和重大的理论创新。这是我国经济理论所面临的一项刻不容缓的艰巨任务。这里，只就如何增强政治经济学社会主义部分教材的中国特色问题，谈一点不成熟的意见。

马克思主义政治经济学社会主义部分的研究对象是社会主义生产关系，它的任务在于阐明和揭示社会主义经济的基本特征和运动规律。但是，一般寓于特殊，共性要通过个性来体现，社会主义的基本特征与一般规律总是要通过各个国家的具体形式才能得到体现。任何一个社会主义国家的政治经济学社会主义部分教科书，都必须从本国的国情出发，在揭示与阐述社会主义经济的一般规律时，要着眼于表现一般规律作用所由以实现的具体形式和表现社会主义经济运行机制的国别与民族的特点，而不能停留在对几条一般规律的空泛无物的论述上。政治经济学社会主义部分必须有社会主义各国的特色。创建各具特色的政治经济学社会主义部分，这既是各个社会主义国家都必须加以解决的重大理论问题，也是丰富和发展马克思主义经济理论的正确道路。

我们当前面临着建设有中国特色的社会主义的重大任务。我国的政治经济学社会主义部分教材更有必要从理论上充分表现社会主义经济的中国特色。我国原有的政治经济学的一大缺陷是中国特色不浓，没有真正做到从中国的经济关系的实际出发，进行去粗取精、去伪存真、由此及彼、由表及里的分析，再上升为理论，得出适合于中国国情的新概念、新原理，因而未能构筑出以中国国情为背景的、反映社会主义经济发展规律的政治经济学社会主义部分教材。

例如，就理论体系中占有十分重要地位的所有制理论来说，合作制经济的新形式——家庭联产承包，几经人们呼吁才迟迟地进入教材中理论的殿堂。但对这一合作制经济的中国式的论述也是较为粗糙的，有的教材中对这一问题的分析仅仅给予短短数段的篇幅。而对于这一崭新的、较为复杂的、具有过渡性的经济组织形式的内在结构、本质特征及其产生的必然性的分析，则是十分薄弱的；对于联产承包、联合劳动、双重经营、双重占有、包干分配等新的经济范畴，也尚未做到在理论上予以充分的分析和论证，使之成为政治经济学社会主义部分的重要范畴。此外，对于我国城市经济体制改革把所有权和经营权适当分开，实行自主经营、自负盈亏的全民所有制的理论分析，可以说尚处在启蒙阶段。对这一全社会占有制的中国式的新形式的性质、特点和产生的必然性等问题，不仅尚未做出有说服力的阐明，甚至还缺乏进行理论阐述所必要的经济概念和有效的分析方法，因而可以说反映僵化体制的传统的简单化的全民所有制概念仍然在禁锢着我们的学术思想。现有教材中有关所有制理论分析的另一缺陷是缺乏对城乡的其他多种经营形式，如全民所有制企业的承包、租赁经营（租给集体、租给个人）、股份制等的占有关系的十分深入的分析和论述，对于各种过渡性的所有制形式（包括人数不同的各种雇工经营）往往是语焉不详，而对于业已在城乡经济生活中大量地和较为普遍地萌生的新的合作制占有形式，则更少进行深入的论述。除了所有制方面的问题，其他方面的状况也大体差不多。

上述情况表明，尽管我国近年来出版的政治经济学社会主义部分教材，在理论联系实际上取得了进展，但是尚未做到在理论（概念、规律、结构）上充分地完备地反映深入进行经济体制改革以来的中国新的经济关系的实际，因而还存在不少架空的抽象分析，来自书本但脱离国情的、内容贫乏的一般规定。这种情况也表明，在理论研究中，解放思想，大胆探索，打破陈旧的、停滞的、僵化的观点，进一步使马克思主义的一般原理与中国实际紧密地相结合，仍然是我国政治经济学社会主义部分教材建设的根本问题。

要使政治经济学社会主义部分真正地体现出中国特色，决不能采用一般原理加中国例证的方法。解决这一问题的关键在于理论体系（概念、规律、结构）要充分地反映体制改革以来的中国社会主义经济关系和生产方式的实际。而要做到这一点，我认为必须彻底清除现有教材中的社会主义产品经济论的影响，使政治经济学理论体系以有计划的商品经济的基本范畴和基本规律为基础。

社会主义经济是有计划的商品经济，这是中国共产党在科学地总结国内外社会主义建设实践经验，特别是总结我国社会主义建设正反两方面经验的基础上确立的科学命题。这一理论命题标志着人们对社会主义认识的深化，是马克思主义经济理论的重大发展。我国的国情表明，在对生产资料私有制的社会主义改造取得基本胜利后，在所有制领域还存在以生产资料公有制为主体的多样性（包括个体的、半社会主义性质和其他带有不同程度的资本主义性质的）所有制结构；就社会主义公有制来说，还存在着全民、集体和多样的联合所有制；而就社会主义全民所有制来说，也还不是完全的全社会所有制，还带有某些局部占有的多样性，决定了人们的相互交换活动要以等价为基础。这也就决定了劳动产品具有价值对象性，因而是商品。而作为社会主义生产基本单位的企业，也就是相对独立的或独立的商品生产者。可见，生产的商品性是社会主义经济的重要本质特征，商品生产所固有的价值规律也就必然贯穿于社会主义经济之中，并成为制约社会主义生产、交换、分配和消费等各个方面的基础性规律。而作为价值规律的作用形式的市场机制，也同样必然成为支配社会主义商品经济活动的内在的杠杆。当然，劳动产品的商品性、价值规律的作用、市场机制等，都是受到公有制的制约和带有社会主义的新特征。因此可以说，社会主义经济的中国特色，其根本点就是在国家计划指导下，充分依靠与发挥市场机制力量而自行运转的、充满活力的社会主义商品经济。

有计划的商品经济是社会主义经济本身固有的特征，是不以人们的意志为转移的。如果说，在我国原先的僵化的国民经济管理体制下，由于人们按照产品经济的规律来管理经济活动与过程，从而阻抑了社会主义有计划的商品经济的正常运转，使其内在的机制不能有效地发生作用，那么，经过经济体制的改革，在人们采取了适应社会主义商品经济的本性和规律要求的一系列正确的、新的管理方法、政策和措施之后，我国国民经济就真正地转上了有计划的商品经济的轨道，越来越顺利地运转和显示出它的生机勃勃的力量。正是基于我国社会主义经济的性质，政治经济学社会主义部分必须以一个科学的与完备的理论形式与逻辑体系，来反映在我国现实生活中日益丰满和日益完备的有计划的商品经济的本质及其运行机制。而要做到这一点，我认为在改革政治经济学社会主义部分时，应该把价值范畴作为基本范畴，把价值规律作为社会主义经济规律体系中的基础性的规律。

只要还存在商品经济，价值范畴就是有效的经济范畴。既然社会主义经济是商品经济，商品性就仍然是社会主义生产关系的重要本质特征，因而价值范畴就仍然是从理论上反映社会主义经济的一般范畴，它是认识社会主义生产、交换、分配和消费等各个方面的活动机制，分析和把握社会主义经济机体的运动规律的重要思维工具。因此，在革新政治经济学社会主义部分时，充分重视价值范畴和价值规律的作用，把价值范畴作为建立政治经济学的范畴体系的基础，把价值规律的作用作为阐述社会主义社会其他经济规律的作用形式的主线，便是顺理成章的事。

我曾经提出：过去出版的政治经济学社会主义部分教材在长期流行的自然经济论的思潮影响下，把价值范畴限制在狭窄的范围内。例如，只是将价值范畴使用于社会主义商品生产和价值规律的阐述，而几乎所有其他的社会主义经济规律的要求、作用形式的表述都是与价值范畴脱钩的。过去的政治经济学社会主义部分教材在分析阐述社会主义生产关系时，实际上更多的是以产品经济中的实物性范畴为基本范畴，或者在分析某些领域的生产关系与运动规律时，采用价值范畴，而在论述其他领域的生产关系的运动规律时，又主要地凭借实物性范畴。这种方法，由于缺乏统一的基本经济范畴，就使政治经济学社会主义部分的理论体系缺乏内在的连贯性。显然，忽视价值范畴，崇奉实物关系，这样的政治经济学理论体系是不可能深刻地反映社会主义生产关系的本质的。在现实生活中，社会主义商品关系不是正在萎缩或即将消亡，商品生产还将在广度和深度上发展，商品货币关系还将进一步发达和复杂化，这就决定了价值范畴也将越加多样化和具有越来越丰富的形态。因此，我们需要有足以表现社会主义生产领域、交换领域、分配领域的商品关系的各种价值范畴。特别是还需要寻找适合表现随着社会主义商品关系的发展，而必然要产生的一些新的价值关系的新范畴。在马克思主义经典作家创造的政治经济学社会主义部分范畴体系的基础上，联系社会主义经济的实际进行探索和创造，进一步完善和丰富社会主义经济范畴体系，我们就能获得强有力的认识工具，就能更充分地认识与阐明社会主义经济的客观规律，这样也才能完成建立起马克思主义的科学的社会主义政治经济学体系的任务。

总之，如果政治经济学社会主义部分能突破传统观念，确立起一系列反映社会主义有计划的商品经济的新概念，抛弃规律排队的传统理论体系，建立起以社会主义商品经济的一般的和抽象的范畴为基础的，井然有序的和一步步向具体上升的范畴体系和经济规律序列，那么，政治经济学社会主义部分的理论体系就能更好地从理论上反映我国社会主义经济的内在结构和运动规律，从而提高它的科学性，并大大地增强它的中国特色。

社会主义政治经济学与
经济运行机制的研究①

一、什么是经济运行机制?

60年代以来，随着世界范围内社会主义经济体制改革的潮流的兴起，经济理论界人士也越来越多地关注和讨论有关社会主义经济的运行机制问题，本文拟对这一问题谈一点不成熟的意见。

把经济运行机制作为社会主义政治经济学研究的新课题提出来，不仅具有重要的现实意义，而且也具有重要的理论意义。经济运行机制不是指生产关系的发生、发展和向它的更高形式过渡的规律，也不是指经济模式或经济体制，因为如果将其含义理解为前者，那么，关于社会主义政治经济学要研究经济运行机制的提法就没有任何新意。如果理解为后者，后者乃是指社会主义生产关系的具体形式，而对社会主义经济模式和社会主义经济体制的研究，应该是属于和包括在传

---

① 原载《经济科学》1986年第2期。

统的社会主义政治经济学研究方法之中。

我们认为经济运行机制是指发展和变动中的经济活动，包括生产、分配、交换、消费诸活动。对这种经济活动，人们可以从以下几个不同的角度来进行研究。

宏观的即总量的经济运行机制，乃是从国民经济总体上来研究上述各种经济活动的演变，也就是研究社会主义再生产活动与过程。在社会主义制度下，人们对宏观的经济运行机制进行研究，在于揭示社会主义年经济总活动的发展与变动的状况、过程及其条件，它要揭示国民生产总值的创造、实现与变动的过程与条件（包括国民收入的创造与国民生产总值的创造的关系），它要研究实现社会主义再生产中所必要的生产资料部类和消费资料部类之间以及部类内部的物质补偿和价值补偿的关系和规律，还要研究实现社会再生产过程中所必要的物质生产活动与非物质生产活动之间的交换关系和规律。

微观的经济运行机制指从企业的角度来研究生产、交换、分配等经济活动的发展和演变的状况、过程及其条件。此外，还包括从个人的角度来研究生产、交换、消费活动，从一个部门、一个城市范围的角度来研究经济活动，也可称之为中观的经济运行机制。

由于社会主义国民经济活动的延续与演变是在上述整体活动与局部活动的相互作用中实现的，因而对社会主义经济运行机制的研究，就是要揭示共同形成国民经济活动的各个不同种类与不同层次的经济活动之间的内在联系和它们之间的数量关系。

对社会主义经济运行机制的研究，可以列出以下几个主要方面：

第一，对社会主义经济增长机制的研究。这些研究要求揭示积累、有机构成提高、劳动生产率增长、技术进步、人口与就业的状况、教育的发展等要素的相互作用。我们可以用函数来表现社会主义经济的增长。

$$P = f（K．S．D．\cdots E．）$$

其中：P＝生产的增长率   K＝积累率

        S＝有机构成增长系数   D＝科学技术进步系数

        E＝教育投资系数

        K．S．D．为内生变量，   E为外生变量

上述数学模式表明，国民经济的增长率取决于积累率、劳动生产率、有机构成的增长、科学技术的进步、教育投资的增长的状况。如果我们取得这一系列经济自变量的数值，就可求出生产增长率和国民所得的增长额。

第二，对社会主义消费增长机制的研究。社会主义经济的增长是与社会消费的增长同时并进的，对社会主义经济运行机制的研究，要求揭示社会主义经济增长与社会消费增长之间的具体联系。为此，人们有必要揭示社会主义消费增长运动的内在制约要素（国民收入增量、积累率、人口增量、消费品生产部门的增长率等）与外在制约要素（如价格、个人所得税等）。设计出表现这种经济增长与消费增长的数量关系的方程式。

第三，对社会主义总供给与总需求的平衡机制的研究。在社会主义商品经济中，经济增长是在总需求与总供给的均衡中实现的。社会主义制度下，在国民收入形成、实现、分配（包括借助国家预算和银行信贷而实现的分配和企业的自主的分配）与再分配中，形成了社会的总需求。在社会主义商品经济中，社会总需求的形成是一个受各种复杂因素制约的经济过程。例如，经济的增长率、国家集中的纯收入

的数量（包括对企业的经济鼓励的政策与税收政策）、企业的纯收入分配制度与工资政策（包括工资浮动与奖金发放的规定）、固定资产投资的状况（包括国家有计划的投资与企业自主的投资）、中央银行的货币发行与银行信贷的状况，等等。因而人们不能把社会总需求当作是一个简单的、完全从属于国家直接计划的计划范畴，而应该如实地将它视为一个经济流动过程，而在这个过程中，总供给的超过或者低于总需求的可能性均是存在的。社会主义国民经济的有计划增长，是在社会主义国家采用直接和间接的方法，控制与调节总需求与总供给的矛盾，使之保持平衡中实现的。因此，研究社会总需求的形成与变动的机制，就成为社会主义政治经济学研究中的一个重要课题。

以上举出的，只是社会主义经济运行机制的几个重要方面。但是社会主义经济运行机制，是一个复杂的系统，它包括生产活动、交换活动、分配活动、消费活动等不同的方面；包括经济领域中的物质生产、服务活动、管理活动、信息活动；包括流通领域中的商品流通、货币流通，以及财政、信用等的状况与作用。对社会主义经济运行机制的研究，在于分析社会主义国民经济活动的运行方式、质态及其多种制约因素，要分析上述一系列的经济要素（变量）对经济运行方式带来的影响及其界限。

二、对经济运行机制的研究的特点

对经济运行机制的研究具有以下三个方面的特征：

第一，它是对具体的社会经济活动与经济过程的研究，要揭示社会经济活动发展与演变的某种方式与质态。对社会经济运行机制的研究，不同于对生产的社会形式，即所有制和生产关系的研究，它着眼于考察社会经济活动与经济过程的发展与演变，例如在社会主义商品经济中，它考察与把握社会主义国民经济活动的向上发展，即经济增长的方式与质态。具体地说，它研究国民经济的高速增长、稳步增长、低速增长诸类型及其内在机制，这种不同类型、方式的经济增长涉及国民收入的积累与消费分配结构与部类结构和产业结构，特别是涉及与某一种增长相适应的消费方式与质态，例如是高消费、适度增长的消费，还是受限制的消费。这种研究，通过揭示影响经济运行的内在要素与机制，使人们找到社会主义国民经济长期稳定和协调的措施或途径。

第二，它是对影响经济过程、活动的多方面的要素的研究，包括：（1）对社会生产关系和政治上层建筑及其他社会关系的研究；（2）对影响经济发展的生产力要素的研究，如地理条件及自然生产要素的质与量，形成的固定资产的状况与数量，劳动力的素质与数量，科学技术的水平和教育文化水平，人口数量、年龄结构及其对消费量的影响，生产力的配置状况，经营管理水平，等等。上述情况表明，对经济运行机制的研究业已大大超越传统的政治经济学的研究范围。

第三，既然经济运行机制涉及社会经济活动与经济过程的发展与演变的质态，势必要表现为各种经济活动之间的数量的关系，例如经济高速增长表现为积累在国民收入中的高位结构，高消费型经济表现为消费在国民收入中的较高比例。因而对经济机制的研究，要求人们运用定量分析方法，对经济发展过程中的诸要素的数量关系，予以精确的数学形式的表述，和采用各种数量分析的工具与方法。这不仅对于社会主义国家的实行计划管理具有极其重要的意义，而且它表现了人们对社会经济这一客体的剖析的深入与认识的精确化，意味着经济学的进一步发展和科学化。

三、经济活动与过程的质态的含义

上面我们提出的经济活动与过程的质态，这是一个经济学中较少为人们所提到和加以研究的范畴，对这范畴的含义有必要再加以论述。

对经济运行机制的研究，旨在揭示经济活动或经济过程的发展与演变的状况与方式，任何社会经济活动和经济过程都有其复杂的内、外在条件，因而存在着一系列的制约因素，有赖这些条件和这些要素的相互作用，才能实现这一特定的经济活动与经济过程，而这些内在、外在条件，各项要素的性质、度及其结合方式，决定这一经济活动、经济过程的状况、特点或质态。例如，决定经济增长的内在经济因素：国民收入大小与积累率，劳动力的数量与质量，自然条件（特别是农业、采矿业）的状况，科学技术的状况及其合并于生产中的情况等。上述诸要素的一定组合方式，构成某一经济增长的质态或类型。根据人们在分析中的不同的着眼点和不同的方法，可以概括为高速增长、一般增长和低速增长，或者是持续增长、间歇增长，或者是马鞍式的增长即U型增长，或者是驼峰式增长N，或者是膨胀性增长，或者是停滞性增长，等等。就消费的运行来说，人们也可以将它区分为高消费型、长期低消费型与持续的适度消费增长型等方式。

经济活动的形态或质态的概念，由于它是在诸要素的某种结合方式中实现的社会经济活动与经济过程的理论表现，因而这一范畴乃是一个重要认识工具，它对于人们更深刻地认识社会主义经济的各种可能的运行方式，对之进行比较，权衡各种运行方式的利弊，以及为选择最佳的——最符合社会主义客观经济规律要求的——经济运行方式而进行政策决策，都是不可缺少的。

在我国社会主义建设中，人们曾把那种超高速生产运行方式作为社会主义经济运行的常规，而不懂得超出国家经济承受能力的超高速发展，必然会继之以经济发展的停滞与低速发展。因为这里存在着由超高速增长到低速发展的经济的大起大落间断性的增长规律。我国在1958~1978年的20年中，这种高波幅的间断性的经济增长质态曾经两度出现 。这种情况既是与"左"的思想路线有关，也是与人们对社会主义经济增长的质态的研究不足有关，例如在很长时期，政治经济学不研究社会主义经济运行机制问题，也没有从理论上和从理论与实际的结合上搞清楚下述问题：什么是合理的高速度增长和什么是超高速的增长？什么是社会主义经济的稳定、持续的增长？什么是社会主义经济的高波幅、间歇性的增长？什么是社会主义经济运行中的良性循环与非良性循环以及它们之间的关系？因而，人们总想把计划订得饱满些，想使社会主义经济发展得更快些，但是实际上却适得其反，他们因为在行动上违反了社会主义经济运行的客观规律而遭受到惩罚。

当前我国社会主义建设进入了一个新的时期，为了实现在20世纪末把我国工农业总产值翻两番的总目标，我们有必要进一步弄清楚我国今后十多年、几十年社会主义经济增长的质态和方式。例如，基于我国的具体条件，我国经济增长将采取什么样的形态：是均衡增长，还是先低后高，或者是其他具体形式？基于历史的经验教训，人们特别要注意探索避免那种在我国曾经两度发生的经济发展大起大落，即先盲目地追求高速度，然后因超过国力而不得不再来减缩。因此，社会主义政治经济学加强对经济运行机制的研究，就有十分重要的意义。

四、社会主义政治经济学为什么要加强经济运行机制研究和如何进行经济运行机制研究

加强经济运行机制的研究，对于社会主义政治经济学具有什么意义以及应该怎样来进行社会主义经济运行机制的研究？这些问题目前人们尚未搞清，因而我们这里要对这一问题加以讨论。

社会主义政治经济学，作为广义的政治经济学的一个最重要的组成部分，理所当然地应该以生产关系为对象，应该以揭示社会主义生产关系的运动规律为其主要任务。但是，按照唯物辩证法和科学抽象法的要求，既要分析和研究社会主义生产关系的本质特征，又要研究社会主义生产关系的具体形式。如我们不仅要研究社会主义公有制、社会主义按劳分配、社会主义商品经济等简单、抽象的范畴，而且更重要的是要研究适应各个国家具体状况的公有制、按劳分配、社会主义商品经济的具体模式与组织结构。而上述生产关系的具体形式的某种结合方式，则构成一种社会主义经济模式，或者某种"经济体制"。只有找到了和深入阐明适合某一个国家的生产力的社会主义生产关系的具体形式或经济体制，人们才对社会主义经济制度有了真正的科学的理解。这样，人们也就能为社会主义经济建设中必然要产生和进行的经济体制改革的方向提供理论指引。可见，确立经济体制的范畴和把它作为社会主义政治经济学的重要研究课题，不仅具有重要的理论意义，而且具有重要的现实意义。

如果说，社会主义政治经济学通过对社会主义生产关系及其具体形式的运动规律的研究与理论阐明，使人们获得用以自觉地坚持社会主义生产关系、维护社会主义经济制度和不断完善社会主义生产关系的具体组织形式的思想武器，那么，上述这一方面还不能完全表现社

会主义政治经济学这门理论经济学的实践意义。我们认为，社会主义政治经济学还必须深入地研究和阐明社会主义经济活动的发展演变过程与运行机制，揭示社会主义生产、交换、分配、消费各个过程之间和各种社会主义经济活动、行为、杠杆、机构之间的相互关系，全面阐明社会主义经济活动的运行机制的体系。有了对社会主义经济运行机制的完备的理论阐明，人们就能获得新的思想武器，来自觉地调节社会主义经济活动（积累量、投资量、储蓄量、消费量、就业量、流通中货币量、信贷量等），理顺各种经济要素之间的关系，以保证社会主义经济健康地、生气勃勃地运行。

社会主义经济是有计划的商品经济，它存在着商品货币关系和市场机制，存在着受价值规律调节的相对独立的企业的自主的经济活动。上述情况决定了社会主义商品经济的发展带有某些不确定的易变的性质。例如：（1）由于市场调节作用，这个领域中的消费需要——表现在市场消费需求中——直接决定生产什么和生产多少。而消费需要具有经常变易的性质，今年畅销的商品很快（或许是明年）市场可能就会饱和。（2）由于商品经济中所固有的竞争，任何企业生产一种畅销产品很快也会在其他企业竞争中变成为过时的。（3）由于技术革命的深入发展，生产的技术条件、工艺方法的演变极其迅速，因而使社会生产力发展具有爆发式的跳跃的形式与性质。以上情况表明社会主义商品经济越是获得充分的发展和市场机制越是显示它的作用，无论是某一个企业所进行的生产，还是某一个部门的生产，或是整个宏观的国民总生产，都是要处在经常的变易之中，并且必须适应社会消费需要——通过有购买力的需求——的变化和其他经济条件的变化而不断地进行调整。

这种经济活动的变易性，不仅表现在生产领域，也表现在流通领域、分配和消费领域以及金融领域。社会主义商品经济中整个国民经济活动的这种复杂性与变易性，在实行中央集权的社会主义产品经济体制下，经济运行的较严格地由计划规定与具有较为稳定的性质——当然这是一种僵化的、扼杀了企业活力的稳定性——有很大的不同。正是因此，研究与阐明社会主义商品经济中的经济运行机制和规律，就成为社会主义国家在计划管理中得以因势利导和进行及时的与正确调节的必要前提。可见，正是进行经济体制改革后，社会主义经济运行的特征和社会主义国家组织、管理与指导社会主义新经济的运行的迫切需要，决定了社会主义政治经济学要把研究社会主义经济运行机制作为重要的课题。人们可以设想，如果社会主义政治经济学不仅从理论上阐明了社会主义生产关系的具体形式、性质和发展演化的规律，而且揭示和阐明了社会主义经济运行的质态和它的内在机制，即经济活动所由以形成的内在和外在要素，以及要素间的联系和结合的方式。例如，人们从理论上阐明和数量上弄清了一个国民生产总值为1万亿的社会主义国家，在国民经济增长率为10%的条件下，为了使经济顺利地运行需要积累率 X、消费增长率 Y、固定资产规律的增长率 Z、货币发行增长率 M、信贷增长率 C 等。这就意味着人们弄清了使国民经济在10年间10%的增长的种种条件和契机，这样也就表明人们获得了自觉地组织、控制国民经济活动的本领，人们就能够自觉地形成某种经济活动**质态**，排除偏离与干扰因素，使社会主义经济向着某种先定的目标顺利运行。

五、进行经济运行机制的研究会不会削弱政治经济学

如上所述，经济运行机制的研究，主要着眼于考察经济活动的

发展变化的形态，在于阐明这些经济活动发展演变的制约因素。在社会主义商品经济中，这一研究所涉及的主要是总收入、积累量、投资量、消费量、利润率、利息率、价格水平、工资水平、流通中货币量、税收等要素，而且也涉及新技术的开发、科研与社会发展投资、智力投资等要素。这种情况表明，社会主义政治经济学的研究范围超越了生产关系，包括了生产力和上层建筑领域的一部分。在社会主义政治经济学对经济运行机制的分析中把研究范围加以扩大，这是社会主义发展新时期的中心任务——社会主义经济建设向经济理论提出的要求。这是社会主义政治经济学为了进一步发挥它的改造世界的实践功能的合乎逻辑的发展。

但必须提出，我们指出社会主义政治经济学要重视经济运行机制的研究，乃是指这门学科的研究范围的扩大和发展，而不是这门学科的研究对象的重大改变，更不是意味着要把经济运行机制作为政治经济学的主要对象。如果人们编写的社会主义政治经济学教材，只是单纯地着眼于分析社会主义经济活动的运行，放弃对社会主义生产、分配、交换、消费等社会关系的基本特征的理论分析，削弱社会主义制度的优越性的阐述，取消对社会主义转化为共产主义的发展前途的论述，这样的一种用经济运行机制的研究来取代对社会主义生产关系的研究的做法，当然是不可取的。我们认为，社会主义政治经济学的正确方法是把对生产关系的研究和对经济运行机制的研究结合起来。这就是：（1）要在研究社会主义经济制度的同时，揭示与阐明这一制度下的经济活动的运行质态和规律。（2）要通过和紧密结合社会主义经济活动的发展运行来进一步研究社会主义生产关系的完善。

我们认为，对社会主义经济运行机制的研究，应该同对社会主义生产关系及其运动规律的研究紧密结合起来。这是因为社会主义经济的运行，总是受社会主义生产关系所决定和制约的。例如，社会主义的市场机制不仅具有一切商品经济中的市场机制的共性——例如价格要适应供求的变动而变动——而且更具有由生产资料公有制所赋予的特性。我们在阐明商品、劳务、技术、资金市场及其内部机制时，显然地，必须是首先从社会主义公有制的本性出发。离开了对社会主义生产关系的本质的分析，我们就不能科学地和从本质上来分析社会主义市场要素的特征和市场要素之间的相互关系，就不能对社会主义竞争、市场性价格形成等范畴予以深入地阐明。可见，越是要透彻地阐明社会主义有计划的商品经济中的国民经济活动的运行机制，我们就越是要采取从生产关系出发的分析方法。对社会主义经济运行机制的研究，并不是放弃了对生产关系的分析，而是立足于生产关系的分析之上。但是它不是停留在对生产关系的分析之上，不是为生产关系而研究生产关系，而是着眼于考察社会主义生产关系如何保证、促使国民经济活动的良好运转，从而促使生产力最迅速地发展。这是一种克服了传统的孤立的研究生产关系的方法，是研究生产关系的辩证法。

研究社会主义经济运行机制之所以要同时与对社会主义生产关系的研究相结合，还在于社会主义的顺利发展和良好的运行有赖于社会主义生产关系的完善。无疑地，宏观的社会主义国民经济活动和微观的经济活动，它们的持续进行和演变有其固有的机制和特有的规律。这些活动表现出某种相对的独立性。例如，社会主义国民经济的增长，表现为一个以现代化大生产为物质基础的物质产品和劳务的生产、流通、消费等经济活动依次递进的和不间断的流，社会总产值越是大，国民经济活动的规模越是大，物质产品与劳务的生产、流通、消费之间的联系的相互制约就越是密切，因而这一不间断的经济运行的机制也就更为复杂。这一机制的正常地、顺利地与有效地发挥作用，不仅有赖于它的各种物质性结构——如产业结构、产品结构以及产品量与货币流通量的结构的完善——而且最终是要以生产关系的完善为前提。世界社会主义建设的实践表明：社会主义国家随着工业化的发展与社会主义的成熟，越来越复杂的社会主义经济大机器的顺利运转和生产功能的发挥，越是要有赖于建立起一个能发挥中央的宏观控制与企业的自主经营的积极性的经济体制。社会主义经济活动的顺利运行，归根到底还必须落足到进行经济体制改革，落脚到社会主义生产关系的完善与发展的课题上来，落脚到生产关系具体形式的调整的任务上来。可见，对越来越复杂的社会主义经济运行的条件和机制的研究本身，就要结合社会主义生产关系的考察来进行。而采用这一方法，通过对经济顺利运行的机制的条件的阐明，人们也就能更深入地阐明社会主义生产关系完善与发展的必要性和人们所选择的经济体制的合理性。

基于上述，我们认为，把经济运行机制引入社会主义政治经济学的研究之中，并不是意味着社会主义政治经济学放弃了对生产关系的研究，而是为研究生产关系提供了一个新的观察点，它使人们进一步从社会主义经济的活动中去把握到有血有肉的生产关系的具体形式，这是一种研究生产关系的新方法。

六、《资本论》的研究方法包括对经济运行机制的研究

最后，我们还想指出，把生产关系和经济运行机制结合起来进行研究的论题，尽管这是当前发展社会主义政治经济学科学体系提出来的，但是，应该看到这一方法早已为马克思主义经典作家所应用。在《资本论》中，我们就不难发现这样的研究方法。

《资本论》的研究对象是资本主义的生产关系，其特色正是在于对资本主义的生产、交换、分配、消费等关系，对资本主义的宏观经济结构和微观经济结构，进行了最周详、最完备的理论分析，揭示了其中所贯穿的资本对剩余价值的剥削关系。但是，《资本论》在研究生产关系时，仍然是结合资本主义经济的运行机制来进行的。例如《资本论》在阐述价值理论时，就是结合资本主义市场机制的作用来加以阐述的。《资本论》第3卷把价值作为市场价值，作为在市场供求力量作用下而形成的商品价格的稳定的中准即生产价格，阐明了市场价格是通过市场价格围绕生产价格的经常性的波动而实现的。如果说在《资本论》第1卷中马克思着重于价值这一实体即价值这一社会生产关系的本质的分析，那么，在《资本论》第3卷中，马克思就是着重于从商品交换活动的内在过程与机制来阐明价值的实现。《资本论》关于不同部门的商品的市场价格在市场竞争中均衡于生产价格的理论，实际上是将市场机制引入价值论的研究之中。

循环经过三个阶段和采取三种形式的分析，除了价值增殖这一点而外，严格地说，就是属于运行机制的分析。

《资本论》关于资本主义积累规律与无产阶级贫困化的阐述，也是立足于人口增量、积累增量、资本有机构成的变化及受这一变化所制约的就业量等经济变量的相互关系的分析之上，它阐明了资本主义经济发展中所存在的资本积累绝对量的增长，引起的就业机会的增量小于有机构成提高后资本总量所排斥的劳动就业的数量。《资本论》所阐述的无产阶级的贫困化这一资本主义生产关系的本质特征，正是立足于积累量与就业量（受有机构成变化的制约）的内在机制的分析之上。

《资本论》有关社会资本再生产著名理论，分析了资本主义再生产中两大部类与同一部类内部的物质补偿与价值补偿，制定了表现这种补偿的再生产图式。有关社会资本再生产中这种物质补偿与价值补偿的分析，严格地说，并不是属于生产关系的质的分析，而是关于再生产正常运行的内在机制的剖析。

总之，《资本论》应用了结合商品市场供求的变化来分析按照价值进行变换的必然性，即价值规律；结合资本主义积累——资本有机构成的变化——就业变化的机制来剖析失业与无产阶级贫困化；结合资本循环和再生产的内在机制来剖析资本家对剩余价值的占有的方法。当然，由于无产阶级革命导师写作《资本论》的目的，在于用关于资本主义必然灭亡的科学理论来武装无产阶级，来鼓舞各国无产阶级反对资本主义制度的革命斗争，因而《资本论》是主要地着眼于对资本主义生产关系的理论分析，而对资本主义经济的运行机制的研究并未充分地加以展开，我们应该从这一著作写作时的历史条件来理解《资本论》这一研究方法的特色，而不能拘泥于这一方法。也就是说，基于当代社会主义制度业已建立的新的历史条件，从我国社会主义经济建设的新时期发展生产力的迫切任务出发，我们不仅应该深入发掘，而且应该进一步发展《资本论》把生产关系的研究与经济运行机制的研究相结合的方法，将它运用于社会主义政治经济学的理论建设之中，以加强政治经济学理论的实践性，使这门学科更好地为社会主义经济建设服务。

七、对经济运行机制的研究与政治经济学研究方法的完善

对经济运行机制的分析，必然涉及政治经济学研究方法的发展和完善，对此，我们要稍加论述。

（一）数量关系的分析

经济运行机制，在本质上是与这一经济活动、过程延续和发展有关的各种经济因素之间的相互关系。为了要阐明经济运行的机制，人们不仅要阐明这些经济要素之间的相互联系的性质，而且还要阐明这些经济要素之间的相互关联、相互作用的数量界限。例如，为了阐明生产发展的过程，人们要阐明积累与经济增长的内在联系，而且要寻找与计量积累率与增长率之间的数量关系。因此，对经济机制的分析，除了要有定性分析而外，还必须进行定量分析。要阐明诸经济因素之间的数量关系。生产越是社会化，经济活动也越是复杂，各个经济活动、过程之间的相互联结和依存关系也越是紧密。因而，任何一个相对独立的经济活动与过程，都是在它的内在的诸经济要素的相互作用和外在经济因素的相互作用之中实现的，所以对某一经济运行机制的阐明，对与这一经济过程有密切关系的各种经济要素之间的复杂的相互作用做出全面的阐明，这就需要进行更全面的、系统的数量分析。可见，对经济运行机制的研究，要求进一步发展政治经济学研究中本来就曾运用和卓有成效的定量分析方法，特别是要将当代国际范围内业已在经济科学中普遍加以运用的数学分析方法，引进于政治经济学的研究之中。这种情况意味着社会主义政治经济学的分析工具的发展、完善和经济理论的精确化。

（二）动态的分析

经济运行机制的研究，既然是一种经济变量之间的内在联系，因而这就是一种动态的即将事物放在发生、发展的角度，从过程的角度来开展的研究。例如，人们要研究下述变量之间关系：积累率→生产的增长率→实际工资增长率，研究与发展费用的增长→技术革新的发展→劳动生产率的提高→生产增长率，人口增长率→人均固定资金增长→劳动生产率提高，人口增长率→人均消费基金增长率，等等。上述动态的研究，不仅仅被应用于宏观的领域，也要应用于中观的和微观的领域。

对经济变量之间相互关系动态的研究，要涉及时间要素。例如，在短期分析的场合，对积累率→经济增长率的考察以及有关数学模式的制定，可以舍弃技术进步这一因素；如果是作中期和长期分析，那么，技术进步就是影响积累率和经济增长率的重要因素，因此，它就应作为一个重要随机变量被列入经济模式之中，因为作为一个经济变量，它的参数在中期和长期又会有不同的数值。可见，动态分析方法的特点在于将时间要素纳入经济变量的因素联系的分析之中。一般的经济模式，短期的动态模式、中期的动态模式和长期的动态模式的差别，在于中期和长期模式包括了由更长的时间而增添的经济变量和拥有不同数值的参数。这种分析体现了由抽象到具体的上升，它表明人们对经济运行机制的认识的深入和精确化。

必须指出，在对经济运行机制的研究中所采用的将时间要素引入经济分析，这就政治经济学方法论来说是具有重要意义的。马克思主义政治经济学的任务在于揭示社会经济的运动规律，而世界上任何运动总处在时间之中。经济运动既有属于长期的，即由一个社会形态转变到另一个社会形态的发展，也有属于中期的，例如20年的经济的发展，还有属于短期的，即数月到数年的经济的发展。如果说，马克思主义的经典作家所从事的政治经济学的研究从属于特殊的政治任务——阐明资本主义社会经济形态的历史过渡性和在全世界实现共产主义的历史必然性——因而，他们在考察社会经济运动规律时，一方面是着眼于生产关系的研究，另一方面是着眼于长期的分析，那么，在当代社会主义国家，在以发展生产力为全国人民的首要任务的社会主义建设的新时期，上述研究的方法就是不够的了。

为了使社会主义政治经济学能够做到不仅仅为社会主义经济建设指明前进方向，而且能够给社会主义经济的组织与管理活动进行指导，增强政治经济学的实践性，这就要求进一步完善研究方法。具体地说，就是把对生产关系的研究和对经济活动的研究结合起来，把长期性的以阐明社会主义经济发展远景和长期趋势的研究和中期的、短期性的研究结合起来。在对社会主义经济运行的研究中，要研究20年、10年、几年和当年的生产、交换、分配、消费诸方面的变动，对之进行跟踪分析。总之，要研究在各个时期、发展的各个阶段社会主义经济运行的具体特征，确切把握住社会主义经济运行的脉搏，这是社会主义国家有效地调节经济活动，进行科学的经济决策的基础。如果人们只是满足于某种一般的发展趋势的分析，缺乏中期的和短期的——那是被许多暂时起作用的、特殊因素所影响的——趋势与规律的研究，那么必然会对经济活动未来的发展缺乏预见，心中无数，在行动中就会出现盲目和消极被动，就谈不上对社会主义经济建设进行科学组织、精细实施，以及对社会主义经济运行卓有成效地调节与管理。我国社会主义经济建设的实践经验——过去的和近期的——再次向人们指明：运用动态的方法，把时间要素纳入对经济机制的分析之中，是社会主义政治经济学的一项十分重要的任务。

总之，社会主义政治经济学在研究生产关系的规律的同时，加强对经济运行机制的研究，不仅仅使社会主义政治经济学在研究领域上得到了开拓，使其研究范围扩大了，而且也在研究方法上得到了发展，加强了数量关系的分析和动态的分析。这样就使社会主义政治经济学的理论分析具有更大的广度、深度和精密度，沿着这条道路走下去，社会主义政治经济学将能更好地实现革命性与科学性的统一，并由此在指导社会主义经济建设中表现出它的强大的生命力。

经济科学必须加强数量分析①

为了对正在我国蓬勃向前发展的社会主义四化建设提供理论的指导，当前我们迫切需要大力发展多门类的经济科学。工欲善其事，必先利其器，每个经济科学的发展和进一步科学化都有赖于研究方法的完善，因而，探讨经济学的方法论就具有十分重要的意义。

经济科学的研究方法是：马克思主义的辩证唯物主义与历史唯物主义的方法，是马克思主义经济方法体系的基础。此外，还有科学抽象方法、归纳演绎方法、数量分析方法、模拟方法等，这些方法的重要性对于不同科学是不同的。并且各门学科还有它自身的特有的方法。为了加强我国的经济科学的建设，当前除了要坚持以马克思主义的辩证唯物主义方法论为指导而外，还有必要十分重视运用数学分析的方法。

专业经济学必须要充分利用数学分析，来解决具体经济技术问题，这是不用怀疑的。经济学中的大量的专业经济学（目前在我国国内已经建立有几十个学科，在国外则有几百个学科），它包括了以社

---

① 原载《社会科学研究》1985年第6期。

会生产某一部门、某一领域，社会经济某一个环节、某个侧面为其主要研究对象的部门经济学和专业经济学，也包括那些研究对象涉及经济活动与其他社会活动的有机结合。作为经济学科与其他学科（包括社会科学与自然科学）的综合与交叉的边缘性的新的专业经济学，门类众多的专业经济学的研究对象一部分涉及生产关系，一部分涉及上层建筑（政治、国家、法律、意识形态），更多的涉及生产的物质技术要素及其结合方式。这些专业部门经济学中所研究的大量经济问题，都是与物质技术问题结合在一起的，如新技术使用的经济效果问题、物质生产方式的生态效益问题、经济发展战略的评价与比较问题等，均涉及其他社会科学、自然科学、工艺学、生物科学、生态学，因而这些问题的研究，大量的要采取定量分析和数学运算。这就决定了专业经济学研究中数量分析的方法占有十分重要地位。人们如果不掌握数学方法，不利用当代的自然科学中的新的分析工具，不设计出用于反映物质技术——经济的数量关系的数量模式，而仅仅满足于一般原理的理论论述，那么专业经济学就不能得到发展、改进，就不能提高它的科学性和应用能力，专业经济学也就不能履行和完成它为社会主义经济建设服务的使命。

为了适应我国社会主义建设的需要，我国专业经济学中一系列原有的专业经济学，如企业管理学、国民经济计划学、货币银行学、财政学、工业经济学、农业经济学、会计学、统计学等，面临着在理论体系和内容上进一步改进的迫切任务，这些学科中的旧教材存在更多偏重于理论阐述，甚至重复社会主义政治经济学的一般原理，而缺乏对具体经济过程与具体经济技术问题的完备的数量分析。国外经济学科中业已普遍使用的，以电子计算机为手段的经济关系的数量分析和模拟方法，更尚未引进教学内容之中，可以说，数量分析是目前我国经济学中十分薄弱的环节，因此，加深经济学中使用数量分析方法的认识和加强对数量分析的研究，将它更充分地运用于专业经济学的理论体系之中，就是一个十分值得重视的问题。

必须指出数量分析法并不是只限于运用在专业经济学的领域。对于社会主义政治经济学来说，也有着使用数量分析的广阔的余地。这是由于：

第一，以生产关系为对象的政治经济学，必须有赖于使用科学抽象方法作为它的基本方法，上述方法乃是分析生产关系的质的规定性的有效分析武器。但是，生产关系如同其他一切经济事物一样，除了有质的规定性而外，也具有量的规定性，而在现实经济过程中，生产关系总是表现为质与量的统一。因此要深入地阐明生产关系的质，也必须说明这一生产关系的量的特征，这就要求人们在主要从事定性的理论分析时，不要脱离量的关系，而是要结合量这一侧面来阐述生产关系的性质及其发展的规律。

第二，政治经济学的研究范围绝不限于生产关系，而是涉及生产力、生产方式的物质技术方面，而对这些物质技术问题的分析与阐述，显然地，人们不能不涉及定量的分析。

第三，社会主义政治经济学的一个重要研究范围是人们的经济活动与经济过程。社会主义政治经济学的任务，不是只停留在对社会主义生产关系性质理论的阐述，它还要研究社会经济活动与经济过程的具体发展和揭示社会主义经济运行的机制，而社会经济发展过程和人们的经济活动发展过程的机制中，数量关系乃是一个重要方面。社会主义政治经济学要揭示什么样的（一定数量的）经济活动带来什么样的经济后果，引起什么样的经济过程的具体变化。这就是说要研究和揭示社会经济运行机制的具体形式，而要阐明这种经济机制的具体形式，阐明经济活动、过程之间的量的关系，就必须依靠数量分析方法。因此，人们就有必要着眼于从复杂经济现象中，分离出若干独立变量，找到各种变量之间的依赖关系，采取把变量分为内生变量和外生变量，制定各种经济平衡方程式，用微分方程式去描述社会经济发展过程，建立起数量模式，用它来进行数量计量。这样人们就能科学地发现经济过程、活动的各种内在要素的相互关系和内在机制，找出它们之间的因果联系，从而人们就能用它来进行经济预测，寻求控制经济发展的方法。

显然，以定性分析为基本方法的社会主义政治经济学，并不排斥在一定范围内使用定量分析的方法。恰恰相反，应该看到只有在对生产关系的定性分析中辅之以定量分析，人们才能真正最完备地阐明社会主义生产关系的性质及其运动规律；只有在对生产力、经济活动与经济过程的研究中，充分地使用定量分析，人们才能阐明有关生产力发展的具体规律和社会主义经济机制的具体规律。这样，社会主义政治经济学才能建立起一个包括生产关系、生产力、经济活动运行机制在内的经济规律的体系，从而对社会主义经济机体做出最全面、周详的剖析与阐明。社会主义政治经济学也就能由此进一步提高它的科学性与实用性，从而使这门理论经济学在社会主义精神文明建设和社会主义经济建设中发挥更大的作用。

经济科学中的加强数量分析问题，也是经济学科科学化与现代化中必须解决的问题。经济学科的科学化，首先就是要以马克思主义的辩证唯物主义和历史唯物主义世界观为指导，来建立各经济学科的科学体系。其次，就是要在各学科的理论体系中，把马克思列宁主义的政治经济学的一般原理和一般规律，与各个学科领域的具体原理和特殊规律结合起来。再次，深入的定性的理论就是更为准确的定量的分析。

上述经济学科的科学化，是要经过一个学科建设的历史发展的过程，任何一门经济学科的初建时期，它并不能一下子做到上述三个方面，因而，人们必须加强马克思主义理论的学习，才能够对学科的研究对象进行真正深入的、科学的质的分析，但是除此之外，人们还必须加强对数量分析方法和工具的研究，不断加强对各学科研究领域中的量的分析，使之具有更大的准确性。

当今时代的经济学越来越具有实践的应用的特性，革命与建设的实践向经济学提出了加强分析的准确性要求。我们生活于生产高度社会化的时代，这是专业化分工进一步发展，社会物质生产过程、社会经济过程（生产、分配、交换、消费）的内在联系与依存也越来越复杂化，社会的生产过程与国家的宏观管理过程的关系也进一步紧密的时代。当今时代，是数量信息的时代，为了组织微观经济和实行宏观的控制，人们更加需要掌握与了解有关经济活动与经济过程的各种数量关系，用这些数量关系的信息来指导经济活动，因而，时代要求数量分析方法在各门类经济学科与管理学科中的迅速发展。

把数学分析应用于经济学之中，体现了经济学与数学的一种交叉和融合，这是当代社会科学综合化的一个重要的表现，也是经济学进一步科学化的必然发展趋势。马克思早就指出："我们称这种自然科学与社会科学'成为一门科学'的过程为自然科学与社会科学的一体化。"①

经济学科与现代自然科学的交叉，体现了经济学科的现代化。为了加强我国马克思主义经济学科的建设，推进它向科学化和现代化的方向发展，我们有必要充分地吸取现代自然科学的成果，重视对当代

---

① 马克思：《经济学-哲学手稿》，人民出版社，1956年，第91~92页。

数学、统计学以及西方经济计量学的积极成果的研究与吸取，特别是要研究控制论、系统论、信息论，将它们引进经济学（包括社会主义政治经济学）之中。如果从更广的视野来考察问题，那么，我们可以说，把数学方法用于社会领域、经济领域，乃是经济科学的成熟发展的标志之一。这表现在人们在研究中进一步把唯物论、辩证法理论、逻辑学——思维逻辑和数量思维逻辑——相统一，它意味着科学抽象（理论抽象）借助数学抽象而进一步完善，它表明经济学在这辩证逻辑与数学逻辑的统一之中，获得了一个更加有效的现代的方法。

政治经济学需要数量分析①

一、社会主义经济建设与经济学中的数量分析

　　马克思主义政治经济学是以生产关系为研究对象的一门学科，这门学科的对象的性质决定了它在研究中主要应该是在辩证唯物主义和历史唯物主义的指导下，运用科学抽象这一基本方法来进行定量分析。由于经济事物与一切客观事物一样，除了具有质的规定性外，还具有量的规定性，因此对经济事物除了进行定性分析外，还需要进行定量分析。在社会主义国家，社会主义政治经济学是党和国家用来制定组织与领导社会主义经济建设的方针、政策的理论基础。而任何一项正确的方针和政策的制定，不仅要求人们懂得这项政策所涉及的社会经济的质，而且要求人们熟知该项政策所涉及的社会经济的量，做到所谓的"心中有数"，这样才能进行正确的决策。可见，社会主义政治经济学的研究，除了要坚持定性的理论分析外，还要加强定量的分析，搞清经济活动领域中各种经济变量之间的数量关系，以增强社

---

① 原载《求索》1986年第3期，又见《社会主义经济理论新探》，四川人民出版社，1988年。

会主义经济理论的准确性和应用性，使经济理论更好地为社会主义建设服务。

新中国成立以来的35年间，我国在社会主义建设中发生的国民经济两度严重的失调，都是与经济工作中不重视数量关系的研究，经济计划由主观盲目性支配有关。例如，我国是一个人口多、底子薄的国家，积累率与基本建设规模的关系到底有多少才适当？至今都还未能做出十分精确的定量分析。

党的十一届三中全会以来，经过认真贯彻调整、改革、整顿、提高的方针，特别是大力进行经济体制的改革，我国经济形势越来越好，1984年我国工农业总产值超过了1万亿元，比1978年的产值增加了100%，比1983年的产值增长14.2%，国民收入和财政收入也都增长12%，整个国民经济开始进入持续、稳定、协调发展的良性循环的轨道。但另一方面，经济工作中又出现了追求速度，不重视效益的偏向，特别是1984年第四季度以来，出现了工业生产增长速度过高，消费基金增长过快，固定资产增长过快的"一高二快"和银行信贷的失控，造成了国民收入的超分配和社会总需求超过了总供给的情况。

从我国社会主义经济建设中出现的种种曲折，和人们在经济工作中曾经发生过的种种失误可以得到许多的启示。我认为一个十分重要的启示是：社会主义经济理论的研究要弄清社会主义经济体制及其运行机制，要深入研究和阐明社会主义生产、交换、分配和消费诸过程的内在的与外在的制约因素，以及这些经济过程和经济要素之间的相互关系。如果人们对于在特定社会主义经济体制下展开的各种各样的经济活动的运行机制缺乏研究，对于各种经济要素之间的多方位的经济有机关系缺乏数量上的分析，那么，人们就会因为"心中无数"而不能预先发现他们所选择和从事的某种经济、发展战略的发展、演变和在国民经济其他各个领域（如交换、分配、消费）所带来的反响。在经济发生带病运转时，人们也难以及时做出正确的诊断和采取敏捷与果敢的对策，更难以有效地控制和驾驭按它自身固有的规律向前运转的、极其复杂的社会主义经济大机器，甚至会在这架经济机器结构发生故障和运转失控时，表现出行动缓慢或者手忙脚乱。我国的实践表明，要对社会主义经济建设提供有科学根据的理论指导，人们必须要对社会主义经济的运行机制有更加具体的了解和精确的数量关系的把握，做到经常"心中有数"，即要求人们把数量分析更多地引进于社会主义经济理论之中。

二、数量分析是马克思主义政治经济学的一个不可缺少的研究方法

马克思主义政治经济学的研究对象是生产关系。生产关系是生产过程中的人与人的关系，是看不见、摸不着的一种社会存在。人们要发现和科学地阐明这种社会存在的质的规定性及其运动的规律，不能依靠自然科学中所采用的实验室的方法，而只能借助科学抽象法。例如，劳动产品的商品性，商品的"价值对象性"，资本主义生产方式中商品价值实体中包含的剩余价值等，都不能由劳动生产物的自然性质得到说明。在阶级社会中，生产关系体现为阶级关系，这种阶级关系的内在和深刻的本质，例如资本对剩余价值的占有的科学认识，是不能凭借人的肉眼的观察和感官所能得到的，而只有依靠马克思主义政治经济学中所使用的科学抽象法来进行质的分析。就社会主义政治经济学来说，作为社会主义生产关系的理论反映的社会主义基本经济范畴，如社会主义公有制、按劳分配、社会主义商品经济、社会主义资金，等等，其内涵的阐

明也同样要运用抽象法，首先进行定性的理论分析。社会主义政治经济学只有运用这种方法，才能揭示社会主义生产关系的本质特征，才能完成这门理论经济学科必须完成的作为制定党的基本方针政策的理论基础和进行社会主义精神文明建设的任务。但是，把科学抽象作为政治经济学的基本方法，这并不意味着政治经济学的研究中可以抛开其他的研究方法，例如数量分析的方法。

马克思主义政治经济学以辩证唯物主义为其哲学基础，而唯物主义从来是坚持数量与质量的辩证统一的。它从来就宣称世界上没有脱离量的质，也没有离开质的量，主张分析事物的质要结合量。人们越是把握了经济事物的数量这一侧面的规定性，人们就越是能揭示出该事物的质的特征。特别是马克思主义政治经济学根据唯物主义辩证法的量变到质变的规律，来阐明经济事物的量的发展变化和它达到一定的度量关系的关节线时向新质的转化。人们可以清楚地看见，马克思主义经典作家的经济学论著，固然高度重视对社会经济的定性分析，但他们从来也是结合了定量分析的。

《资本论》就是对社会经济进行深刻的卓越的定性分析的经济学的典型。在这部伟大著作中，马克思基于以唯物主义辩证法为指导的科学抽象法，发展了一整套独具特色的、系统而深入地分析资本主义生产关系体系及其运动规律的方法。但《资本论》中自始至终是把定量的分析与定性的理论阐述结合起来的。

众所周知，《资本论》中关于劳动价值论的阐述，体现了运用"抽象力"来对经济事物进行定性分析的光辉成就。在《资本论》第1卷第1章中，马克思在分析商品时，首先舍弃了商品作为劳动产品的自然物质特征，而分析依附于隐藏于商品体背后的生产关系，阐明了商品所固有的"幽灵一样"的"价值对象性"，乃是商品生产中耗费的抽象人类劳动的结晶，它是商品生产者的个人劳动与社会总劳动的关系。马克思的劳动价值论不同于李嘉图的劳动价值论，后者仅仅将价值归结为个人的劳动，归结为一定劳动量，由于抽象力的应用不够，还不能区分具体劳动与抽象劳动。马克思则发挥了卓越的逻辑思维的"抽象力"，对形成价值的生产者的劳动进行了质的分析，阐明了形成价值的劳动，乃是抽象的人类劳动。它是一种劳动的社会规定性，是一种商品生产关系，即个别劳动与社会总劳动的关系，由此阐明了价值的社会本质。

马克思对价值对象性的分析，也是包含着对人类劳动的量的规定性的分析的。《资本论》第1卷第1章在剖析"价值实体"的同时，结合着分析"价值量"，阐明了形成价值的劳动不是任何一种人类劳动，而是社会平均必要劳动，即在平均生产条件下和具有平均熟练程度的生产者在单位商品生产中所耗费的劳动，这也就意味着形成价值实体的劳动，不仅仅是抽象的一般的人类劳动，而且还必须是平均必要的劳动，即具有社会规定的质与社会规定的量的劳动。可见，《资本论》对价值范畴的分析，在运用定性分析中结合了定量分析。

在《资本论》的有关资本与剩余价值的理论分析中，也紧密地结合了数量分析。马克思首先阐明了资本乃是用以获取利润的货币，是带来剩余价值的价值，它的实质是对工人的剩余劳动的占有。在对资本的社会本性的分析中，作为资本的货币必须是足以雇用一定数量的工人的货币价值。马克思这样分析了成为资本的货币价值的数量规定，他说："不是任何一个货币额或价值额都可以转化为资本。相反地，这种转化的前提是单个货币所有者或商品所有者手中有一定的最低限额的货币或交换价值。"①马克思举例说，假定在某个生产部门，工人为了维持自己的生活资料的价值而工作 8 个小时，此外他为生产资本家的剩余价值而工作 4 个小时，这样，一个雇主占有的剩余价值要足以使他像一个工人一样地生活，他就需要有足以雇用 2 个工人的货币资本额。由于资本主义生产的目的不是单纯地维持生活，而是增殖财富，所以那位有 2 个工人的人始终还不是资本家。如果他的生活要比普通的工人好 1 倍，并把所生产的剩余价值的一半再转化为资本，他就必须把预付资本额增加到上述价值额的 4 倍，即必须具有雇用 8 个工人的能力。

《资本论》第 1 卷围绕着资本加强对剩余价值的剥削，即增加剩余价值量的方法、形式进行了一系列数量分析。马克思设计出关于商品价值构成的经典的形式，即商品价值=c+v+m，在此基础上提出剩余价值的数学公式 $\dfrac{m}{v}$，并论证了表现剥削程度的不是 $\dfrac{m}{c}$ 或 $\dfrac{m}{c+v}$。

马克思设计了关于剩余价值量的决定的数学模式：

$$m=\begin{cases} \dfrac{m}{v}\times v \\[2mm] K\times\dfrac{a'}{a}\times n \end{cases} \quad 即 \quad \begin{cases} \dfrac{剩余价值}{工资}\times 工资 \\[2mm] \dfrac{剩余劳动}{必要劳动}\times 工人人数 \end{cases}$$

他论述了表现剩余价值的三个公式：

(1) $\dfrac{m}{v}=\dfrac{剩余价值}{劳动力价值}=\dfrac{剩余劳动}{必要劳动}$

(2) $\dfrac{剩余劳动}{工作日}=\dfrac{剩余价值}{产品价值}=\dfrac{剩余产品}{总产品}$

(3) $\dfrac{剩余价值}{劳动力价值}=\dfrac{剩余劳动}{必要劳动}=\dfrac{无酬劳动}{有酬劳动}$

紧接着，马克思在《资本论》第1卷第15章中，详细分析了劳动力价格与剩余价值量之间的数量关系，论述了假定劳动力价格为变量，劳动强度为变量，工作日为变量，劳动生产力为变量等不同复杂状况下的剩余价值量（绝对量，相对量）变化的规律和不同的计量模式。

在有关剩余价值率的数量分析中，马克思并不满足于抽象的数学模式的设计，还以纺纱厂的具体材料进行演算，求出剩余价值率的确切数字。

在《资本论》第1卷中，马克思还对资本积累过程的数量方面进行了深入的分析。他制定了关于资本有机构成公式。第1卷第23章分析了资本积累、有机构成变化和相对人口过剩之间的内在联系，这里体现了对资本主义经济过程的变动机制的数量关系的卓越分析。

马克思在《资本论》第2卷中，详细地分析了关于资本流通和社会资本再生产过程。这一卷中包含了对资本主义经济（流通过程）的运行机制的卓越分析，特别是在有关部分进一步建立和发展了他特有的数量分析方法，制定了表现资本循环过程的三个公式：

（1）$G-W \cdots P \cdots W'-G'$

（2）$P \cdots CK \cdots P$

（3）$CK \cdots P(W')$

马克思结合预付资本价值构成中的分割为不变资本、可变资本、剩余价值，即 c、v、m，来分析资本循环的机制和条件，制定了独特的关于资本循环的数学公式，把魁奈的《经济表》中的数学分析方法大大推向前进并使之进一步精确化。

马克思还对资本周转作了细致的数量分析，例如结合固定资本的组成、磨损和补偿方式来分析它对资本周转的影响。特别是在有关周转时间对预付资本量的影响的研究中，马克思更是结合影响周转时间的种种因素，使用数学方法详尽分析了周转时间对资本价值增殖的影响。在这一部分有关计量年剩余价值率，即年 m′ 的若干数学模式[①]，不仅具有理论意义，而且也是计量资本周转速度的有效方法。

《资本论》第2卷确立的社会资本再生产运行机制的马克思数学模式，是关于再生产运动的魁奈图表——《经济表》——的天才的继续和进一步发展。完整地出现在《资本论》第2卷中的关于社会资本再生产的公式，以马克思主义政治经济学的天才的数量分析的典范而载入经济思想发展的史册。在那里，马克思首先制定出有关社会资本简单再生产的公式。这一数学模式精要而准确地表现了社会生产两大部类间的交换及各部类内部交换的量的关系的规律，它包括固定资本的物质补偿与价值补偿的规律，以及再生产所需要的货币流通量的规律。

马克思还制定了关于社会资本扩大再生产的数学公式，精确地表现了扩大再生产条件下的两大部类之间和各部类内部实现价值补偿与物质补偿的条件和量的规定。为了论证两大部类之间交换的公式，他举出具体例证，并作了3年到5年的数学推演[②]。马克思所制定的关于社会资本再生产的数学公式〔它包括 I（v＋m）＝IIc，以及由此演化出的一系列图式〕，都表现了社会资本再生产过程的数量关系的规律。这种以较为精确的形式，表现经济运行机制的数量关系的规律，乃是《资本论》中经济规律体系的一个重要组成部分。

数量分析方法也被使用于《资本论》第3卷的理论分析之中。例如，马克思在阐述有关价值转化为生产价格的理论时，既着眼于揭示这一过程所体现的资本家集团对剩余价值的瓜分关系，同时在论述平

---

① 《马克思恩格斯全集》第24卷，人民出版社，1972年，第339~342页。
② 《马克思恩格斯全集》第24卷，人民出版社，1972年，第576~580页。

均利润的形成时，设计了反映资本有机构成不同的各个产业部门间的竞争和生产价格形成的机制的图表，分析了资本家集团对剩余价值的占有的数量界限，运用影响利润率诸因素的数量关系的分析，阐述了平均利润率下降的规律。这些理论阐述充分体现了把对生产关系的质的分析和量的考察相结合的方法。

马克思在对资本主义地租的分析中，阐明了资本主义地租的质的规定性——地租作为剩余价值的性质，它的产生过程和内在机制、它的表现形式——绝对地租和级差地租（级差地租Ⅰ和级差地租Ⅱ），等等。《资本论》第3卷的地租理论的特色在于：它用大量的篇幅分析了资本主义地租的数量的规定性，它基于不同土地的劳动生产率的差别，去论证由此决定的级差地租形态和绝对地租的数量差别。

总之，《资本论》是根据唯物辩证法的质与量的对立统一观来分析生产关系。《资本论》中详尽地分析了如下的范畴：价值，价值量；剥削，剥削率；积累，积累率；地租，地租率；利润，利润率，等等。这些范畴用于表现生产关系的质的规定性和量的规定性，正是依靠上述范畴作为分析工具的。《资本论》不仅对资本主义剩余价值生产过程、剩余价值实现过程、剩余价值分配过程进行了深入的分析，从各方面揭示了资本主义生产关系的质的规定性，而且细致地分析了生产关系的数量方面，揭示了许多有关经济关系、经济过程的数量关系的规律，由此给我们留下了一个对资本主义经济进行定性分析与定量分析相结合的范例。马克思在论述剩余价值率这个范畴时指出，"剩余价值率是劳动力受资本剥削的程度或工人受资本家剥削的程度的准确表现"[①]，并曾举例算出资本家每天支付给工人以劳动力总

---

① 《马克思恩格斯全集》第23卷，人民出版社，1972年，第244页。

价值的 $\dfrac{1}{10950}$[①]。可见，马克思是采用了：（1）通过定量的分析来确切地阐明生产关系的社会性质；（2）通过量的变化的分析来阐明生产关系的发展与演变，揭示社会经济的运动规律。把定量分析服从于定性分析，这就是马克思的数量分析的特色，它与西方经济学中用经济表层现象、活动的数量分析来取代经济的社会本质的分析有原则的区别。因此，以生产关系为对象的马克思的经济学，并不是只能阐述生产关系的性质、特征，而且还要探索和分析它们的数量变化的机制与规律。马克思绝不是只运用理论分析的逻辑，而是也重视使用数学思维和数理逻辑。我们可以说，马克思所创立的独具特色的领域中把定性分析与定量分析相结合的方法，对我们当前社会主义建设新时期的经济理论的研究，也有着重要的指导意义。

三、西方经济学中的数量分析

数量分析法存在于马克思经济学中。但是必须看到，马克思经济学中的数量分析与资产阶级经济学中的数量分析有原则的区别。

19世纪30年代，随着资本主义矛盾的发展和阶级斗争的日益尖锐化，资产阶级古典政治经济学开始没落，庸俗经济学应运而生，一些资产阶级学家放弃了资产阶级古典经济学中使用的理论分析方法，而用数学方法来研究和分析经济问题。法国的古诺在他的《财富理论数学原理的研究（1838年）》中首先应用微积分来进行经济分析，德国的戈森在他的《交换规律的发展和人类行为的准则（1854年）》中也应用若干数学方程，他们是数理学派的先驱者。数理学派作为资产阶

[①] 《马克思恩格斯全集》第23卷，人民出版社，1972年，第261页。

级庸俗经济学的一个流派，产生于19世纪70年代，他的创始人和主要代表人物有英国的杰文斯、法国的瓦尔拉和意大利的帕累托。他们用数学方法来表述、研究和论证经济现象及其相互依存的关系，把数理方法作为政治经济学的最主要的方法，甚至是唯一的方法。数理经济学是建立在主观唯心主义的边际效用价值论的基础之上，他们认为边际效用（即杰文斯的"最后效用程度"）决定着价值的大小和商品交换的比例。杰文斯用他的"交换方程式"，瓦尔拉用他建立的"一般均衡论"来论证交换中买卖双方所能获得的最大效用即最大满足。这种崇奉数量分析的理论思潮，旨在反对以剖析资本主义生产关系为主要任务的马克思主义经济学，是为了使资产阶级政治经济学摆脱古典经济学在一定范围内研究资本主义经济内在联系的传统格局，回避对矛盾越来越尖锐的资本主义经济制度的研究。20世纪以来，这种把数量分析方法作为基本方法的情形，越来越成为西方经济学中的共同趋势，如30年代以后，经济计量学就在经济学界风靡一时，成为西方经济学讲坛的最时髦的理论。

在这里，有必要就怎样看待当代西方经济学中的数量分析方法问题，进行一些研讨。

经济分析的数量化乃是当代西方经济学的一个重要特征。我认为，西方经济学中加强运用数量分析方法的意义、作用有着许多不同的情况，应该具体地加以分析。大体说来，当代西方经济学中使用数量分析法的目的有下列两个方面：一是用来回避资本主义生产关系的研究，把经济学引入深邃的数学的迷宫，使经济学成为无害的数学游戏，以现代经济学中的"高深"的数学分析工具来贬低马克思的经济理论；二是用来剖析当代资本主义的经济活动、过程的运行机制，发现它的内在联系，从而使资产阶级国家能够采取有根据的国家资本主义的调节措施来影响、控制和调节经济的运行，缓和再生产中的生产危机，以达到维护资本主义经济制度的目的。

（一）西方经济学中数量分析的庸俗理论基础

西方经济学中的数量分析，其理论依据是资产阶级庸俗经济学。把数量分析作为主要的分析工具的当代西方经济学，乃是以生产活动、生产过程与经济机制为研究对象，千方百计地回避对生产关系，特别是回避对所有制的分析，只在经济的现象形态上做文章，而不接触其内在本质，这就是当代西方经济学的根本特征。正如马克思所说："古典政治经济学，……研究了资产阶级生产关系的内部联系。而庸俗经济学却只是在表面的联系内兜圈子，它为了对可以说是最粗浅的现象作出似是而非的解释。"①西方经济学的数量分析方法，实质上是用对经济的现象形态、具体过程、活动机制的数量关系的研究，来歪曲和取消对生产关系的质的分析，这就与马克思主义政治经济学把分析经济活动的社会本质，即把生产关系作为研究对象有根本的不同。用数量分析来歪曲和回避对生产关系的分析，集中表现在现代西方经济学的价值数学模型分析法中。

西方经济学家宣称马克思缺乏数学分析工具，不能像他们那样使用连篇累牍的数学方程式，从而扬言马克思的经济学说是"粗糙的"和有"漏洞的"。因而，他们提出要用高等数学分析方法来使马克思的经济学说"精确化"。西方马克思研究者森岛通夫说："可以通过一种或两种方式使现代数理经济学与马克思主义的经济学联系起来，要么从形式和数量方面找出马克思主义观点的漏洞，要么给马克思的

---

① 《马克思恩格斯全集》第23卷，人民出版社，1972年，第98页注（32）。

观点提供新的、严格的阐述。由于马克思本人并不是一个数学家，所以就不能运用现代数学工具找出他的某些观点中不完善的地方。如果借助于数理经济学的发展成果而使马克思的许多有价值的见解取得一种适用于现代经济的形式，……则是更有趣，也更重要得多。"[1]

当代某些西方经济学家热衷于将数量分析方法用于价值论的领域，他们使用投入产出法和其他数学方法（包括回归法）来研究价值决定，打着要"补充""完善"马克思的劳动价值理论的旗号，或者说要修正马克思价值分析中的计量的"不精确"和"错误"，设计出一个又一个价值决定的数学模式。在20世纪初，德国的波尔特克维齐就提出所谓"转型"问题，并扬言马克思关于生产价格的数学公式包含着"不精确"和计算错误。而在第二次世界大战以来，在数量分析方法风靡西方经济学界的情况下，西方经济学主流派更掀起了讨论马克思的上述数学错误和设计精确的价值方程式的高潮。

关于运用数学方程式来求解价值的现代价值论，尽管它带有分析"精确化""科学化"的迷惑人的外观，但它却是立足于庸俗的价值论的基础上。这就是：把价值作为一种可以由数学工具来加以计量的物量。如美国经济学家、教授萨缪尔森使用投入产出方法来分析计量生产单位商品中的商品（生产资料量）与劳动（劳动时间）投入量，由此来计算出商品的"价值"。萨缪尔森1957年在《美国经济评论》发表的《工资与利息：一种对马克思经济模型的现代解剖》中，把马克思的生产价格公式 $c + v + \bar{p}$ 中的 c 换算为资本投入的实物量+价格，把 v 等同于货币工资率（W）×劳动时间投入量，再将上面两项加总

---

[1]　森岛通夫等：《价值、剥削和增长：从现代经济理论看马克思》，英国麦克劳–希尔出版社，1978年。

（通过实物投入—产出系数）求出生产物的价格。萨缪尔森扬言，通过生产中的物质投入—产出关系的数学运算可以得出十分精确的价值决定，并认为这种借助投入产出的分析方法，远远比马克思的价值转化为生产价格的分析方法优越得多。他说："目前的精确的分析使人想起那个所谓的'转化问题'是相当空洞的。"[1]在这里，我们看见萨缪尔森的价值论的方法论，乃是里昂捷夫的投入产出方法，即产出量归之于投入量，例如把机器的价值=投入量（钢+煤+…+直接劳动）的价值。萨缪尔森设计出一系列数学方程式，计算投入产出系数，并将各项投入还原为人的一定数量的劳动。他的这种计量产品的价值投入的方法，实际上将价值偷换为价格，例如将产品机器价值=投入单位量×价格+（投入单位量×价格×平均利润率）=投入单位（量）价格（1+r）。

萨缪尔森所玩弄的只不过是用价格计算来偷换价值决定的算术游戏，他设计的按照任何投入（换算为价格后）均取得平均利润的公式，只不过是一个价格计算模式。这种数学模式（线性模型）方法，实际上只是停留在生产价格的现象形式上，而根本不能成为价值理论。正因为如此，萨缪尔森公开说劳动价值概念是"多余"的，"第一卷的新分析——对'价值'和'相等的剩余价值率'的计算——只不过是一种不必要的、无结果的糊涂思想"[2]。他攻击马克思的劳动价值理论（包括价值转化为生产价格的理论）是"错误"的，而致力于从生产价格计算方法上的烦琐的数学推演，并由此来证明马克思的

---

[1] 萨缪尔森：《工资与利息：一种对马克思经济模型的现代解剖》，载《美国经济评论》1951年第12期。

[2] 萨缪尔森：《理解马克思的剥削概念：马克思的价值与竞争价格同所谓转化问题的概述》，见《现代国外经济学论文选》第三辑，商务印书馆，1982年，第105页。

价值论是"笨拙的"，远远不如他们用一些高等数学求解方法那样简单、明快、精确。萨缪尔森实际上是宣扬一些西方现代经济学中的时髦的价值物质技术决定论。这种理论把价值这一社会关系当作物质技术关系，把价值量说成是一个可以由人们借助数学方法来加以计算的物量。这种技术价值论与马克思的劳动价值论是风马牛不相及的。

马克思科学地阐明了价值不是物，而是一种社会关系，是商品"生产者同总劳动的社会关系"[①]。固然，马克思称价值为"价值实体"，"价值对象性"，但这是不同于物质实体的社会关系实体，是"摸不着和看不见"的"幽灵一样"的"对象性"，要剖析出这种非物质实体的"对象性"的本质，只能借助理论的逻辑和定性分析方法，而不能借助数理逻辑和数量分析方法。企图用数量分析方法来找出价值实体和说明它的性质，不过是缘木求鱼。

投入产出法，对于研究生产的物质技术关系，如投入的物料与产生的产品的数量关系（用系数来加以代表），是有重要科学价值的。这种方法，在生产力的研究与社会经济管理和企业生产管理中，具有十分广泛的使用价值。但商品价值关系不是物质技术关系，决定价值的劳动乃是劳动的社会规定性，而不是劳动的自然支出，即纯生理的劳动耗费与生命力的支出。价值的形成和决定，本质上是一个社会过程。人们看见，那些生理学上有更大耗费的劳动投入，如沉重的体力劳动却只有较小的价值产出，而某种熟练的劳动，或者利用更有效的、更先进的生产资料的劳动（在商品生产的市场机制中，它作为加强的劳动）的更少的投入，却可以有较大的价值产出。可见，价值决定不是技术性的投入劳动与产出的关系，而在商品经济的市场机制中

---

① 《马克思恩格斯全集》第23卷，人民出版社，1972年，第89页。

才能确定的社会过程与社会行为。人们可以依靠计算，得出某一商品的自然物质要素的量，但却不能依靠数学运算，求出某一商品的价值量。可见，用投入产出这一分析事物技术性关系的方法来计量价值的西方经济学者，尽管是以数学精确性自诩，但是他们的理论前提是错误的。不论他们怎样宣称这是为了"补充"马克思的价值论，或是为了发展"古典价值论"，实际上这不过是庸俗价值论的一种新翻版和反对劳动价值论的新手法罢了。因此我认为，马克思主义经济学者的主要任务，是揭示他们这种"对马克思的研究"的理论实质与要害，而不必在难以弄清的数学方程式的演算中纠缠不清。

（二）分析资本主义经济过程和运行机制的科学方法

西方经济学中的数量分析方法中也存在着合理的内核。20世纪30年代以来，特别是第二次世界大战后，当代资本主义越加发展成为国家垄断资本主义，资产阶级政府广泛采取了干预经济的政策和措施，从而西方经济学中出现了应用当代数学与自然科学的新成果（包括系统论、控制论、信息论）来进行经济分析的新理论发展。西方经济学家用数学方法来分析资本主义再生产过程，发展了一个用于剖析资本主义商品经济运行机制的方法。例如，里昂捷夫就建立了用投入—产出方法来分析再生产过程中部门之间的和部门内部的物质交换，特别是经济计量学的兴起和发展，更把数量分析推广到宏观的国民经济管理和微观的企业经济管理的广泛领域。应该说这种第二次世界大战后兴起的、广泛应用于经济活动和再生产过程，应用于经济管理领域中的数量分析方法，乃是西方经济学中的积极的和可以加以利用的要素。尽管这种数量分析仍然以庸俗的经济理论为基础，但它毕竟包括有对资本主义经济运行机制的新的阐明。这种分析方法，也是可以应用于分析一般商品经济和社会主义商品经济的运行机制，因而，这种分析方法是马克思主义政治经济学可以和应该加以借鉴和汲取的。如果将这种数量分析工具和西方经济学的庸俗理论混为一谈，无视这种数量分析的积极成果，采取一概加以排斥的态度，那是不正确的。但是，由于西方经济学中日益加强应用数量的分析，往往又是同西方经济学理论的进一步庸俗化结合在一起的，因此在马克思主义经济学界，人们往往强调马克思主义经济学与数量分析方法无关，而忽视西方经济学中的数量分析方法的合理的内核，更谈不上对这种分析工具加以批判地汲取。显然这种排斥一切的态度是不利于马克思主义政治经济学的进一步发展的。

为了在经济理论研究中更好地汲取人类文化的一切积极成果，以发展马克思主义经济理论，我们有必要正确地区分西方数量分析的理论和方法的精华与糟粕，因此，有必要加强对数量分析理论和方法的研究。这里主要谈一谈西方经济计量学。

经济计量学出现于20世纪，特别是20世纪30年代以来获得了迅速发展，它是西方数量经济学的一个新流派。经济计量学的主要特征，是利用社会经济统计建立数学模型来进行经济计量，它可以区分为建立在假设（参数）之上的理论经济计量学和应用实际材料来进行运算、求出某数量值的应用经济计量学。经济计量学的主要内容是对各种经济活动关系的计量，如它要研究和计量家庭、企业或是公共机构的经济活动以及其后果，价格与人们（包括个人、企业与公共机构）对商品需求的关系，价格与投资的关系，利率与储蓄的关系，价格、利率、利润率等经济要素与增长率的关系，等等。我们可以举出经济计量学对家庭消费需要行为的研究。这种研究表现在制定有关家庭消费需要的行为决策的数学模型为：

$$X_j = x\ (P_1,\ P_2,\ \cdots,\ Pn,\ I,\ u_j)\,,$$
$$j = 1,\ 2,\ \cdots,\ n$$
$$\sum_{j=1}^{n} p_j x_j = I$$

式中：$\sum p_j x_j$ 表示第 j 种商品的总价格；

脚标 j 表示第 j 种商品；

x_j 表示第 j 种商品的需求量；

p_j 表示第 j 种商品的价格；

u 表示随机项；

u_j 用以指第 j 个需求方程的随机项；

I 表示消费者的收入。

上式表示：在 $\sum_{j=1}^{n} p_j x_j = I$ 这一预定条件下，消费者对每一种商品的需求量，是所有商品的价格、消费者所得，以及一系列难以预计的随机项的函数。

经济计量学根据西方经济学的价格理论，使用数学方法，通过确定独立变量与因变量设计出需求与价格的函数。经济计量学还要进一步说明这一商品价格函数的特征：它是"线性的"或"一次的"（linear），或者是"曲线的"（curvelinear），对该商品的需求是与价格变化成正比或是成反比，等等。

还可以举出经济计量学关于生产的简单数学模型：

$$Q = f(L,\ K)$$

式中：Q 表示产出；

　　　L 表示投入的劳动量；

K 表示投入的资金；

f 表示产出量与资金和劳动之间的函数关系。

上述公式是借助生产要素的投入来计量生产单位（企业）的产出，这表示产出量乃是生产中投入的诸要素（L，K）的函数。

当代经济计量学的最新发展乃是宏观计量体系的建立，这就是利用关于总收入、总财富、总就业等宏观概念，以及商品价格、劳动力价格（工资）、利息率等以统计为基础的实际资料，用以制定出表示以上各个数据之间的相互关系的一系列数学模型，并用这些数学模型来从理论上表现社会的消费支出、生产总值、国民收入、价格形成、工资形成、利率形成、政府支出、税收、外贸等方面的关系，在一系列数学公式的基础上建立起一个表现各个方面的相互关系的总体的投入产出体系，进而从理论上表现整个国民经济的运动。这个投入产出的数学模型，乃是上面所举出的需求价格函数与生产函数的进一步扩大和精确化，它把简单的模型中所未能包括的、比较间接的经济要素——例如原料与燃料的投入——引入模型之内和计量它将怎样地转化为产出。这一投入产出体系包括了整个国民经济的各个产业部门的全部投入产出。

如果说西方经济学中的数量分析，在其产生之初主要是一种数量经济学，它是带有自然科学的形式的庸俗经济理论，如19世纪瓦尔拉制定的关于一般均衡的极其复杂的方程式体系，只不过是一种理论性假设而缺乏应用价值。那么当代的经济计量学的特色就在于它的鲜明的应用性。这种经济计量并不只是用以验证经济理论，而是还用来作为政府、企业或个人决策的依据。在有了电子计算机以后，人们将组成投入产出体系的各种数学模型输入计算机中，然后基于根据社会经济调查而拟定的各种数据，就能利用电子计算机来进行这种包括成千上万个数学方程式的复杂的演算，并求出某种确定的数值。人们也可以利用这种计量方法来推算某种政策和措施的实际后果，例如推算某种膨胀性财政政策的通货膨胀的后果。人们还可以为计量数学模型体系设立几种拟定的数据（自变量）来求解，并对其结果进行比较和考察，以备判定经济政策时选择与确定一种能带来最大利益和最小损失的经济决策。这种方法称为选择性控制理论（optional control theory）。西方发达资本主义国家为了制定反危机的稳定增长措施，越来越多地利用经济计量来进行预测，不仅作2～3年的近期预测，而且作包括5、10、25年的远期预测。这种经济预测是借助各种自变量（包括预算收入、政府开支、企业投资等）来考察它的经济后果。在当代，进行预测越来越成为西方经济计量学的应用性的表现。

在西方经济学家关于经济计量学使经济学成为"真正的精密"科学的吹嘘中，当代西方经济学正日益趋于数理，把连篇累牍的、十分高深的数学公式和极其烦琐的数学演算充斥于经济学的教本或专著之中，成为西方经济学领域的流行的做法。但在实际上，经济计量学并未能使很早以来就趋于没落的西方经济学起死回生。这是因为：（1）经济计量学是以西方庸俗经济理论为基础，具体地说，是立足于马歇尔的关于均衡价格的微观理论和凯恩斯的宏观理论的基础之上。而且，经济计量学本身的发展也体现了经济理论庸俗化的新发展，许多西方学者热衷于利用投入产出的计量方法来对马克思的劳动价值论予以新的有数量依据的"重新解释"，即用马歇尔均衡价格理论或者某种新的"技术"价值论。这就表明了，那些以"新李嘉图学派"为名号的学者们，在经济学的基础理论的研究上不仅可以说是毫无进展，而且是大大落后和偏离于古典学派的价值理论。（2）经济计量学既然以庸俗经济理论为基础，因此它不能阐明资本主义经济的内在联系与运行机制，同时这一理论在很大程度上是基于统计推理，许多经济要素的数值是取决于或然率，它包含有误差。而且，任何经济计量的数学模型，也不能将在十分复杂的经济活动与过程中起作用的各种因素无遗漏地纳入方程式之中，特别是对于那些属于人的主观的、心理的、个人的要素，则更难以准确地数值化，因而这种经济计量方法有其固有的局限性。无视经济计量学的这些多方面的局限性，把它说成是经济学的"全新"成就是毫无根据的。尽管如此，西方经济计量学毕竟是建立和发展了一种对经济关系的数量方面的有用的分析方法和工具，使资产阶级经济学增加了应用性。这种方法也完全可以加以借鉴和应用于对社会主义经济的运行机制的分析之中。因此，我们对于西方的经济计量学应该采取一分为二的态度，一方面批判和清除作为它的理论基础的资产阶级庸俗的经济理论，包括资产阶级的价值理论、再生产理论、危机理论、国民收入理论，等等；另一方面要仔细研究和汲取它的有用的计量方法和技术，由此来丰富和完善社会主义数量经济学，而不能采取像人们所说的泼脏水连婴儿也倒掉的否定一切的态度。

四、社会主义政治经济学与数量分析

社会主义政治经济学是以生产关系为主要对象的一门理论经济学。它在研究中应该坚持对经济的质的规定性的分析，阐明新的社会经济制度的性质、结构、发展的方向以及它拥有的巨大的优越性。因此，社会主义政治经济学要深入地研究社会主义生产关系的体系，揭示它的复杂的内在联系与运动规律，为此它就必须要坚持运用马克思主义政治经济学的理论分析方法——科学的抽象法。应该看到，现有的社会主义政治经济学教材，在对社会主义经济结构所进行的理论分析，就其广度与深度来说还是远远不够的；对社会主义社会的经济过程的分析可以说还有待于深入，特别是人们还未能搞清楚有计划商品经济的内在的本质联系；对于社会主义经济的运行机制及其客观规律也有待于做出有说服力的理论阐明。因此，在社会主义政治经济学的研究中还有必要进一步运用马克思主义科学抽象法，来加强政治经济学理论分析的深入性和理论体系的严整性。同时，社会主义政治经济学的研究中，定量分析也是十分重要的。这是由于：

第一，定量的分析能够更确切地揭示生产关系的性质。前面业已说明，对生产关系的社会本质的阐明，数量分析是无能为力的。但是，数量分析可以用于对生产关系的量的规定性的阐明。对于社会主义社会的生产关系的广泛领域，这种量的规定的阐明是十分必要的。例如，就所有制领域来说，人们有必要对社会主义社会所有制结构进行数量分析，阐明各种不同性质的所有制要素的比例及其发展与演变的趋势，也有必要分析全民所有制纯收入的国家占有与企业占有的比例关系及其发展与演变的趋势，分析农村承包经济中的集体占有、个体占有的比例关系及其未来的发展与演变。此外，还有必要分析多样形式合作经济的占有关系的结构及其发展与变化的关系。

应该看到，传统的社会主义经济理论的缺点在于，它假定一个纯之又纯的社会主义，和使用一些内容单一的简单范畴。如它满足于社会主义公有制范畴，而不去进一步分析公有制的结构和不同的占有主体在纯收入分配中的数量。社会主义国家的实践表明，初生期的社会主义并不是纯之又纯的，而是带有不完全的特征，社会主义生产关系的某些方面和环节也往往带有中间性和过渡性，即表现为不同的生产关系的结合。如社会主义社会的所有制就是以公有制为主体，但又存在私有制的残余。社会主义公有制也不是单一的，往往具有复合的性质（或表现为多样公有制形式的结合，或表现为公有制中包孕有个体占有，甚至国家资本主义性质的占有），例如以家庭联产承包为特征的我国农村集体所有制，甚至是现阶段的全民所有制都是表现为多样的占有关系的结合。生产关系的这种性质表明，人们有必要分析占有关系的内在结构和构成要素之间的量的关系。可以说，没有生产关系的量的分析——即使不需要有数值那样的精确分析，也必须有比重的分析——就不可能有对生产关系的更确切的、定性的分析，特别是不可能对社会主义初级阶段大量存在的那些具有过渡性与中间性的生产关系的性质做出有说服力的论证。

第二，对社会生产力的研究需要有定量分析。社会主义政治经济学要紧密结合生产力来研究生产关系，揭示社会主义生产关系发展和演变的规律。对生产力的研究牵涉到生产的物质技术方面，它要阐明物质技术要素的结构、性质、能量、生产率。对这些物质技术关系的理论阐明，在很大程度上有赖于搞清楚它的数量规定性，因而这一领域的研究中定量的分析不仅是不可缺少的，而且是十分重要的。

第三，考核经济效益需要有量的分析。以最小的劳动耗费获取最大的使用价值，即提高经济效益，在社会主义政治经济学中有十分重要的地位，它应该是社会主义政治经济学的主线。经济效益问题，除了对社会主义经济效益的性质，提高效益的作用、方法等的说明需要定性的理论分析外，有关经济效益的计量方法与指标体系（包括实物指标与价值指标），在很大程度上都属于数量分析。在有关经济效果这样的主要经济学课题上，人们有必要抛弃那种只从事理论阐述而不重视计量方法的传统做法，应该大大加强对有关计量经济效益的数量分析方法的阐述，使社会主义政治经济学不仅给人们以理论武装，而且也教会人们从事实际运用的具体方法。

第四，对社会经济运行机制的研究需要有量的分析。社会主义政治经济学不仅要研究生产关系的运动规律，还要研究生产力的运动规律（在政治经济学这门学科所要求的范围内，即研究生产力的要素结合的一般规律，而不是各项生产力要素的具体规律），以及社会主义经济活动运行的机制和规律。社会主义经济活动的运行机制大体包括：（1）社会主义生产、交换、分配、消费等过程的内在和外在要素的相互关系；（2）企业和个人的经济活动的内在和外在要素的相互关系；（3）社会主义再生产过程的内在和外在要素的相互关系。在社会主义商品经济中，上述经济关系表现为物质产品的消耗（包括生产的消费和生活的消费）与补偿关系和生产过程价值的耗损与补偿关系，即既表现为一个物质产品的运动，又表现为一个价值性的运动。社会主义商品经济的有计划地发展，正是在人们自觉地控制与调节社会主义经济的各种（宏观的与微观的）运行机制中实现的。由于上述社会主义经济的运行是与物质产品、价值物的运动、消耗与补偿的状况密切相关的，因而对这一过程的阐明除了要有定性分析外，定量分析更是十分重要的。

社会主义国民经济持续、稳定增长与协调发展，乃是社会主义经济运行机制研究中的一个重要内容。在这里，可以举出有关国民经济稳定增长的机制中的数量研究的主要方面：

1. 社会总产值与积累率的数量关系。积累是扩大再生产的源泉，积累的规模决定了社会扩大再生产的状况，因而积累率与经济增长率（社会总产值增长的百分比）之间存在着某种数量的关系，但积累率又受着消费基金的制约。社会主义政治经济学必须深入研究实现社会主义国民经济稳定与持续增长的各种经济要素的数量关系，并用数学方程式来加以表示。例如：

$$A = f\left(m, \ \frac{\Delta m}{m}, \ \frac{\Delta c}{c}, \ \Delta I, \ \cdots\right)$$

式中：A表示积累率；

m表示总产值；

Δm表示总产值的增加量；

c表示消费基金；

Δc表示消费基金的增加量；

ΔI 表示新增就业量。

上式表示积累率与影响积累率的因素之间的函数关系。

2.经济增长与消费增长的数量关系。

3.经济增长与社会生产两大部类增长的数量关系。

4.经济增长与交通的扩大的数量关系。

5.经济增长与第三产业的增长的数量关系。

6.经济增长与固定资产投资增长的数量关系。

7.经济增长与流通中货币增长的关系。

以上论述表明，社会主义国民经济的运行牵涉到总产值，国民收入的积累与消费的分配，Ⅰ、Ⅱ、Ⅲ产业的比例关系，人口及人口增长率，年就业增长量，资源状况，技术与科学水平等一系列的经济要素，它们之间存在着互相制约的关系。只有在某种特定的要素结合方式（包括要素之间的特殊的数量关系）下，才能实现社会主义经济的顺利发展，即出现国民经济的稳定、协调和持续增长。揭示上述社会主义经济运行机制，也就包含着对上述诸因素之间的数量关系的阐明。在进行上述复杂的数量关系的分析中，现代数学分析方法，包括系统论、控制论、信息论的方法论的成就，都是大有用武之地的。

综上所述，社会主义政治经济学作为一门指导人们自觉调整社会主义生产关系的科学，作为一门指导人们去合理组织生产力要素的科学，作为一门指导人们正确控制和调节社会主义经济运行机制，促使社会主义经济健康地运行的科学，一句话，作为一门指导社会主义经济建设的理论经济学，它决不能单纯地从事定性分析，决不能排斥和摒弃定量研究，而应该对定量分析有足够的重视，并将它和定性的理论分析有机地结合起来。

马克思主义经典作家在创立科学的政治经济学时，主要的着眼点是对资本主义生产关系的质的规定性进行理论分析和对资本主义经济形态进行历史的与逻辑的论证，以充分揭示资本主义生产关系的榨取剩余价值的本性。马克思的经济学说的这种性质和特点，是社会主义革命胜利以前的无产阶级的阶级斗争的历史条件所决定的。肩负着推翻资产阶级的政治统治的无产阶级，迫切地要求对资本主义制度的本质做出理论阐明，迫切地要求有科学根据地揭示资本主义这一文明制度的剥削本质，破除庸俗经济学家对资本主义的粉饰，揭露这一制度的致命的矛盾，阐明资本主义制度的历史过渡性质、它的必然灭亡和社会主义必然胜利的客观规律。这就决定了马克思的经济学说要将重点放在质的分析上，放在生产关系的定性分析上。正如列宁所说的那样："凡是资产阶级经济学家看到物与物之间的关系的地方（商品交换商品），马克思都揭示了**人与人之间的关系**。"①

如果说基于同上理由，马克思主义以帝国主义时期资本主义经济的新情况的分析，也要着重于质的分析，要揭示资本主义腐朽、没

① 《列宁全集》第19卷，人民出版社，1959年，第5~6页。

落和必然灭亡的命运与社会主义革命前夜的来临，那么对于业已取得革命胜利的社会主义国家的工人阶级来说，则需要社会主义政治经济学能够指引伟大的社会主义经济建设。基于社会主义政治经济学的新的历史任务和迫切的实践要求，人们就有必要把社会主义经济的质的规定性和量的规定性结合起来研究，当前特别是有必要加强数量的分析。但这种加强不应该是把经济学的一般原理加中国的例证方法，简单地改为经济学原理加有关数字例证的方法，而应该是利用各种有效的数学分析工具（包括微分方程、矩阵、线性规划、统计方法等），数学模型方法（包括借鉴当代资产阶级经济学家发展起来和使用的一些数学方法与数学模型），特别是借助控制论、系统论和信息论及其他的当代自然科学方法的新成就来分析社会主义的经济关系、经济活动和经济过程，用各种数学形式来尽可能确切地表现出社会主义经济的数量关系及其发展变化的趋势。

如果说当代资产阶级经济学家凭借他们在几十年的研究中发展起来的一套数量分析的理论与方法，能够做到在一定范围内预测市场行情，指出经济的发展趋势，并据以制定各种反危机的国家资本主义的调节措施，通过对生产关系与生产力两个方面进行调节和控制，在一定范围内调节了资本主义生产关系与生产力的矛盾，使当代西方资产阶级庸俗经济学的实用化趋势为资产阶级经济学提供了实用价值，那么马克思主义经济学又为什么不可以发展一套科学的数量理论与方法，来分析社会主义经济的运动和为社会主义经济建设服务呢？我认为，只要坚持以马克思主义为指导，通过对科学的数量分析工具的掌握与应用，依靠电子计算机这一现代计量工具，人们完全能够对社会主义经济的各种宏观的、中观的与微观的过程、方面和环节做出详尽的剖析，并能对社会主义经济运行中的内在矛盾的发展状况，以及解决诸矛盾的方法、措施的作用、效果给以科学的说明和做出可行性的评价。这样，政治经济学就能真正成为社会主义经济建设的强大理论武器，成为更加富有实践性的科学，从而政治经济学也就能更好地完成新时代赋予它的新的使命，并获得新发展。

再论马克思列宁主义政治经济学的对象①

一、关于对象问题的讨论

无产阶级政治经济学的研究对象是生产关系，这是马克思主义经典作家明确地加以论述了的。在《资本论》第1卷的有关序言和跋中，马克思指出，《资本论》研究的是现代社会的"经济运动规律"，并且同意了俄国作家关于经济运动的规律就是生产关系发生、发展和转变为更高级的生产关系的规律的见解。马克思在《资本论》第1卷第2版跋中转引了考夫曼的如下一段评述："马克思竭力去做的只是一件事：通过准确的科学研究来证明一定的社会关系秩序的必然性。"②"生产力的发展水平不同，生产关系和支配生产关系的规律也就不同。马克思给自己提出的目的是，从这个观点出发去研究和说

---

①　写于1986年3月。见《社会主义经济理论探索》，西南财经大学出版社，1987年。

②　《马克思恩格斯全集》第23卷，人民出版社，1972年，第20页。

明资本主义经济制度，……这种研究的科学价值在于阐明了支配着一定社会机体的产生、生存、发展和死亡以及为另一更高的机体所代替的特殊规律。"①马克思指出，考夫曼对他的方法"描述得这样恰当"②。恩格斯在《反杜林论》政治经济学篇也明确指出，"政治经济学，从最广的意义上说，是研究人类社会中支配物质生活资料的生产和交换的规律的科学"③。列宁在《什么是人民之友》中更明确地指出，"政治经济学决不是研究'生产'，而是研究人们在生产上的社会关系，生产的社会制度"④，并认为："凡是资产阶级经济学家看到物与物之间的关系的地方（商品交换商品），马克思都揭示了人与人之间的关系。"⑤他又说：马克思"把这个形态的活动规律和发展规律做了极详尽的分析。这个分析仅限于社会成员间的生产关系，马克思一次也没有利用这些生产以外的什么因素来说明问题"⑥。斯大林在《苏联社会主义经济问题》一书中也提出了一个关于"政治经济学的对象是人们的生产关系，即经济关系"的定义。

还需要指出的是，马克思主义政治经济学的研究对象是生产关系，清楚地表现在马克思的政治经济学巨著《资本论》中，《资本论》第1卷研究资本的生产过程，在这里，作为对象，"资本不是物，而是一种以物为媒介的人和人之间的社会关系"⑦。更具体地说，资本是生产资料的垄断者，无偿占有雇佣劳动者生产的剩余价值的关系。《资本论》

---

① 《马克思恩格斯全集》第23卷，人民出版社，1972年，第23页。

② 《马克思恩格斯全集》第23卷，人民出版社，1972年，第23页。

③ 《马克思恩格斯选集》第3卷，人民出版社，1972年，第186页。

④ 《列宁全集》第3卷，人民出版社，1959年，第42页。

⑤ 《列宁全集》第19卷，人民出版社，1959年，第5~6页。

⑥ 《列宁全集》第1卷，人民出版社，1955年，第121页。

⑦ 《马克思恩格斯全集》第23卷，人民出版社，1972年，第834页。

第1卷，科学地论述了剩余价值生产的实质，它的条件、过程、方法与后果，这一切的理论分析集中在资本主义直接生产过程中的人与人的关系，旨在揭示资本主义物质生产过程所体现的资产阶级对无产阶级的剥削与压迫。《资本论》第2卷研究资本的流通过程，它通过个别资本流通与社会总资本流通的形式与机制，进一步揭示了资本家生产和实现剩余价值的方法及其后果。《资本论》第3卷研究作为资本主义生产过程和流通过程的统一的资本主义生产的总过程。"揭示和说明**资本运动过程作为整体考察**时所产生的各种具体形式。"[①]通过从产业资本分化出来的商业资本、借贷资本等新的资本形式，进一步阐明剩余价值的分化为商业利润、企业主收入、利息、地租等具体形式。由此揭示了资本主义分配的重要方面：剩余价值在资本主义社会各个剥削集团之间的瓜分以及这一分配机制所体现的资本家对工人阶级的剥削的加深。总之，《资本论》这一部浩大的著作的内容表明，它研究的是以榨取剩余价值为实质的资本主义生产关系（狭义的）、交换关系与分配关系（包括了消费关系）。无须否认的是，对资本主义生产关系（广义的）的各个主要方面、侧面与环节的全面的研究，对支配资本主义生产关系的发展变化的客观规律的揭示，正是《资本论》这一部政治经济学巨著的鲜明特色。而《资本论》也正是以其最深刻、最全面阐明支配资本主义生产关系的运动规律（包括某些前资本主义形态和社会主义、共产主义形态的规律）的科学业绩，从而确立了马克思主义政治经济学以生产关系为研究对象的格局。我们可以看到：马克思主义经典作家主要的政治经济学著作，如恩格斯的《反杜林论》经济篇，列宁的《俄国资本主义的发展》《帝国主义论》、斯大林的《苏联社会主义经济问题》等，都是把

---

① 《马克思恩格斯全集》第25卷，人民出版社，1974年，第29页。

生产关系作为研究对象的。这些著作中，作为研究对象和加以科学阐述了的对象的运动规律——经济规律，从来是集中于生产关系的规律的范围之内的。

尽管马克思主义经典作家对政治经济学的研究对象有上述的许多论述，但对这个问题的看法在理论界却一直还存在一些分歧。社会主义国家学术界，对于政治经济学的研究对象是什么进行了多次讨论。苏联从20年代以来开始了这一讨论，我国在50年代末和70年代末就有两次大讨论。

大体说来，对政治经济学研究对象的认识可分为三种观点：第一种认为政治经济学研究生产关系；第二种认为生产力也是政治经济学的研究对象，特别是政治经济学的社会主义部分的主要研究对象[①]；第三种认为政治经济学研究生产方式。第二、第三两种观点均认为应该把生产力纳入政治经济学的研究对象之中。

把生产力也当作是政治经济学的研究对象的观点之所以产生，一方面是出于对马克思主义经典作家的有关论述的理解不一样，但更主要的是出于社会主义建设的特殊的历史条件对生产力的研究本身所具有的重要意义。众所周知，无产阶级领导的革命取得了胜利的国家，在建设社会主义中一方面要解决对私有制生产关系的改造问题；另一方面要解决发展生产力，建立起与社会主义经济制度相适应的强大的物质技术基础的问题，特别是在生产资料的社会主义改造基本完成以后，发展生产力更成了社会主义建设的中心任务。正是在这种历史条件下，一些经济学家提出了要把生产力的研究作为政治经济学的主要

---

① 1929年苏联贝索洛夫提出生产力应该是政治经济学的对象，他说物质生产过程的两个方面生产力和生产关系应平等地列入政治经济学的对象之中。

任务与主要课题的主张。如在苏联，50年代雅罗申柯就提出了"社会主义政治经济学的主要问题不在于研究社会主义社会中人们的相互关系，而在于制定和发挥社会生产中生产力组织的科学理论、国民经济发展计划化的理论"[1]，主张将社会主义政治经济学变成"生产力合理组织学"。在我国，近年来关于政治经济学的研究对象的讨论中，一些同志也提出与此类似的见解。按照上述意见，政治经济学的研究对象本来就应该是二重的，即包括生产关系与生产力，或者至少政治经济学的社会主义部分的研究对象应该是二重的。而上述意见，不言而喻地都是否认了关于政治经济学是以生产关系为研究对象的提法的。

对马克思主义政治经济学的研究对象的争论，关系到对马克思创立的无产阶级政治经济学的性质与特色的正确认识，关系到对《资本论》这一部伟大政治经济学著作的内容的正确理解，也关系到政治经济学社会主义部分这门正在发展中的学科的内容、范畴、规律、体系，关系到这门学科的性质与在建设社会主义、共产主义中的作用。正由于此，弄清马克思主义三个组成部分之一的政治经济学的研究对象，弄清马克思和恩格斯关于他们所创立的无产阶级政治经济学的本来面貌，这不仅具有理论意义，而且是有重大现实意义的。

二、社会生产两个方面——生产的物质技术形式与社会经济形式

要弄清一门科学的性质，首先要弄清这一科学区别于其他科学的特点，即弄清它的研究对象是什么。因为正是研究对象的特殊性把这

---

[1] 斯大林：《苏联社会主义经济问题》，人民出版社，1961年，第47页。

种学术研究划分为不同的学科。研究对象是自然现象及其规律的属于自然科学，研究对象是社会现象及其规律的属于社会科学。而在社会科学中，政治学、法律学等学科是研究政治上层建筑的，而哲学、美学、伦理学科是研究意识形态的。经济学是研究物质生产的，马克思说，"面前的对象，首先是物质生产"，就把经济学与政治学、法律学、哲学、伦理学、美学等区别开来了。

马克思运用历史唯物主义理论来分析物质生产，指出了物质生产并不是如资产阶级政治经济学中，经常引用的鲁滨逊故事中那样的单个的、孤立的猎人与渔夫的生产，而一开始就是社会的生产。"在社会中进行生产的个人，——因而，这些个人是一定社会性质的生产，自然是出发点。"①作为社会生产，它一方面体现人与自然之间的关系，"是人以自身的活动来引起、调整和控制人和自然之间的物质变换的过程"②。另一方面，它又体现人与人之间的关系，"为了进行生产，人们便发生一定的联系和关系；只有在这些社会联系和社会关系的范围内，才会有他们对自然界的关系，才会有生产"③。生产中人与自然的关系属于生产力的范畴，它是生产的物质技术内容，而生产中的人与人的关系则属于生产关系的范围，它是生产的社会形式。可见，社会生产包括两个方面：生产力与生产关系。它们二者共同组成社会生产方式，或生产方式。

生产方式中作为生产力的这一方面的关系，具体体现于作为生产力的人的要素与物质要素的物质技术性的结合方式中。任何一种生产就其人与自然的关系来说，都是具有特定素质的人，运用特定的工具

---

① 《马克思恩格斯选集》第2卷，人民出版社，1972年，第86页。

② 《马克思恩格斯全集》第23卷，人民出版社，1972年，第201~202页。

③ 《马克思恩格斯选集》第1卷，人民出版社，1972年，第362页。

与工艺方法来从事生产，这里体现了一种生产要素的物质技术性的结合形式，马克思称之为劳动方式。在人类生产发展史上，原始人与原始工具相结合的物质技术性的形式，表现为游牧、采集、渔猎以及新石器时期的原始农业等原始的劳动方式。此后，在生产中对青铜器的使用产生了东方的灌溉农业，铁器的使用产生了更发达的锄耕农业。此后，在手工工具基础上产生的是个体生产者的小手工业，在机器的技术基础上产生的是现代机器大工业，在当代电子计算机基础上发展了自动化与自控化生产。这一系列的生产要素的物质技术性结合形式或劳动方式的变化，首先决定于生产力的物质技术因素的变化，具体地讲，它首先决定于生产资料特别是生产工具的性质。此外，也取决于劳动力的性质，如直接生产者劳动的熟练与技巧，智力劳动的发展状况及管理的水平。总之，生产力的构成因素，特别是劳动手段因素，它的状况、性质、能量决定生产的物质技术性的形式。

生产的物质技术性形式在人类社会发展中呈现为一个由低级向高级发展的有规律的过程，而且往往表现为循序渐进，不能任意超越的自然历史过程。固然，在生产关系适合生产力发展的时期，我们看见有生产的物质技术方式，由低级形式向高级形式发展和过渡的步伐的加速，但是，它的必要发展的阶梯是不能任意超越的。如农业中的家庭小生产的劳动方式，是与手工工具的物质技术基础相适应的，即使在社会主义制度下，如果农业生产还是以手工工具为基础，家庭生产这种劳动方式也将仍然存在和包孕于社会主义农业联合劳动方式之中，成为后者的补充。对属于生产力范畴的物质技术性的结合形式的运动规律，显然，人们是应该加以研究的。

马克思主义政治经济学不以生产的物质技术形式的运动规律为研

究对象。马克思说："政治经济学不是工艺学。"①生产的物质技术形式的变动规律，要由一系列自然科学、部门经济学、生产力经济学、技术经济学等来研究。比如农业生产的物质技术形式，就需要由农业经济学、农艺学、农业技术经济学等来加以研究。

生产方式的另一方面是生产关系，即生产的社会经济形式，它是体现在生产中的人与人之间的相互关系，是人们共同活动与互相交换的一定社会结合方式。马克思说："他们如果不以一定方式结合起来共同活动和互相交换其活动，便不能进行生产。"②生产关系的总和，构成社会的经济结构。在生产发展史中，生产的社会经济形式是不断发展和变化的，大体说来，存在着以劳动者平等协作和互助为特点的社会经济形式和以人对人的剥削和奴役为特点的社会经济形式，前者是原始公社的社会经济形式和社会主义、共产主义的社会经济形式，后者又分为奴隶制的社会经济形式、封建制的社会经济形式和资本主义的社会经济形式。

马克思把辩证唯物主义应用于社会生活领域，特别是应用于社会生产关系的领域，科学地论证了人类社会的生产的发展进程，也就是社会经济形式由低级形式向高级形式而有秩序地依次递进和向前演进的有规律的过程。马克思说："大体说来，亚细亚的、古代的、封建的和现代资产阶级的生产方式可以看做是社会经济形态演进的几个时代。"③

基于以上的分析，我们可以看见，社会形态（或形式）包括社会生产方式、政治生活方式、文化生活方式等方面的内容。而生产方式

① 《马克思恩格斯选集》第2卷，人民出版社，1972年，第88页。
② 《马克思恩格斯选集》第1卷，人民出版社，1972年，第362页。
③ 《马克思恩格斯选集》第2卷，人民出版社，1972年，第83页。

又是包括物质技术性的生产形式与社会经济形式两个方面。政治经济学则是一门以社会经济形式为它的研究对象的学科。这可以用图表示如下：

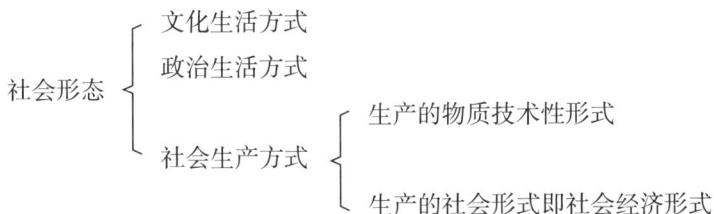

社会形态 {
    文化生活方式
    政治生活方式
    社会生产方式 {
        生产的物质技术性形式
        生产的社会形式即社会经济形式
}
}

三、研究对象是生产关系

马克思主义政治经济学为什么要以生产关系为研究对象？对这一问题有必要进一步加以论述。

作为生产两个方面的物质技术性的生产形式与社会经济形式，是对立统一关系。它们是紧密地联系在一起、互为表里、互相依存、彼此制约的。物质技术性的生产形式或组织，是生产的物质内容，它决定和制约着生产的社会经济形式的发展变化。社会生产方式发展的内在联系和机制，可以表示为：生产力（首先是生产工具）的发展→物质技术性的生产形式的变化→生产的社会经济形式的变化。正如马克思说："随着新生产力的获得，人们改变自己的生产方式，随着生产方式即保证自己生活的方式的改变，人们也就会改变自己的一切社会关系。手推磨产生的是封建主为首的社会，蒸汽磨产生的是工业资本家为首的社会。"[①]但是另一方面，生产的社会经济形式又反作用于生

---

① 《马克思恩格斯选集》第1卷，人民出版社，1972年，第108页。

产的物质技术基础，促进或延缓社会的劳动方式的由低级向高级发展的进程。

生产所具有的上述二重性——生产的物质技术性质与生产的社会经济性质——并不能成为政治经济学必定要把生产力和生产关系两方面都作为研究对象的理由。恰恰相反，作为一门十分严整的科学的马克思主义政治经济学，它在研究中不能把上述二重性质不同的关系并列，不能把两方面同等地作为研究对象，而必须集中地研究生产关系。这是由于下述的理由：

第一，作为一门科学，总是要研究事物的一个特定范围，才能全面地深入地揭示某一领域的客观事物的本质联系。众所周知，作为科学研究的对象的世界，包括不同的领域——自然界、社会与精神世界，它们各自具有其特殊的矛盾，从而有不同的性质。作为自然界与人类社会来说，它们各自又有着极其复杂的结构，可以分解为不同的系统和不同的组成部分，这些部分、成分又各有其特殊的矛盾与性质。基于世界的这一多样和多层次的性质，人们要正确地认识世界，必须采取辩证唯物主义的分析与综合相结合的方法。首先，要区分出世界的某一特定的领域，作为自己的特有的研究对象。这样，就形成了各种各样的门类不同的学科。一门学科如果不区分和规定它特有的对象范围，而却无所不包、面面俱到地研究事物一切方面和一切领域，这样，就不可能揭示出世界某一特定领域的精确结构与运动规律，这种学科就成为一个大杂烩，就不能成为科学。人类认识史表明，科学的发展经历了一个门类分化的过程，社会科学的发展就经历了一个由最初的无所不包的哲学和历史学，一步步分化出历史、哲学、经济、政治、法律、宗教、艺术等学科的过程。自然科学中，自近代牛顿力学出现以后，就经历了一个不断分化为化学、物理学、天文学、地理学、生物学等众多的分支的过程。当然，当代又出现了以边缘科学为标志的科学的综合化发展，但是，每门学科的综合化仍然是以先行学科不断分化为基础。

第二，以生产关系为研究对象就使政治经济学区别于经济学其他学科。生产的物质技术性结合形式，由于涉及劳动力、生产工具、生产对象、生产方法、科学技术、生产组织等生产力要素，这种对象的特点，决定了它有其独特的研究方法（在许多范围内要使用自然科学的方法），也决定了这一研究要由一系列技术学或技术经济学的学科来承担。生产的社会经济形式则纯属生产关系的性质，与研究对象的这种性质相适应，需要采用特殊的研究方法——科学抽象法。在研究对象上与研究方法上的特点表明，对生产的社会形式的研究本身应该是一门独特的学科。特别是社会经济结构具有非直观性的特点，它的内部构造与本质联系并不是直接地和清晰地表露出来的。加之社会生产关系不同于自然物质关系，它体现有人的能动作用，从而具有分外的复杂性与多变性。要发现与阐明社会经济形式的运动规律甚至比发现自然物质对象的规律还困难得多。特别是就资本主义商品经济结构来说，一方面，它带有物化与异化的特征，具有虚假的与颠倒的表现形式；另一方面，它是发达的从而十分复杂的经济机体，而与前资本主义的社会经济形态不同。就前资本主义社会来说，一方面，它的经济结构还是不发达的从而是较为简单的；另一方面，它的经济在性质上是自然经济，直接生产过程中的人与人的关系带有某种自明的性质。例如，在原始公社，氏族成员之间的共同劳动与平等分配关系是表现得一清二楚的，奴隶制社会或是农奴制社会，奴隶主或庄园主对直接生产者实行超经济的强制和进行残酷的剥削与压迫，也是公开表露出来的。因而发现与揭示社会直接生产过程中人与人之间的相互关系，可以说并不是十分困难的。但是对资本主义商品经济形态来说，要全面剖析生产中人们的社会结合形式，揭示它的内部联系和运动机制，却是一个十分艰难的课题，要得到任何重大的科学成果都需要长期的艰苦的探索。因而，这就需要有一门独立的学科来进行这一方面的研究。

政治经济学以生产关系为研究对象，这样也就与经济学的其他许多门类区别开了。众所周知，经济学有部门经济学、生产力经济学、技术经济学等数十个门类，这些学科或者以生产力为对象，或者对象范围既包括生产力又包括生产关系。这些经济学科的共同特征是：它们都要涉及生产的技术规律的研究。如以研究评价技术的经济效果为任务的技术经济学，除了要进行成本、利润等方面的研究而外，它的研究对象还包括生产的地理位置、自然经济条件，如原料来源、运输条件、水文、气象条件，还要研究有关环境保护、生态平衡等技术问题，它的对象范围很大程度上属于生产力。而政治经济学则是以生产关系为研究对象，以揭示支配社会经济结构的运动规律为任务，以形成有关社会经济形态的基本理论为基本特征。学科内容的这种划分，就使政治经济学成为一门与其他具体的部门经济学科有严格区别的理论经济学，成为所有的一切经济学科的理论基础。

第三，马克思主义政治经济学是一门有阶级性和党性的科学，是无产阶级争取解放的强大思想武器。马克思主义政治经济学是一门"批判的和革命的"学说，它不仅要科学地解释世界，更主要的还在于改变世界[①]。无产阶级政治经济学的使命是要通过对资本主义必然灭亡、社会主义必然胜利的历史规律的阐明来武装无产阶级，来促进人类社会由资

---

① 马克思说："哲学家们只是用不同的方式**解释**世界，而问题在于**改变**世界。"（《马克思恩格斯选集》第1卷，人民出版社，1972年，第19页。）

本主义向社会主义的转变。因此，要求政治经济学集中地和系统地研究社会生产关系，研究社会的经济结构与阶级结构，特别是要揭露资本主义生产关系的剥削雇佣劳动的本质，揭露资本主义社会不可调和的阶级对抗，以发挥这门科学对旧世界的"批判的革命的"作用。

生产关系在阶级社会中体现为阶级关系，对阶级社会生产关系的研究与剖析必然要公开暴露生产中一小撮生产资料垄断者剥削与压迫广大劳动者的真相。正是因此，对生产关系的科学研究从来就要受到剥削阶级的压制。马克思说："政治经济学所研究的材料的特殊性，把人们心中最激烈、最卑鄙、最恶劣的感情，把代表私人利益的复仇女神召唤到战场上来反对自由的科学研究。"[①]

处于资本主义上升时期的资产阶级古典经济学，由于当时资产阶级与无产阶级的斗争还处于潜伏状态，因而他们还能在一定程度内研究资本主义生产关系的内在联系。古典经济学的资产阶级立场，决定了他们有时又停留在经济关系的表层与现象形态上，不能把以生产关系作为对象的科学方法贯彻到底。如亚当·斯密就提出政治经济学是研究财富的科学的含糊的论点，他不能达到政治经济学研究资产阶级社会生产关系的明确认识与科学规定。马克思指出，亚当·斯密不能得出"政治经济学所研究的是财富的特殊社会形式"[②]的科学命题。19世纪30年代，随着西欧资本主义国家无产阶级与资产阶级的斗争的激化和带有威胁性的形式，科学的资产阶级政治经济学的丧钟就敲响了。19世纪以来，迄至当代的资产阶级庸俗经济学则往往是用对物的表面现象的描述来代替对生产关系的研究，甚至是用心理过程与心理

---

① 《马克思恩格斯全集》第23卷，人民出版社，1972年，第12页。

② 《马克思恩格斯全集》第46卷（下），人民出版社，1980年，第383页。

现象的研究代替经济过程的分析。关于资本—利息、劳动—工资、土地—地租三位一体公式，回避了资本对雇佣劳动的剥削这一基本生产关系，而资本主义的各种收入的来源归结为生产力的要素的自然性质。边际效用学派的各种越来越"新颖"的价值理论，把商品固有的现实的价值归结为人对产品的主观评价，实际上用心理的研究代替物的研究。当代资产阶级经济学中的时髦理论凯恩斯主义，更是立足于关于人的消费偏好、投资收入的预期等心理规律之上。当代资产阶级经济学中的宏观理论，在有关积累和消费、投资与储蓄、投资与经济增长等方面的研究中，在一定程度上分析了资本主义的经济关系，但是应该说这些具有一定实用主义的理论，顶多也只是接触到某些表层性生产关系，在生产关系的表层上打转转，根本谈不上进一步研究和揭示资本主义经济关系的内在联系与本质。如当代西方资产阶级经济学的重要特色是越来越趋于数学化，汗牛充栋的各种经济学教科书中，越来越塞满了各种各样的数学模型，如宏观国民经济增长的模型、微观的收入分配模型与各种价格决定模型等。某些有关经济关系与经济过程的数学模型，未尝不具有一定的实用价值，作为一种分析的工具与方法，是具有一定的积极意义的。

马克思主义政治经济学继承了资产阶级古典经济学以生产关系为研究对象的科学方法，批判了古典经济学中存在的用物的性质与关系的研究来代替生产关系的性质的庸俗的研究方法，建立了最彻底、最全面的研究生产关系的内在联系与规律的方法。马克思创立的无产阶级政治经济学阐明了人类社会整个发展史中，社会生产关系按其性质来说，可以归结为两类：一类是生产中平等的劳动者之间的互助合作关系；另一类是一小撮寄生者与广大的劳动者之间的剥削与被剥削的关系，前者是公有制社会中人们相互之间的关系，后者是私有制社会中的生产关系。以生产关系为对象的马克思主义政治经济学，通过十分完备的科学方法与严密的理论分析，阐明了人类社会生产关系发展的规律是：由原始公社的劳动者之间原始的互助协作性质的生产关系，经过阶级社会中的三种不同形式的剥削性的生产关系的梯级，最终过渡到摆脱了阶级剥削与压迫的自由人之间的社会主义、共产主义的生产关系。这样就科学地阐明了人类社会生产的发展，要经历一系列使人身受到束缚、压抑和摧残的社会结合形式，最后过渡到使人的本质得以实现的社会结合形式。恩格斯说："人们自己的社会结合一直是作为自然界和历史强加于他们的东西而同他们相对立的，现在则变成他们自己的自由行动了。一直统治着历史的客观的异己的力量，现在处于人们自己的控制之下了。只是从这时起，人们才完全自觉地自己创造自己的历史；只是从这时起，由人们使之起作用的社会原因才在主要的方面和日益增长的程度上达到他们所预期的结果。这是人类从必然王国进入自由王国的飞跃。"[1]因而政治经济学通过对人类社会生产关系发展变化和由低级向高级形式转化的规律的科学阐明，不可辩驳地论证了全人类最终获得解放的历史必然性，从而使全世界无产阶级认清了他们自身肩负的历史使命。这里也就表明了政治经济学是无产阶级争取自身解放与全人类解放的革命的学说。

《资本论》是以生产关系为研究对象的理论经济学的光辉典范。《资本论》中，把研究的焦距对准生产关系，它深入透辟地剖析了资产阶级社会的经济结构，分析了资本主义经济的基本矛盾，最清楚地揭示了资产阶级与无产阶级之间的对抗，科学地论证了社会主义取代资本主义的历史规律。《资本论》以关于支配资本主义生产关系的运

---

[1]　《马克思恩格斯选集》第3卷，人民出版社，1972年，第323页。

动规律体系的系统完备的科学理论，为争取社会主义胜利而战斗的无产阶级提供了强大的思想武器。可见，正是以生产关系为研究对象决定了马克思主义政治经济学具有的革命性与批判性，并使它从根本上区别于资产阶级的经济学。

归根到底，以生产关系作为它的研究对象，是使马克思主义政治经济学这门学科真正成为科学需要的，而且也是使这门学科成为革命的理论所需要的，作为研究人类社会生产关系的运动规律的科学，正是马克思主义政治经济学的鲜明特色。

四、生产关系的组成因素

为了进一步弄清楚政治经济学的研究对象的性质，在此有必要对马克思主义的生产关系范畴的内涵及生产关系的历史性质加以论述。

（一）广义生产关系的四个环节

生产关系范畴，有着丰富的内涵。马克思把生产关系（广义的）分解为生产、分配、交换、消费四因素，即把生产关系作为一个四重结构，这是政治经济学的一个重要方法。进一步认清马克思把生产关系划分为四个方面或四个基本表现形式，对于加深对马克思主义政治经济学的理解和正确地开展政治经济学的理论研究，都是有重要意义的。

马克思制定了从总体来看待与把握的宏观的生产关系的范畴，也就是马克思经常使用的"经济结构""经济基础"或"社会经济形态"等，它是生产关系的总和。这种生产关系的总体概念，是根据科学抽象法和社会生产方式的特点而制定的。由于人类社会经济生活的特殊的复杂性，从而社会经济关系也具有多种多样的形式，因而从理论上来表现这样的社会经济形式，人们就不仅要有生产关系这一简单的抽象范畴，而且还要有把生产关系作为一个构成体（formation），作为一个由不同的因素、成分组成的整体这一更具体的范畴。基于从具体到抽象的方法，马克思首先要舍弃生产关系的具体形式（包括总体形式）而抽出关于生产关系的抽象概念，后者的内涵是在生产过程中发生的人与人之间的相互关系。但是，上述生产关系的定义，只是一个内容稀薄的抽象的规定，它并不能表现生产关系的有血有肉的具体特征。而为了从理论上再现关于社会生产关系的具体，还必须使抽象上升为具体。这种向具体上升的步骤是：（1）人们创造产品，即物质资料的直接生产，总是社会生产总过程的始点，而生产出产品后，总是要使生产资料在生产者之间进行分配，以实现再生产，使消费资料在社会成员之间进行分配，以实现个人的生活消费，因而分配也是生产总过程的必要环节，分配关系就是生产关系的具体形式。（2）由于任何生产本身总是包括生产当事人的各种活动和各种能力的交换，而生产的成果也要以产品或商品形式进行交换，因而交换也就是社会生产总过程的一个独特环节与必要组成部分，因而交换关系就是生产关系的具体形式。（3）由于生产的成果（消费品）总是要最终地进入个人生活消费，而任何生产本身也是一种生产资料的消费，因而消费"本身就是生产活动的一个内在要素"[①]，是社会生产总过程的另一个必要组成部分。因而消费关系就成为生产关系的具体形式。可见，在社会生产总过程中客观存在着生产、分配、交换、消费诸环节，它们具有各自的独特职能从而互相区别，而生产关系也就要表现为直接生产关系、分配关系、交换关系、消费关系，从范畴上把生产关系区

[①] 《马克思恩格斯选集》第2卷，人民出版社，1972年，第97页。

分为这样四个方面，恰恰反映了社会生产的实际过程，反映了社会生产过程内在的联系和秩序。（4）上述生产关系四重形式存在着有机联系，它们互相依存、互相转化。社会生产的有机整体的运动正是在它们的相互作用中实现的，有如机器的运动是在组成机器的轮轴和杠杆等的运动中实现的一样。既然社会生产总过程乃是生产、分配、交换、消费的四个环节的统一，因而确立由生产关系的四种具体形式共同组成的经济结构这一总体范畴，就反映了社会生产过程的实际。可见，把生产关系划分为四个方面，和在此基础上确立经济结构——生产关系总体的概念，体现了理论和实际的一致，以及逻辑的和历史的一致①。

把生产关系划分为四个方面或环节，是揭示支配生产关系的运动规律所必须的。因为像任何事物的运动都是由事物内部的矛盾所推动一样，作为总体的社会经济机体的运动，也是由社会经济结构的内部的矛盾所引起的。更具体地说，某一社会形态的经济结构中，生产关系（狭义的）、分配关系、交换关系与消费关系，它们既是统一的经济机体的有机组成部分，但它们又不是"同一的东西，而是说，它们构成一个总体的各个环节、一个统一体内部的差别"②。这四个方面是彼此联系不可分割，既相矛盾又相统一的。这四个方面的矛盾的展开及其互相推动、互相转化，就形成社会经济的运动。这四个方面居于

---

① 不能把马克思主义的生产关系四分法与资产阶级经济学中的四分法混为一谈。资产阶级庸俗经济学穆勒（J. S. Mill）也把经济关系区分为生产、分配、交换、消费四个方面。但是他在论述资本主义生产关系时，抽空了上述范畴的社会的历史的内容，而停留在一般的生产、一般的分配、一般的交换、一般的消费等抽象概念上，并且用上述的关于生产、分配、交换、消费的"自然规律"来代替资本主义的生产关系的特殊的社会本性及其特殊的运动规律的研究。此外，穆勒也不能正确地阐明生产、分配、交换、消费诸关系之间的内在联系。

② 《马克思恩格斯选集》第2卷，人民出版社，1972年，第102页。

首要地位与始点的是生产关系，即直接生产过程中人与人的关系（狭义的生产关系），它们对分配关系、交换关系和消费关系起决定的作用；但另一方面，分配关系、交换关系、消费关系对直接生产关系也不是消极的，它对直接生产关系有反作用。除此而外，还存在着分配关系、交换关系、消费关系相互之间的复杂的辩证联系。因而，基于上述生产关系的四维划分，政治经济学就可以如实地分析与揭示特定的社会形态的经济结构的有机组成部分之间的内在联系与矛盾，从而揭示支配社会经济运动的客观规律，包括支配作为总体的社会经济结构的运动的规律和支配生产关系个别方面的运动的规律。

还必须指出，马克思不仅从方法论的角度论述了政治经济学研究生产关系时，要把社会生产关系区分为生产、分配、交换、消费四个要素，而且在他的《资本论》中，就体现了这种资本主义经济作为四维结构来进行分析的方法。众所周知，《资本论》第1卷研究的对象是"资本的生产过程"，也就是集中地分析了生产剩余价值的资本主义直接生产过程的关系，即"劳动在直接生产过程中的社会联系"[①]。《资本论》第2卷的研究对象是资本的流通过程，是资本主义的特殊的交换形式——资本流通。对分配关系及其机制的研究是《资本论》的一个重要方面。《资本论》第3卷的研究对象是资本主义生产的总过程，它包含着对剩余价值的各个资本家集团与土地所有者之间的分配关系的系统地阐明。此外，在《资本论》第1卷剩余价值的生产过程的理论阐明中，还包含着作为剩余价值生产的经济前提与经济内容的生产条件与产品在资本家与工人之间的分配关系的分析。《资本论》也研究了资本主义的消费关系，阐明了表现为生产中的资本（不变资

---

① 《马克思恩格斯全集》第25卷，人民出版社，1974年，第935页。

本和可变资本）耗费和价值运动的资本主义生产消费的性质与特点，阐明了体现奢靡与贫困两极对立的资本主义个人消费的性质，特别阐明了工人阶级个人消费的被压制和被禁锢的性质（它是无产阶级贫困化规律的重要内容）与社会消费落后于生产增长的规律。不过，《资本论》对消费关系的研究并不是作为一个生产、交换和分配并列的部分和作为一个独立的篇章的内容，而是在全书的有关部分分散地加以考察的。总之，只要我们认真地阅读《资本论》和仔细地探索这一著作的理论结构，我们就不难看出把资本主义庞大的经济机体解析为生产、交换、分配与消费等四重关系的研究方法。

（二）关于"四分法"还是"三分法"争论的评述

众所周知，斯大林《苏联社会主义经济问题》一书中，对政治经济学的对象下了这样的定义："政治经济学的对象是人们的生产关系，即经济关系。这里包括：（1）生产资料的所有制形式；（2）由此产生的各种不同社会集团在生产中的地位以及他们的相互关系，或如马克思所说的，互相交换其活动；（3）完全以它们为转移的产品分配形式。这一切共同构成政治经济学的对象。"[①]理论界对斯大林的这一定义的认识存在着分歧意见，有的同志把斯大林这一论述与马克思关于生产关系的四分法对立起来，完全否认斯大林的政治经济学对象定义的意义。我们知道，全面性是科学的认识的品质，它要求对事物进行多方面的与周详的考察，以发现事物内在的有机联系，从中揭示事物的本质。全面性的认识，要求人们对事物，按照它本身的特点，从各个不同的角度进行分析研究。在对生产关系的研究中，由于社会再生产过程包括生产、分

---

① 斯大林：《苏联社会主义经济问题》，人民出版社，1961年，第58页。

配、交换、消费这四个环节，因而生产关系的四分法体现了社会再生产过程的内在联系，它从理论上再现出社会经济组织的基本结构，因而，可以说，它是分析生产关系的基本的方法。

但是，对生产关系可以从多种角度进行考察，上述"四分法"可以说是对生产关系的横切面的剖析方法，而"三分法"是把生产资料所有制作为基础，然后引申出人们在直接生产过程中的相互关系，最后引申出分配关系，这可以说是一种对生产关系的纵的剖析方法。

物质生产表现为作为生产主体的人对生产条件的支配，并使后者从属于自己，从而存在着一定的生产条件的占有制或形式，"一切生产都是个人在一定社会形式中并借这种社会形式而进行的对自然的占有"①。在这种意义上，可以说，对生产资料的占有，乃是生产的前提条件。生产资料所有制表现为是人与生产条件的关系，而实质上是人与人的关系。有什么样的生产资料所有制，就有什么样的生产的社会结合形式，从而有什么样的生产中的人们的相互关系。例如，生产资料的公共占有，意味着劳动者在直接生产过程中共同协作的相互关系，意味着劳动者处于平等的地位，他们在共同的生产中互相交换活动。而生产资料私有制——这里指生产资料归少数人垄断而广大劳动者被剥夺了生产条件的私人占有形式——则是意味着在直接生产过程中人对人的剥削关系，意味着劳动者处在被压迫与被奴役的地位。可见，决定某一社会形态下直接生产过程中的人们相互关系或他们的地位（谁是主人和谁是奴隶，谁是统治的一方，谁是从属的一方），在于对生产条件的占有关系。《资本论》在分析资本主义直接生产过程中人们的相互关系时，把剩余价值生产中的资产阶级对无产阶级的剥

---

① 《马克思恩格斯选集》第2卷，人民出版社，1972年，第90页。

削关系，归之于资本主义的所有制关系。正如马克思说："资本主义生产方式的基础就在于：物质生产条件以资本和地产的形式掌握在非劳动者的手中，而人民大众则只有人身的生产条件，即劳动力。"[1]马克思在分析资本主义的各个社会形态物质生产中人们的相互关系的特征，以及人们在生产中的地位时，均是归结于该社会形态的生产条件（物质生产条件以及人身条件）的所有制形式。这一切表明，斯大林把生产资料所有制作为生产关系内涵的一个重要内容，指出生产资料所有制决定各种不同社会集团在生产中的地位和他们的相互关系，是与马克思分析生产关系的方法相一致的。斯大林关于政治经济学对象定义中的所有制→直接生产关系→分配关系的三段式，把分配关系从直接生产关系中引申出来，并把分配关系归结于生产条件的占有形式，也是对生产关系诸环节的内在联系的揭示。正如马克思指出："分配关系本质上和生产关系是同一的，是生产关系的反面。"[2]他又说："消费资料的任何一种分配，都不过是生产条件本身分配的结果。"[3]可见，斯大林关于政治经济学对象的这一简要论述，把分配关系看作是决定于直接生产关系和在最终归结于生产资料占有形式，这正是马克思分析生产关系的基本方法。

斯大林在关于政治经济学对象的表述中，把交换归入直接生产过程内的人们的活动交换之中，他没有把具有其特殊的规定性的交换关系与生产关系（狭义的）明确地区别开来，这不能不说是一个缺陷，这也正是斯大林的关于政治经济学的对象的定义较恩格斯定义逊色之点。尽管有这种不足，"三分法"中突出了生产资料所有制，把它作

---

[1] 《马克思恩格斯选集》第3卷，人民出版社，1972年，第13页。

[2] 《马克思恩格斯全集》第25卷，人民出版社，1974年，第993页。

[3] 《马克思恩格斯选集》第3卷，人民出版社，1972年，第13页。

为分析生产关系的性质的基础，这是有积极意义的理论创造。因而，我们不能把斯大林的关于政治经济学对象的"三分法"与马克思有关"四分法"的论述对立起来，而应该在采用"四分法"这一基本的分析方法时，汲取"三分法"的合理要素。这就是说，我们在把某一社会形态的经济结构剖析为生产、分配、交换、消费等四重关系和论述它们之间的内在的、有机的联系时，我们要把生产资料所有制作为分析的基础，要基于所有制的结构与性质来深入阐明生产关系的各个具体环节的性质与特点和阐明作为整体的社会经济结构的性质与特点。这可以简单表示如下：

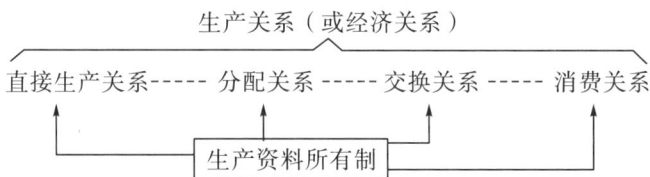

五、生产关系的历史变易性与经济规律的性质

生产关系不是永恒不变的，而是具有历史变易性的事物，这是马克思主义经典作家在论述政治经济学研究对象的特点时一再地加以阐明了的。

马克思主义经典作家根据唯物史观，阐明了人们所从事的物质生产不仅是社会的生产，而且是历史的生产。马克思说："说到生产，总是指一定社会发展阶段上的生产。"[1]在人类历史上，物质生产总是

---

① 《马克思恩格斯选集》第2卷，人民出版社，1972年，第87页。

处在历史的发展变化之中，它有秩序地、依次递进地由低级的形式过渡到高级形式。"从野蛮人的弓和箭、石刀和仅仅是例外地出现的交换往来，到千匹马力蒸汽机，到纺织机、铁路和英格兰银行，有一段很大的距离。火地岛的居民没有达到进行大规模生产和世界贸易的程度，也没有达到出现票据投机或交易所破产的程度。"①既然生产方式随着历史的前进而要发生性质的变化，与此相适应，生产的社会形式或生产关系也就要相应地发生变化。也就是说，生产关系具有历史的变易性，是一种"历史性的即经常变化的材料"②。

对政治经济学的研究对象——生产关系的性质的理解，与政治经济学采取的研究方法是密切相关的。资产阶级经济学家由于其唯心史观的理论基础，根本不懂得生产关系的历史变易性，因而他们在考察生产关系时，采取了某种超历史的方法，这是一种形而上学的静态方法。从19世纪迄至当代的资产阶级庸俗经济学，惯于使用的做法是抽空生产关系的特殊历史形式而寻找出某些适合一切社会形态的一般规律。马克思指出约翰·斯图亚特·穆勒醉心于从头脑中抽出某些生产一般或某些分配一般，并把这些规律"描写成局限在脱离历史而独立的永恒的自然规律"③。马克思指出这些一般规律"实际上归纳起来不过是几个十分简单的规定，却扩展成浅薄的同义反复"④。庸俗经济学家的生产关系"三分法"或"四分法"都只不过是一些内容空洞的简单规定。用这些关于一般规律的抽象规定不仅不可能阐明任何一个现实的历史阶段的生产关系的运动，而且，轻而易举地"**资产阶级关系**

---

① 《马克思恩格斯选集》第3卷，人民出版社，1972年，第186页。

② 《马克思恩格斯选集》第3卷，人民出版社，1972年，第186页。

③ 《马克思恩格斯选集》第2卷，人民出版社，1972年，第90页。

④ 《马克思恩格斯选集》第2卷，人民出版社，1972年，第89页。

就被乘机当作社会一般的颠扑不破的自然规律偷偷地塞了进来"①。马克思指出："这是整套手法的多少有意识的目的。"②

马克思根据历史唯物主义的基本原理，阐明了生产关系具有历史变易性的特点，论述了政治经济学在分析与研究支配生产关系的规律时，必须采取历史的动态的研究方法，首先要对人类社会各不同发展阶段的生产关系进行定性分析，即要通过对某一历史发展阶段生产中人们的社会结合的形式的分析，去揭示人们相互关系的性质和特点，特别是对于阶级社会，则要揭示生产中人们相互关系的阶级内容与本质。

马克思论述了政治经济学的正确研究方法不应该是去醉心于寻找某些干巴巴的适合一切社会形态的生产一般或"经济的最一般的自然规律"，而是应该着眼于剖析人类社会某一发展阶段的生产关系的特殊形式及其性质，揭示支配这一特殊的社会生产关系的运动的规律。正如马克思所说："因而，好像只要一说到生产，我们或者就要把历史发展过程在它的各个阶段上一一加以研究，或者一开始就要声明，我们指的是**某个**一定的历史时代，例如，是现代资产阶级生产——这种生产事实上是我们研究的本题。"③此外，要对生产关系进行历史的考察，不仅要研究某一社会形态生产关系的性质，而且要对各个社会形态生产关系的性质进行研究，进行分析，加以比较，揭示它们之间的质的区别性。同时，还要研究与揭示由一种生产关系发展和最终过渡到更高级的生产关系的规律。上述情况，也就决定了"政治经济学本质上是一门历史的科学"④，"谁想要把火地岛的政治经济学和现代

---

① 《马克思恩格斯选集》第2卷，人民出版社，1972年，第90页。

② 《马克思恩格斯选集》第2卷，人民出版社，1972年，第90页。

③ 《马克思恩格斯选集》第2卷，人民出版社，1972年，第88页。

④ 《马克思恩格斯选集》第3卷，人民出版社，1972年，第186页。

英国的政治经济学置于同一规律之下，那么，除了最陈腐的老生常谈以外，他显然不能揭示出任何东西"[①]。

按照生产关系所具有的历史变易性质，政治经济学的任务就是要研究整个人类社会发展史中的生产关系的发展变化，揭示生产关系由原始公社制、奴隶制、封建制、资本主义，最终转化为社会主义、共产主义的规律，这就是广义的政治经济学的任务。而特别重要的，则是要科学地阐明人类社会最后一个以私有制为基础的资本主义经济形态的产生、发展和向社会主义、共产主义经济形态过渡的规律。这就是狭义的政治经济学资本主义部分的任务。对于走上社会主义道路的国家来说，就是要阐明社会主义生产关系发生、确立、成熟和逐步过渡到共产主义的规律，这就是政治经济学社会主义部分的任务。

六、关于生产关系一般

以研究生产的特殊的社会形式为主题的马克思主义政治经济学，并不排斥对生产关系的一般规律的研究。恰恰相反，借助支配生产关系运动的某些一般规定与规律的理解，人们也就能更清楚地发现与认识某一社会形态生产关系运动的特殊形式与规律。正如马克思说：**"生产一般**是一个抽象，但是只要它真正把共同点提出来，定下来，免得我们重复，它就是一个合理的抽象。"[②]"对生产一般适用的种种规定所以要抽出来，也正是为了不致因为见到统一……就忘记本质的差别。"[③]特别是对于无产阶级夺得了政权的社会主义国家，在社会

---

① 《马克思恩格斯选集》第3卷，人民出版社，1972年，第186页。

② 《马克思恩格斯选集》第2卷，人民出版社，1972年，第88页。

③ 《马克思恩格斯选集》第2卷，人民出版社，1972年，第88页。

主义经济建设中，人们不仅要按照特殊的社会主义经济规律的要求办事，而且要按照一般的经济规律的要求办事，因而研究某些一般经济规律就是十分必要的。总之，有如物理学中的力学，要研究自然物质的引力、斥力、摩擦力、电力、磁力、浮力等各种力的特殊性，也要研究力的一般规律。政治经济学既要研究各个社会形态的特殊经济规律，也要研究经济的一般规律。

关于社会经济的一般规律，首先要举出的就是生产关系一定要适合生产力性质的规律。这是支配历史上一切社会的生产关系的变动的规律，也是支配生产、分配、交换、消费诸关系的变动的规律。除此而外，社会经济的一般规律还可以举例如下：

（一）直接生产过程中的一般规律

第一，生产主体对生产资料的占有是物质生产的前提的规律。

第二，生产社会化表现为劳动的社会结合的发展与深化（或是简单协作的社会结合劳动或是以分工为基础的社会结合劳动）的规律。

第三，剩余产品是积累的源泉和积累是扩大再生产的源泉的规律。

第四，作为简单再生产和扩大再生产的条件的社会生产两大部类的比例关系的规律。在以分工为基础的社会生产中，存在着两个部类的产品相互交换的规律。在简单再生产的条件下，两部类之间的产品交换遵循 $I(v+m)=IIc$ 的数量关系，即生产消费品的 II 部类消耗了的生产资料量（IIc），和生产资料的 I 部类的产品量，扣除补偿本部类消耗了的生产资料量以后的余额相等。在扩大再生产的条件下，两部类之间的产品交换遵循着 $I(c+v+m)>Ic+IIc$，即 I 部类的产品，大于 I 部类和 II 部类中的生产资料消耗量。上述两种情况是社会再生产的一般规定与规律，它是无论哪一个社会形态下的再生产都要遵循的。

（二）交换的一般规律

作为任何社会都存在的交换，首先表现为"生产本身中发生的各种活动和各种能力的交换"①。它属于生产，是社会生产内在的契机与必要的条件，这种活动交换表现为生产者（单位）之间的交换，生产部门之间的交换或是生产部类之间的交换，这种活动交换按其内容有产品的交换、劳动的交换、生产技术的交换、生产知识的交换，等等。此外，活动交换也体现于某一生产单位内部的生产与消费生活中，如原始公社的男子从事狩猎或放牧和妇女从事烹饪，中世纪农民家庭的男耕女织，也是一种活动交换形式。活动交换作为交换一般，它把分工不同的生产单位连接起来，把生产活动和生活消费连接起来，把物质资料的再生产和劳动力的再生产连接起来，因而，它成为实现与带动社会再生产与社会物质生活的纽带。

既然存在适合一切社会形态的交换一般，也就存在某些适合一切社会形态的生产者之间的活动交换的一般规律。例如，以分工为基础的社会生产中，互相联系的生产者之间进行活动交换的规律和人们的活动交换与社会生产分工的发展成正比的规律，等等。

（三）分配的一般规律

分配的一般规律，可以列出以下方面：

（1）任何社会总有生产资料或者生产条件的分配，也有产品的分配。（2）生产条件的分配既包括物质条件即生产资料的分配，又包括

---

① 《马克思恩格斯选集》第2卷，人民出版社，1972年，第101页。

人身条件即劳动力的分配。生产条件的分配是社会生产的前提，也是社会再生产的前提。（3）消费品分配是产品分配不可缺少的内容，它是劳动力再生产的前提条件。（4）生产条件的分配总是决定着产品的分配，特别是生产资料的分配总是决定着产品的分配。上述几方面均可以视为是分配的一般规定性。

（四）消费的一般规律

适合一切社会形态的消费的一般规定性，可以列出以下几个方面：（1）消费按其形式有生产消费和个人消费。生产消费是生产过程中生产资料的使用，而物质的磨损是生产消费的一般内容，生活消费是消费的重要内容，是一切社会生产总过程的终结环节。（2）在一切社会形态中，生产出的消费品总是要通过这种或那种社会形式最后进入个人消费，包括进入剥削者的个人消费和进入劳动者的个人消费，等等。

政治经济学在研究和揭示有关社会经济的一般规律时，遵循由具体到抽象的方法。它首先要研究与阐明各个社会形态的特殊规律，然后再从中抽取某些适合各个社会经济形态的一般规律。正如恩格斯说："它首先研究生产和交换的每一个发展阶段的特殊规律，而且只有在完成这一研究以后，它才能确立为数不多的、适合于一切生产和交换的、最普遍的规律。"①

七、关于《资本论》中的生产方式概念的含义

《资本论》德文版第1卷第1版"序"指出："我要在本书研究

---

① 《马克思恩格斯选集》第3卷，人民出版社，1972年，第186~187页。

的，是资本主义生产方式以及和它相适应的生产关系和交换关系。"[①]
在政治经济学的对象的讨论中，主张将生产力纳入政治经济学的研究
对象的同志，往往以此为根据，认为政治经济学的对象包括生产力，
是马克思在《资本论》中加以规定了的。由于这一问题涉及经典著作
有关论述，特别是对生产方式这一范畴的含义的论述的精神实质的理
解，因此我们在这里有必要对这一问题进一步加以探讨。

在马克思的著作中，生产方式是一个多义词，对这个词的使用往
往是因场合的不同而有不同的含义。我们认为，大体说来，它有三种
含义：第一种含义是生产的社会性质和社会形式，即生产关系。第二
含义是劳动方式，即属于生产力范畴的物质技术性的生产组织形式。
第三种含义是作为生产力与生产关系的统一的生产方式。由于人类的
物质生产包含着：（1）人与自然的关系，即作为由生产工具性质决定
的物质技术性质的劳动者与生产资料结合形式；（2）人与人的关系，
即由生产资料所有制决定的物质生产中人与人的社会结合形式。即

$$\left\{\begin{array}{l}\text{人与自然的关系（生产的物质技术性的形式）}\\[2ex]\text{人与人的关系（生产的社会形式）}\end{array}\right.$$

因此，如果人们着眼于物质生产的人与自然关系这一方面，那
么，作为从理论上来表现物质生产的生产方式概念，就是以劳动方式
为其内涵。如果人们着眼于物质生产的社会关系这一方面，那么作为从
理论上来表现物质生产的生产方式的概念，就是以生产关系为内涵。

---

① 《马克思恩格斯全集》第23卷，人民出版社，1972年，第8页。

如果人们着眼于物质生产的整体性质，那么，从理论上来表现物质生产（整体）的生产方式概念就是以劳动方式和与其相适应的生产关系的统一为其内涵。可见，在马克思的著作中，生产方式之所以有三种含义，在于三种含义分别从理论上表现的物质生产的不同方面（两种含义是各自表现生产的一个侧面，一种含义是表现生产的整体）。

以下我们对生产方式的三种不同的使用方法进一步加以考察：

（一）把生产方式作为生产的社会形式

在马克思的著作中，许多地方将生产方式作为生产的社会形式，即生产关系来使用。众所周知，马克思创立了人类社会的发展经历五种典型的生产方式的理论模式。马克思在《政治经济学批判》序言中说："大体说来，亚细亚的、古代的、封建的和现代资产阶级的生产方式可以看做是社会经济形态演进的几个时代。资产阶级的生产关系是社会生产过程的最后一个对抗形式。"[①]这里提到的生产方式就是指生产关系。马克思在《资本论》中经常把资本主义生产方式（德文为kapitalistische produktionsweise，英译为capitalist mode of production）、资产阶级生产方式（德文为bürgerlichen produktionsweise，英译为bourgeois production）作为资本主义生产关系来使用，这里就是指的资本主义的经济制度，它是与"生产的资本主义形式"[②]"资本主义生产形式"[③]等词同义的。我们不妨举出下述一段论述："劳动产品的价值形式是资产阶级生产方式的最抽象的、但也是最一般的形式，这就使资产阶级生产方式成为一

---

① 《马克思恩格斯选集》第2卷，人民出版社，1972年，第83页。

② 《马克思恩格斯全集》第23卷，人民出版社，1972年，第535页。

③ 《马克思恩格斯全集》第23卷，人民出版社，1972年，第578页。

种特殊的社会生产类型，因而同时具有历史的特征。因此，如果把资产阶级生产方式误认为是社会生产的永恒的自然形式，那就必然会忽略价值形式的特殊性……"①这一段话中的资产阶级生产方式就是资本主义的"商品生产这种特殊生产形式"或资本主义商品生产关系，这可以从这一段引文前7页即《资本论》第1卷第91页的论述看出来：

"彼此独立的私人劳动的特殊的社会性质表现为它们作为人类劳动而彼此相等，并且采取劳动产品的价值性质的形式——商品生产这种特殊生产形式所独具的这种特点，在受商品生产关系束缚的人们看来，无论在上述发现以前或以后，都是永远不变的……"②

可见，马克思在许多场合把资本主义生产方式一词作为生产关系、作为生产的社会形式来使用是无可怀疑的③。

生产方式作为生产关系来使用，是为了指出生产的社会形式的性质，是强调这种生产形式的社会经济本质。资本主义生产方式的概念，正是指以榨取雇佣劳动为特征的社会生产组织、制度或"社会经济形式"④（Ökonomischen Formen der Gesellschaft）用以区别于榨取奴隶劳动的奴隶制社会经济形式和榨取农奴劳动的封建制社会经济形式。另一方面，在如此的使用资本主义生产方式一词的场合，可以把简

① 《马克思恩格斯全集》第23卷，人民出版社，1972年，第98页注（32）。

② 《马克思恩格斯全集》第23卷，人民出版社，1972年，第91页。

③ 《资本论》的下述论述也明显地表明生产方式的作为生产关系的含义。"资本主义生产方式表现为劳动过程转化为社会过程的历史必然性，另一方面，劳动过程的这种社会形式表现为资本通过提高劳动过程的生产力来更有利地剥削劳动过程的一种方法。"（《马克思恩格斯全集》第23卷，人民出版社，1972年，第372页。）"工厂法的这部分清楚地表明，资本主义生产方式按其本质来说，只要超过一定的限度就拒绝任何合理的改良。"（《马克思恩格斯全集》第23卷，人民出版社，1972年，第528页。）

④ 这里的"社会经济形式"与《政治经济学批判》导言中的"社会的经济结构"（Ökonomische Struktur）是同一含义。

单协作、工场手工业、机器大工业等具体的、多样的劳动方式都包括进来，并由此指明它们所具有的共同的社会经济的本质——都是体现以榨取剩余价值为本质特征的资本主义生产关系。这可以表示如下：

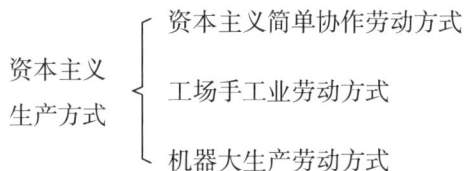

$$
资本主义\\生产方式
\begin{cases}
资本主义简单协作劳动方式 \\
\\
工场手工业劳动方式 \\
\\
机器大生产劳动方式
\end{cases}
$$

（二）把生产方式作为劳动方式

在马克思的著作中，特别是在《资本论》中，较多的地方是把生产方式作为劳动方式来使用的。所谓劳动方式，是物质技术性的劳动者与生产资料相结合的形式，它包括物质生产条件的组合形式、劳动组织形式、劳动方法与生产的工艺方法，等等。马克思在论述劳动对资本的实际从属时指出，这种资本的统治的产生在于："一种在工艺方面和其他方面都是特殊的生产方式，一种在劳动过程的现实性质和现实条件上都发生了变化的生产方式——资本主义生产方式建立起来了。资本主义生产方式一经产生，劳动对资本的实际上的从属就发生了。"[①]他又说：做皮鞋的鞋匠，如果"不改变他的劳动资料或他的劳动方法，或不同时改变这二者，就不能把劳动生产力提高一倍。因此，他的劳动生产条件，也就是他的生产方式，从而劳动过程本身，必须发生革命……"[②]这里的生产方式，显然就是指的劳动方式，是指人们用某种特殊的生产工具、工艺方法和劳动组织来进行物质生产的

---

① 《马克思恩格斯全集》第49卷，人民出版社，1982年，第95页。
② 《马克思恩格斯全集》第23卷，人民出版社，1972年，第350页。

方式。

劳动方式的不同，总是会表现在它的成果——使用价值的不同上，马克思指出："劳动的新方式的不断形成，这种经常的变化（与此相适应的）是使用价值的多样化……"①马克思论述在社会分工的条件下，各个不同产业部门生产出的多样的使用价值，"这种规定性表明各种社会劳动方式彼此之间的物质依赖性以及它们的相互补充，从而成为社会劳动方式的一个整体"②。

劳动方式，作为以劳动手段为基础的生产的物质技术形式、劳动组织和方法，它属于生产力的范畴。劳动方式既然是属于生产力的范畴，而生产力是生产中最活跃的因素，因而劳动方式就具有变易性和多样性，而与具有稳定性的生产方式概念不同。如果说，马克思把人类社会所要经历的生产方式归结为五种——原始公社制的，奴隶制的，封建制的，资本主义的，社会主义、共产主义的，那么，马克思所考察过的劳动方式就是众多的。如马克思考察了人类物质生产由低级向高级形式发展进程中多样的劳动方式及其转化。马克思指出原始共同体的畜牧生产和农业生产就是最早的不同的劳动方式，并且说，随着生产力的提高，"这就意味着会有新的劳动方式，新的劳动结合……"③马克思说，"表现为一定的劳动方式（这种劳动方式总是表现为家庭劳动，常常是表现为公社劳动）。共同体本身作为第一个伟大的生产力而出现"；"特殊的生产条件（例如畜牧业、农业）发展起特殊的生产方式和特殊的生产力"④。

---

① 《马克思恩格斯全集》第49卷，人民出版社，1982年，第94~95页。

② 《马克思恩格斯全集》第47卷，人民出版社，1979年，第61页。

③ 《马克思恩格斯全集》第46卷（上），人民出版社，1979年，第494页。

④ 《马克思恩格斯全集》第46卷（上），人民出版社，1979年，第495页。

在《资本论》中，论述了由中世纪的以手工劳动为基础的劳动方式到以机器大生产为物质技术基础的现代的劳动方式的发展，他用了"手工业生产方式""行会手工业生产方式""工场手工业生产方式"①"大工业的生产方式""工农业生产方式"②"现代生产方式"③"新生产方式""陈旧生产方式"④等词，并且有时称之为"物质生产方式"⑤，以区别于社会生产方式，显然地，这些"生产方式"概念指的是劳动方式。

马克思在《资本论》及《资本论》的手稿——例如《论直接生产过程的结果》——中，曾经分析了业已从属于资本的劳动方式的发展变化如何相应地引起资本榨取剩余劳动的关系的强化。马克思论证了刚刚产生的资本主义经济，"就生产方式本身来说，例如初期的工场手工业，除了同一资本同时雇用的工人较多而外，和行会手工业几乎没有什么区别"⑥，"它并没有直接改变生产方式"⑦。马克思指出：这一阶段是属于以延长劳动日为特征的绝对剩余价值的生产，但是"还没有建立起资本主义生产方式"⑧，它体现的是劳动对资本**形式上**

---

① 参见《资本论》第1卷第13章 e 小节的标题"把工场手工业与大工业作为'两种生产方式'"。

② 《马克思恩格斯全集》第23卷，人民出版社，1972年，第421页。

③ 《马克思恩格斯全集》第23卷，人民出版社，1972年，第330页。

④ 马克思说："但是，当这种监督刚刚征服了新生产方式的已有领域时，却发现，不仅许多别的生产部门采用了真正的工厂制度，而且那些采用或多或少陈旧的生产方式的手工工场（如陶器作坊、玻璃作坊等）以及老式的手工业（如面包房），甚至那些分散的所谓家庭劳动（如制钉业等），也都象工厂一样早已处于资本主义剥削之下了。"（《马克思恩格斯全集》第23卷，人民出版社，1972年，第331页。）

⑤ 《马克思恩格斯全集》第23卷，人民出版社，1972年，第330~331页。

⑥ 《马克思恩格斯全集》第23卷，人民出版社，1972年，第358页。

⑦ 《马克思恩格斯全集》第23卷，人民出版社，1972年，第344页。

⑧ 《马克思恩格斯全集》第47卷，人民出版社，1979年，第534页。

的从属关系。马克思指出，资本的支配物质生产，终将改造原有的生产方式，建立起与资本关系相适应的特殊的资本主义生产方式——机器大工业，这样就过渡到相对剩余价值生产的阶段，它体现的是劳动对资本的实际上的隶属关系[1]。马克思曾经详细地考察了在资本关系发展与成熟中，物质生产中的变革[2]。在这些场合，马克思许多次地使用的生产方式概念，就是指劳动方式。

（三）作为劳动方式与生产关系的统一的生产方式

在马克思的著作中，不少地方生产方式一词还是作为劳动方式与生产关系的统一来使用的。因为，社会生产具有人与物的关系和人与人的关系的两个方面，而任何特定的社会生产，总是这二者的统一，是特殊的劳动方式和特殊的生产关系，即所有制关系的统一。马克思说："这种生产方式既表现为个人之间的相互关系，又表现为他们对无机自然界的一定的实际的关系，表现为一定的劳动方式……"[3]马克思论述了生产中的一定的所有制总是与某种劳动方式有机地联系起来的，他指出：生产条件的所有者同直接生产者的关系的"任何形式总是自然地同劳动方式和劳动社会生产力的一定的发展阶段相适应"[4]。

---

① 马克思说："相对剩余价值的生产以特殊的资本主义的生产方式为前提；这种生产方式连同它的方法、手段和条件本身，最初是在劳动在形式上隶属于资本的基础上自发地产生和发展的。劳动对资本的这种形式上的隶属，又让位于劳动对资本的实际上的隶属。"（《马克思恩格斯全集》第23卷，人民出版社，1972年，第557页。）

② "一方面，资本改造了生产方式，另一方面，生产方式的这种改变了的形态和物质生产力的特殊发展阶段，又是资本本身形成的基础和条件，即前提。"（《马克思恩格斯全集》第49卷，人民出版社，1982年，第127页。）

③ 《马克思恩格斯全集》第46卷（上），人民出版社，1979年，第495页。

④ 《马克思恩格斯全集》第25卷，人民出版社，1974年，第891页。

以上引述表明，作为劳动方式与生产关系的统一，乃是生产方式的概念的第三种含义。这种意义的生产方式，就是区别于单纯的物质生产方式的，引进了生产关系的规定性的、更加具体的，也就是作为总体概述的社会生产方式。马克思著作中，生产方式的这种使用方法，通常要冠以资本主义、前资本主义等限定词。

把生产方式概念作为劳动方式与生产关系的统一，就能把某一特定社会生产方式的幼年时期与发达时期加以区分，如幼年期的资本主义生产方式，是意味着工场手工业的劳动方式与工场主所有制关系的统一，而发达的资本主义生产方式，是以机器大生产为技术基础的劳动方式与发达的资本家私人占有形式的统一。

以上我们较为详细地考察了《资本论》中生产方式概念的三种含义。那么，《资本论》序言中的生产方式概念一词是指什么呢？

我们认为，《资本论》德文第1版序言中的生产方式并不是第一种含义的生产方式，即生产关系。因为，如果作为生产关系来使用，那么，这就是：本书研究的是资本主义生产关系及相应的生产关系与交换关系[1]。显然，这是不合逻辑的[2]。序言中的生产方式，也并不是作为第二种含义的生产方式，即作为单纯的劳动方式。因为这里讲的是研究"**资本主义**生产方式"，这里生产方式是加上资本主义的这一限定词的，而与"工场手工业的生产方式""大机器生产的生产方式"等使用方法不同。

我们认为，序言中的生产方式，乃是第三含义的生产方式，即作

---

[1] 按马克思德文原意，这一句话应是"本书研究的是资本主义生产方式及其特殊的生产关系与交换关系"。

[2] 通过把生产方式解释为生产关系，并由此来论证《资本论》的对象是生产关系的同志，都难以解决这里的不合逻辑。

为劳动方式与生产关系的统一来使用的。具体地说，序言中实际上说的是：本书研究的是资本主义这一社会生产方式及其生产关系。不同意把这里的生产方式理解为社会生产方式的同志会提出下述诘问：既然这个作为总体的生产方式概念的内涵，本来就是劳动方式与生产关系的统一，本身就包括有生产关系，那么，紧接着还要加上"及其相应的生产关系与交换关系"一句话，这岂不是不合逻辑的，而且是多余的？！其实不然，这里恰恰是在论述一个事物时，使用逻辑上先总体后引申出其组成因素的表述方法。如我们说，地球物理学是研究地理及其物理现象的本质与规律的科学一样，政治经济学资本主义部分研究作为资本主义生产方式的一个方面的生产关系，按照逻辑严谨的表述，自然应该是：研究资本主义生产方式及其生产关系。此外，上述提法的另一层意思就是：政治经济学不是要研究19世纪中叶的西欧如法、德诸国还大量存在的作为前资本主义生产方式占统治地位的英国的资本主义生产关系。

上述关于生产方式及其相应的生产关系的提法，在马克思的著作中，是不止一次地出现的。《政治经济学批判》序言中说："……人们在自己生活的社会生产中发生一定的、必然的、不以他们的意志为转移的关系，即同他们的物质生产力的一定发展阶段相适合的生产关系。"[1]马克思在《资本论》中把这一段解释为："一定的生产方式以及与它相适应的生产关系……"[2]马克思在提到资本主义生产关系时，总是要将它确切地表述为资本主义"这种独特的、历史规定的生产方式相适应的生产关系"[3]，即采用先指明总体再引起其部分的逻辑表述方法。

<hr>

[1] 《马克思恩格斯选集》第2卷，人民出版社，1972年，第82页。

[2] 《马克思恩格斯全集》第23卷，人民出版社，1972年，第99页注（33）。

[3] 《马克思恩格斯全集》第25卷，人民出版社，1974年，第993页。

把资本主义生产方式作为劳动方式与资本主义生产关系的统一来使用，这就意味着下列两点：第一，《资本论》研究的对象是资本主义生产关系；第二，《资本论》研究建立在一定的劳动方式之上的资本主义生产关系。后一点具有特别重要的意义，它体现了马克思研究生产关系的方法，这种方法不是抽象地与静止地来分析某一社会的生产关系的性质，而是要从该社会劳动方式的演变中来考察某一特殊的社会生产关系的发生、发展、成熟和向更高的社会生产关系的过渡。如对资本主义生产关系的研究，就应该结合资本主义的简单协作、工场手工业、机器大工业到当代的自动化大生产这些具体的劳动方式的变化，来说明资本主义生产关系的产生、发展、形成，来更细致地阐明资本主义生产关系如何要经历一个萌芽期的初生形态、幼年形态和成熟形态，最终走向灭亡和为社会主义、共产主义的生产关系所取代。

马克思在《哲学的贫困》一书中对他的这种政治经济学的研究方法作了论述，他说："随着新生产力的获得，人们改变自己的生产方式，随着生产方式即保证自己生活的方法的改变，他们也就会改变自己的一切社会关系。手推磨产生的是封建为首的社会，蒸汽磨产生的是工业资本家为首的社会。"①这里马克思十分精要地论述了社会生产方式发展变动中的三步式的内在机制：第一步是作为生产力的生产工具的变化，第二步是生产方式即劳动方式的变化，第三步是生产关系的变化，而劳动方式乃是一个重要的环节与联结点，生产力的变化所引起的生产关系

---

① 《马克思恩格斯选集》第1卷，人民出版社，1972年，第108页。这里"生产方式"一词是作为劳动方式来使用的。上述生产力→劳动方式→生产关系的方程式还可见于《机器、自然力与科学的应用》中。马克思在那里指出："机器发明"，它引起"生产方式的改变"，并且由此引起生产关系上的改变，因而引起社会关系上的改变，"并且归根到底"引起"工人生活方式上"的改变。（《马克思恩格斯全集》第47卷，人民出版社，1979年，第501页。）

的变化，正是要通过具体的劳动方式的变化来实现的。

把《资本论》序言中提到的生产方式概念内涵理解为劳动方式与生产方式关系的统一，是否必然会得出政治经济学的对象是生产方式，即既是以生产力为对象又是以生产关系为对象呢？

我们认为并不是这样的。因为，马克思《资本论》关于研究资本主义生产方式及其相适应的生产关系与交换关系的论述，实质是说政治经济学研究的是体现于物质生产中的生产关系。这里作为对象——即人们通过科学研究以揭示其规律的客体——乃是生产关系，但是这一生产关系即是附着于物质生产之中，而只有通过物质劳动方式的分析与研究，才能把它清晰地揭示出来。因此，研究物质技术性质的劳动方式，并不是意味着要把生产力引入政治经济学的对象之内，而是说必须采用紧密联系生产力去研究生产关系的方法。

八、紧密联系生产力研究生产关系

政治经济学以生产关系为对象，并不意味着政治经济学在研究中不涉及生产力，也不意味着政治经济学不必要对生产力进行任何考察，更不意味着可以脱离生产力从事纯生产关系的研究。恰恰相反，马克思主义政治经济学的研究方法的鲜明特色是：紧密地联系生产力来研究生产关系。

马克思把唯物辩证法用于分析社会生产，论证了生产力与生产关系二者本来就是社会生产方式的不可分割的两个方面，指出这两方面是处在有机的联系之中，它们互相推动、互相制约，是一种对立的统一关系。在生产力与生产关系的辩证关系中，生产力乃是决定性的因素，它决定着生产关系的性质并成为生产关系变化的动因，即有什么样的生产工具（它是生产力水平的标志）就有什么样的劳动方式，也就有什么样的生产关系。因此，对社会经济结构的运行机制的研究，不能脱离对生产的物质基础的研究，而应该把生产关系归结为劳动方式，最终归结为物质生产力的发展水平，乃是马克思主义政治经济学的一项基本原理、基本研究方法①。

基于上述原理，对任何社会的生产关系的产生，都要从物质生产力的性质与状况去加以说明。恩格斯在致卡尔·考茨基的信中说："你不应该把农业和技术同政治经济学分开，……正如蒙昧人和野蛮人的工具同他们的生产分不开一样，轮作制、人造肥料、蒸汽机、动力织机同资本主义的生产也是分不开的。正如现代工具制约着资本主义社会一样，蒙昧人的工具也制约着他们的社会。……一说到生产资料，就等于说到社会，而且就是说到由这些生产资料**所决定的**社会。"②

基于上述原理，人类历史上社会生产关系由低级形式向更高级形式的发展变化，即生产关系的发展采取原始公社制、奴隶制、封建制、资本主义、社会主义与共产主义五种形式有规律地向前演进，以及同一个社会经济形态发展过程中生产关系的具体形式的变化，这些均要联系生产力来加以说明。

马克思在阐明人类社会的五种社会经济形态的区别时就是与生产力的发展水平，特别是与生产工具的状况联系起来考察的。马克思说："尽管直到现在，历史著作很少提到物质生产的发展，即整个社

---

① 马克思在《政治经济学批判》导言中概括，"4.生产。生产资料和生产关系"，"生产力（生产资料）的概念和生产关系的概念的辩证法"。（《马克思恩格斯选集》第2卷，人民出版社，1972年，第111~112页。）

② 《马克思恩格斯〈资本论〉书信集》，人民出版社，1976年，第438页。

会生活以及整体现实历史的基础，但是，至少史前时期是在自然科学研究的基础上，而不是在所谓历史研究的基础上，按照制造工具和武器的材料，划分为石器时代、青铜时代和铁器时代的。"①

马克思主义政治经济学（广义的）基于上述原理，联系生产力的状况，论证了人类社会生产关系的发展变化的规律。这就是：大体说来，在人类社会的发展中，与石器的使用相适应的是原始公社制的生产关系，与铁器（在东方是青铜器）的使用相适应的是奴隶制的生产关系，与手工磨相适应的是封建的生产关系，与机器生产相适应的是资本主义生产关系，与现代机器大生产这一物质基础相适应的是社会主义生产关系。

政治经济学不仅要紧密联系生产力的状况来阐明整个人类历史的生产关系的发展变化的规律，而且还要由此阐明某一社会形态的生产关系的发展变化的规律。

众所周知，就某一社会形态来说，生产关系也不是固定不变的，而是有一个发生、发展与向更高级的新社会的生产关系过渡的过程。因而，某一社会形态的特殊类型生产关系也有一个由初生期不成熟的生产关系具体形式，逐步发展为成熟的形式，最终转化为衰亡的形式（就私有制社会来说）的发展过程。因而，对某一社会形态来说，根据生产关系成熟程度的不同，大体上可以将它区分为不发达的阶段和发达的阶段。如原始公社制有母系制与父系制的区分，奴隶制经济有东方的不发达的奴隶制与希腊、罗马的发达的奴隶制的区分，封建制经济有以劳役地租为主要形式的庄园制经济与以实物地租和货币地租为主要形式的地主经济的区分，资本主义经济有一个以工场手工业形

① 《马克思恩格斯全集》第23卷，人民出版社，1972年，第204页注（5a）。

式的不发达的资本主义和以机器大工业为形式的发达的资本主义。而发达的资本主义又经历了自由资本主义和垄断资本主义的两大发展阶段。垄断资本主义又要区分为企业家的垄断资本主义到国家垄断资本主义，等等。也就是说，资本主义生产关系的发生、发展变化，要经历一个由带有过渡性的萌芽形式、幼年期形式、成熟形式到过度成熟与腐朽形式的一系列阶梯。对于上述某一特定社会形式的生产关系的发展与演变的内在联系与规律的阐明，是政治经济学的重要任务。

当然，政治经济学要研究的是以支配生产关系的发展变化的规律即其总的趋势，而不是研究生产关系的具体形式与细节。列宁在论爱德·大卫《社会主义的农业》一书时指出，"他十分详细地探讨了几百个技术性的细节，把问题的政治经济本质反而淹没了"[①]，并指出，"大卫对问题的社会主义经济意义连懂也不懂"[②]。但是必须看到，生产关系的规律总是要通过它的具体形式的发展变化来体现，因而，只有从生产关系的具体形式的发展变化中，找出它的一系列的阶梯与关节，由此阐明生产关系经历量变、局部质变到根本质变的全部运动，这样才能说对生产关系的发展变化的规律做出了深入而科学的阐明。如果人们只是停留在诸如生产关系要发生、发展和灭亡这一类的极其一般的、极其概括的表述上，那么，就还远远没有完成政治经济学这门学科的任务。

对上述各个社会形态的生产关系发展变化必须经历的一系列阶段的阐明，必须联系社会物质生产力的性质及其发展的状况。如原始公社制生产关系发展成熟程度的不同阶段与生产工具由旧石器演变为新

---

① 《列宁全集》第13卷，人民出版社，1959年，第155页。

② 《列宁全集》第13卷，人民出版社，1959年，第156页。

石器是密切相联系的；奴隶制生产关系成熟程度的不同发展阶段是与青铜器的演进至铁器密切相联系的；封建制生产关系发展成熟的不同阶段，则是与粗放的三圃农业演进至精耕细作的农户农业密切相联系的；而资本主义生产关系成熟程度不同的发展阶段，则是与生产工具和现代劳动方式的状况，与劳动社会化的程度密切相连的。可见，要科学地阐明某一社会形态的生产关系的运动规律，深入揭示某一社会形态的生产关系由低级形式向高级形式的发展演变所必须经历的阶梯与步骤，是不能求诸生产关系本身，而是必须紧密地联系生产力的状况，必须立足于生产关系与生产力的矛盾的分析。

联系生产力来研究生产关系的方法，正是《资本论》的基本方法。马克思并不想构造一个单一地研究生产关系的纯之又纯的理论经济学，《资本论》这一巨著中，就包含着有关生产力的规律的精要的阐述。大体说来，《资本论》中的有关生产力的规律表现为以下这些方面：（1）有关劳动过程的要素的分析。《资本论》论述了任何物质生产都是人的因素与物的因素的统一与结合；论述了生产的物的因素的组成方式及其内在矛盾，以及由这一内在矛盾所推动的劳动手段发展变化的规律。（2）有关生产力的人的要素的分析。论证劳动者这一要素的发挥作用的形式——劳动，如何由个体的、孤立的劳动转化为社会化的、社会结合的劳动，以及如何由结合劳动的初级的、不发达的形式发展为成熟的、高级的形式。例如，由简单协作这一结合劳动的低级形式转化为以分工为基础的协作，由以手工技术为基础的手工工业的结合劳动形式，转化为以机器大生产为基础的现代结合劳动形式。（3）有关现代化大生产的生产力中的决定要素——科学技术的分析，论述了科学技术由原本的知识形态，转化为物质形态——机器、技术设备——由此转化为直接生产力的机制与规律。（4）有关劳动方式的分析，如手工业生产方式转化为工场生产方式，再进一步转化为机器大生产方式的规律。马克思上述的有关生产力的规律的概括与阐述，其目的不是为了研究生产力本身，而完全是着眼于揭示生产关系的发展与变动的规律。

在《资本论》第1卷第4篇第11章至13章就是结合资本主义劳动过程的具体形态，结合从属于资本的劳动生产方式的发展变化来研究资本主义所有制的发生和发展。在这几章中，体现了马克思通过对生产物质技术形式的考察来进一步分析生产关系所采取的如下三个步骤：

第一，对生产的物质条件与物质技术性质的研究。首先，通过对生产力的物质要素的内在矛盾的分析，揭示劳动手段由简单的手工工具到发达的手工工具再到机器的转化。《资本论》第13章，利用了自然科学的大量研究成果，阐明了什么是机器，论述了机器内部运动的机制，如动力机生产出动力，经过传送机，最终推动工具机的运动。马克思分析了机器的内在结构和矛盾，论述了产业革命后新产生的工具机与中世纪动力之间的矛盾。指出正是由于工具机的发展与有限制的水力的矛盾，推动了蒸汽机的发明和应用①。其次，论述了与上述生产工具的发展相适应的是手工业到工场手工业，再到机器大工业的转化。

第二，对劳动的技术性的社会结合形式——劳动组织——的研究。《资本论》论述了工场手工业的以简单协作作为特征的企业劳动组织到以分工为特征的劳动组织，再到工厂制度下分工更加发达的企业劳动组织的变化。

第三，对生产的社会结合形式的研究。这就是在阐明各种劳动方

---

① 在《机器、自然力与科学的应用》（1861~1863年手稿）中，更为详细地考察了历史上各种生产力的发展。

式的内容的基础上，进一步引进资本主义生产关系，考察工场手工业和机器大工业这些劳动方式所体现的资本主义生产关系的发展变化，分析资本对劳动的统治与奴役关系在广度和深度上的发展及其带来的资本主义基本矛盾的尖锐化。

基于以上的论述，归结到一点，就是说政治经济学以生产关系为研究对象同以某种方式某种角度来进行一些对生产力的考察与研究是一致的。

可能有的同志会说，上面那种说法岂不是证明生产力与生产关系一起都是政治经济学的对象？我们的答复是：不是的。因为我们在这里说的是从某种角度和以某种方式研究生产力，通过联系生产力的运动规律，以达到阐明生产关系的运动规律的目的，它同把生产力作为政治经济学的研究对象，作为这门学科所要揭示其规律的客体是根本不同的。

我在1961年关于马克思主义政治经济学的对象的一篇文章中提出，要把研究范围和对象范围加以区分。对象范围是一门学科要通过研究以揭示出其客观规律的一个特定的领域。无论是自然科学或是社会科学的各门学科，都是以研究某一个特定领域中的特殊矛盾、特殊规律为其任务。毛泽东同志在《矛盾论》中说：某一对象的领域正是"因为具有特殊的矛盾和特殊的本质，才构成了不同的科学研究的对象"①。把客观事物的一个特定领域作为研究对象，作为这门学科要发现其规律的客体，这就叫对象范围。但是由于客观事物处在普遍联系之中，某一特定领域的事物的运动与其他领域的事物的运动，是互相关联的，因此，对这一特定的对象范围的事物的规律的研究，不能不

① 《毛泽东选集》第2卷，人民出版社，1952年，第775~776页。

涉及其对象范围以外的更为广大的领域，这些为研究独特的对象范围而涉及的更广阔的客观事物领域就叫研究范围。

"作为研究对象，乃是这门科学要揭明其规律的特殊领域，而在研究范围中所要包括某些对象范围以外的现象和事物，它们只是用来完满地阐明对象范围的规律性所必要涉及的从属性领域，对于后一领域事物的规律性的阐明，不是这门科学的任务。如哲学史、美学史、文学史等科学，固然也要考察政治经济基础与政治制度，但是却不是以经济基础和政治制度为对象，不是以揭明后者的规律性为任务。由此可见，只有弄清楚研究范围和对象范围的区别，我们才能在各门科学研究所要涉及的颇为广泛的领域中明确主次，分清对象，弄清各门科学所要探索和揭明的是什么领域的事物的规律性，从而明确各门科学的特有的任务。"[①]如气象学以寒暑风雨等自然气候变化现象为对象，它的任务是揭示各种气候变化的规律，为此，它的研究范围不仅要包括太阳、地球、月球等宇宙现象，而且要涉及地理与地质现象，涉及山区、平原、沿海的地表与地质结构，涉及地质学的研究范围，但不能说气象学以地质为对象。又如地质学的研究对象是地球的地质结构及其形式，但它的研究范围还要涉及宇宙、天体方面的现象，但就不能说地质学是以天体现象为研究对象。同样，政治经济学以生产关系为对象，是以揭示社会生产关系的运动规律为其任务，但它的研究范围就不限于生产关系。由于生产力与生产关系密切相联系，生产力是生产关系变动的决定因素，因而为了阐明生产关系的运动规律也要联系生产力的状况，从而要在一定程度涉及生产力的研究；与生产关系相联系和制约着生产关系的运动的还有政治、法律等上层建筑，

---

① 《论马克思列宁主义政治经济学的对象》，《经济研究》1961年第10期。

所以，政治经济学在一定程度上还要研究上层建筑；与生产力相联系的还有人的精神作用（包括思想、道德观念、觉悟水平与文化水平的作用），所以，政治经济学还在一定程度上涉及伦理道德与文化教育生活的经济作用的研究。但是，以上这些领域在性质上只是政治经济学的研究范围而不是对象范围。如果把研究涉及的一切关系和一切领域不加区别地统统作为它的对象，那就找不到哪一门科学有它的独特的对象，而任何一门科学都将成为多对象的综合科学或边缘科学，从而取消科学的类别划分，而政治经济学也将变成既研究生产关系，又研究生产力，还研究上层建筑的混合物，从而取消马克思主义政治经济学固有的特色。

总之，马克思所创立的无产阶级政治经济学，一方面十分明确把生产关系作为对象而反对把生产力纳入对象之中，从而将政治经济学混同于工艺学的错误方法；另一方面又紧密联系生产力来研究生产关系，反对脱离生产的物质技术基础，抛开劳动方式来孤立地研究生产关系的形而上学。这样的政治经济学对象范围与研究范围加以区别又在研究中加以联系的方法，体现了马克思主义政治经济学的唯物辩证法的方法论。

九、政治经济学的社会主义部分也应该以生产关系为研究对象

政治经济学的社会主义部分，是马克思主义政治经济学的完整的理论体系的重要组成部分，是广义政治经济学的新的篇章，因而，它的对象是社会主义生产关系，这本来是十分明白、无须争议的。

马克思主义的经典作家以英国这一在19世纪下半期的发达的资

本主义国家为背景，曾经设想一个建立在高度物质技术基础上的完全的社会主义，在那里商品生产与货币交换已经消灭，生产关系已不再具有物化和虚假的形式，生产中人与人的相互关系将直接地和清楚地呈现于人们的眼前。但是，当代社会主义的实践超越了它们的设想，社会主义经济仍然是商品经济，社会主义商品关系仍然具有极其复杂的、使人眼花缭乱的具体形式。即使是在未来的产品经济中，我们也不能认为社会的经济结构就是十分简单和一目了然的，以致完全不必要有一门专门的科学来加以研究的必要。恰恰相反，作为建立在高度物质技术基础之上的社会化与专业化的大生产，它必然还存在着发达的产业部门之间与各个产业部门内部的生产分工，存在着全面发展的社会主义劳动者之间的某种职业分工（包括物质生产劳动与非物质生产劳动之间的分工）。因而，社会主义生产过程中还会存在着复杂的活动交换关系〔包括 $I(v+m)$ 与 IIc 的两部类的活动交换关系〕，还存在社会在各个部类之间分配的关系，以及社会产品在各个部门之间分配（包括消费品在劳动者之间的分配）的关系，同时，还存在着基于生产力发展的状况而必须采取的对消费关系的有计划调节，可见，以高度发达的劳动方式为基础的社会主义生产，不仅仅表现为一个复杂的生产组织结构，而且也还存在着一个复杂的由生产、分配、交换、消费诸关系组成的四维经济结构。而在物质生产力迅速发展的过程中，社会主义生产关系与生产力的矛盾以及作为这一矛盾的表现形式的社会主义经济结构内部的矛盾是客观存在的，它需要社会主义国家及时地与自觉地加以处理与调节。此外，新社会生产向前发展中的人与人之间的社会主义相互关系的完善和旧社会的痕迹与影响的彻底克服，也不可能自觉地实现，而是有赖于人们自觉地采取有科学依据的改进与调整措施。可见，社会主义生产方式的发展，不仅需要高度科学的与精密细致的对物质生产过程的管理，而且还需要高度科学的按社会主义经济规律与原则来进行的对人与人的关系的调节，为此，人们就必须通晓有关社会主义生产关系发展变化和成长为共产主义生产关系的经济规律。如像认识奠立在高度发达的物质技术基础之上的社会主义劳动方式的规律是一个艰巨的科学研究课题一样，认识社会主义经济规律同样是艰巨的课题，需要有一门专门学科来从事，需要有政治经济学的社会主义部分这门学科。认为社会主义经济建设只需要生产力合理组织的部门经济学和应用经济学，看不见和低估用来指导对生产关系的自觉调节的政治经济学，这种观点是十分错误的。

马克思和恩格斯几乎把他们的全部精力用于解决创立无产阶级政治经济学的资本主义部分的艰巨任务，但是他们从来不把政治经济学限制在研究资本主义生产关系的狭窄的界限内，恰恰相反，恩格斯把作为资本主义经济关系的理论表现的政治经济学规定为"狭义"的政治经济学，他明确地提出了广义的政治经济学的概念，指出它是一门"研究人类各种社会进行生产和交换并相适应地进行产品分配的条件和形式的科学"[①]。可见，马克思主义经典作家，业已提出了创立政治经济学社会主义部分的任务。当然，由于马克思恩格斯所处的历史条件与所面临的迫切任务，他们不可能事先制定系统的社会主义经济理论，但是他们仍然以资本主义所创造的物质生产条件与经济条件为依据，对未来社会的经济结构作了科学的预言，提出了许多有关社会主义生产、分配、交换等方面的规律的带有原则性的极其深刻而精辟的论述，为政治经济学社会主义部分的科学体系的建立，提供了重要的指导思想。

---

① 《马克思恩格斯选集》第3卷，人民出版社，1972年，第189页。

在社会主义政治经济学思想发展史中，存在着社会主义政治经济学取消论的错误思潮。如P.希法亭就宣扬如下的观点：社会主义制度下人与人的关系将是简单明了的，他们的物化的与拜物教的形式业已消失，因而，政治经济学已经丧失任何意义。布哈林在《过渡时期的经济》一书中说，"政治经济学是研究商品经济的"，而社会主义经济是"有组织的经济"，他断言，"资本主义商品社会的末日也是政治经济学终结之时"。这种否认政治经济学的社会主义部分存在的必要性的错误观点，实质上是一种唯意志论的观点，它宣扬无产阶级在掌握了国家政权后就可能为所欲为，否认社会主义经济规律的客观存在和否认人们通过艰苦的科学研究去认识客观经济规律的必要性，这种为经济工作中的蛮干胡为制造根据的错误观点对于社会主义革命与社会主义经济建设会带来什么样的危害是可以想见的。

列宁在《对布哈林〈过渡时期的经济〉一书的评论》中及时地批判了上述观点，指出了把政治经济学说成仅仅是一门关于揭示资本主义生产关系运动规律的科学的错误，论证了在社会主义制度下仍然需要加以研究的客观经济规律，列宁指出甚至在纯粹的共产主义制度下还存在如 $I(v+m)$ 和 IIc 的相互关系的规律。列宁指出：政治经济学不只是研究商品经济的，即使是非商品性的社会主义生产关系，也还需要有政治经济学这门学科，从而进一步发挥了恩格斯关于存在着以一切社会形态的生产关系为对象的广义的政治经济学的论断。

马克思主义经典作家，从他们所设想的发达的社会主义生产关系的角度，论证了政治经济学社会主义部分这门科学存在的必要性。但是无产阶级革命的胜利，事实上是在原先经济落后的国家首先取得的，而在这样的社会主义国家只能通过一个不发达的社会主义阶段，才能进入发达的、成熟的社会主义。而在不发达的社会主义阶段，社会经济结构更加带有复杂性与鲜明的多层次性，它还存在前社会主义的生产关系的残余。在社会所有制、分配、交换与消费等领域均存在多形式、多层次性，从而存在复杂的矛盾。特别是在这一发展阶段，商品生产与交换分外地复杂，社会主义生产关系还带有物化的性质，甚至还具有某些拜物教的特征。上述的种种表明，要发现与认识在不发达的社会主义阶段的客观经济规律的作用机制，不是轻而易举的事，更加要求人们进行艰苦的理论研究，这就迫切地需要建立起政治经济学社会主义部分这一专门的科学。

以上的论述，可以归结如下：以生产关系为对象的政治经济学社会主义部分乃是一门关于指导社会主义经济建设，建立、健全和发展社会主义生产关系的科学，是当家做主的劳动者顺利地实现同自然作斗争与不断完善劳动者相互间的社会主义的关系的科学。它是一门建设社会主义、共产主义的科学。

在政治经济学社会主义部分的研究对象的讨论中，某些同志提出下述的观点：对于任何走上社会主义道路的国家，在生产资料的社会主义改造基本完成以后，发展生产力便成了中心的任务，从而社会主义政治经济学就应该把有关生产力的合理组织作为这门学科理论体系的重要内容。因而，就有必要把生产力作为这门学科的主要研究对象。在苏联，Л.Д.雅罗申柯就提出下述观点：社会主义制度下生产关系再也不与生产力的发展相矛盾，因而生产关系不再是促进生产力发展的重大因素，社会主义政治经济学的主要问题就不在于研究社会主义中人们的相互关系，而在于制定和发挥社会生产中生产力组织的科学理论①。在我国也有些同志认为，建设社会主义的工作重点与中心任务既然是发展生产力，所以理所当然地应该把生产力的研究摆在政治经济学研究的首位。

主张政治经济学（社会主义部分）应该主要地研究生产力而不是生产关系的同志，或是否认社会主义制度下生产关系与生产力之间还有矛盾，或是对于社会主义制度下生产关系的作用认识不足。社会主义制度下生产关系与生产力无矛盾论是错误的。因为按照唯物辩证法，生产力与生产关系的矛盾是自始至终贯穿于社会生产发展之中，包括社会主义生产方式的发展之中的。这一问题在毛泽东同志《关于正确处理人民内部矛盾的问题》的著作中所论述的关于社会基本矛盾的学说中已经加以科学地阐明。因此，认为社会主义制度一旦确立，生产关系与生产力就是"完全适合"，不再有矛盾的观点，在理论上是形而上学的，而且是与客观实际不相符合的。正确的概括是毛泽东同志所说的："在社会主义制度下，生产关系和生产力之间存在又相适应又相矛盾的情况。"这就是说，业已建立起来的社会主义社会的生产关系的体系既是基本适合生产力的，但是它的某些具体环节又会存在与生产力相矛盾的情况；同时，在生产力的不断发展中，原来的生产关系的具体形式又会显得陈旧，与生产力相矛盾和阻碍生产力的发展。上述情况表明，社会经济建设的最顺利的发展，不仅仅要有赖于生产力的合理组织，充分发掘生产的各种物质要素的潜力，而且有赖于对生产关系的局部环节的自觉调节，使生产关系完善化，充分发挥社会主义生产关系对生产力的积极促进作用。如果对业已与生产力

---

① 参见斯大林《苏联社会主义经济问题》"关于Л·Д·雅罗申柯同志的错误"，人民出版社，1961年，第46~52页。

的发展不相适合的生产关系的那些环节不及时地进行调整,那么社会主义生产关系对生产力的适合的程度就会降低,它对生产力的积极促进作用就会受到削弱,现有的生产力要素的效率与力量就不能充分地发挥出来。而且,如果让生产关系体系中不适合的因素积累起来,社会主义生产关系的某些环节和方面在更大程度上不适合生产力的状况也还是有可能出现的。其结果是现实的物质生产力不仅不能顺利地发展,甚至还会萎靡下去,这种情况在国内外社会主义建设中都曾经出现过,并由此使人们付出了许多沉重的代价。而世界社会主义体系内正在蓬勃兴起的经济体制改革,正是对于不适合的社会主义生产关系的具体形式的自觉调整,是社会主义制度的自我完善。可见,无论从理论上和还是实践上都表明,社会主义制度下始终存在生产关系与生产力之间既相适应又相矛盾的状况,从而要求人们对生产关系的不合适的部分及时加以调整,这就要求人们通晓社会主义生产关系发展与完善的客观规律,归根到底,要求政治经济学社会主义部分不能削弱,更不能抛弃对生产关系的研究,因而那种把生产力作为政治经济学社会主义部分的主要对象的主张是不可取的[①]。

当然,必须指出,我们不同意政治经济学(社会主义部分)以生产力为主要研究对象,并不是说要把生产力的研究排斥在政治经济学(社会主义部分)之外。如我们在上面业已指出,政治经济学从来不是孤立地研究生产关系,而是要联系生产力来研究生产关系,生产力的有关领域从来是政治经济学的研究范围。在以经济建设为中心的社会主义新时期,政治经济学要进一步拓宽研究范围,要进一步结合对社会物质技术基础、劳动方式的考察,来研究社会主义生产关系的

---

① 这里我们不是谈论那些研究对象涉及生产力的经济学科,例如生产力经济学和其他部门经济学。

发展、变化的规律。正是因此，政治经济学加强与加深对生产力的研究，是理所当然的。但是，这种研究范围的拓宽，并不意味着研究对象的改变，因为，发现与阐明生产关系的运动规律，仍然是政治经济学社会主义部分研究的主题和首要任务。

归结起来，社会主义制度下，保持与充分发挥社会主义生产关系对生产力的适合性，是社会主义经济建设顺利发展的决定条件。社会主义生产关系，宏观地表现为一个极为庞大与十分复杂的机器，无论是直接生产过程中人们的相互关系，还是分配、交换、消费等过程中人们的相互关系，都是十分复杂的，而社会主义的四维经济结构中的生产、分配、交换、消费之间的内在联系与运行机制，更是一个极其复杂的、充满矛盾的过程。建立一门以生产关系为对象的政治经济学社会主义部分的学科，才能对社会主义社会的生产关系进行全面的周详的研究，才能够深刻地揭示支配社会主义生产关系的客观规律和以严格的逻辑来科学地表述社会主义的经济规律体系的作用机制，这不仅是无产阶级进行社会主义革命与社会主义经济建设所必要的，而且是发展这一门学科所必要的。同时，政治经济学社会主义部分以生产关系为对象，体现了与广义政治经济学对象的统一性。广义政治经济学包括政治经济学前资本主义部分，政治经济学资本主义部分和政治经济学社会主义部分，不能说政治经济学资本主义部分以生产关系为对象，政治经济学社会主义部分则以生产力为对象。而把生产力作为政治经济学社会主义部分的主要研究对象，则是不符合这门学科发展的需要的，这将会使这门学科变形为技术经济学，变成一个二元体系，从而使统一的广义政治经济学（包括社会主义部分）理论体系失去科学的一贯性与严谨性。

十、正确认识生产力的内在矛盾

为了进一步从理论上搞清政治经济学的对象是否应该包括生产力，在这里，还有必要就近年来学术界讨论的生产力发展由其内在矛盾推动的理论进行一些评述。

我国学术界在讨论生产力发展的动因时，有的同志认为生产力不仅受到生产关系的制约和推动，而且还有内在的动力，即是由它的内在矛盾所推动，从而可以不依靠生产关系而自行增殖与自行膨胀。我们认为，在分析与研究生产力发展的动因时，除了它把归结为生产力与生产关系的矛盾而外，还应看到生产力内在的矛盾的作用，这是有积极意义的理论探索。因为社会生产是一个复杂的事物，它本身包含多种、多层次的关系，从而包含了多层次的矛盾。社会生产作为生产力与生产关系的统一，因而，生产力与生产关系的矛盾乃是社会生产第一层次的矛盾，它表明生产力的发展总是受着生产关系的制约，为生产关系所促进或束缚，从而生产关系与生产力的矛盾表现为社会生产发展的根本动因。但是，生产，乃是通过一定的劳动方式来实现的，劳动方式，作为生产力要素的组合方式，它的性质、状况，直接地体现了生产力的状况，如劳动者与劳动手段结合的方式，劳动者组合的方式，劳动资料与劳动对象的结合方式等，均是与生产力的状况直接相联系的，上述组合方式，均是生产力的内在结构与矛盾。可见，社会生产的发展，也还要受生产力内在的矛盾的状况的制约，正是生产力的内部矛盾推动了生产工具、劳动对象与工艺方式等的变革，推动了产业革命与历次的技术革命。可见，制约着社会生产发展的两对矛盾，一对是生产的人的因素与物质技术因素的组合方式与矛盾，这一矛盾推动着生产力诸要素的日常的发展，促进技术进步，从而表现为生产发展的物质技术性的动因；另一对是生产力和生产关系这一对矛盾，这是最根本的矛盾，它决定着生产的人的要素和物质技术因素的能力、效率与潜力的能否发挥及其发挥的程度，从而表现为生产发展的决定性的社会经济动因。

上述情况可表示如下：

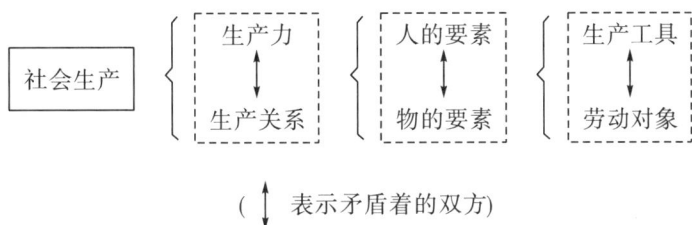

社会生产 { 生产力 ↕ 生产关系 } { 人的要素 ↕ 物的要素 } { 生产工具 ↕ 劳动对象 }

(↕ 表示矛盾着的双方)

可见，既要看到生产力内部矛盾乃是社会生产发展的物质动因，但是又必须看到生产关系的适合是生产发展的决定性的社会经济动因。看不见前者，否定社会生产发展有其物质技术性的动因是不对的，但看不见后者对生产发展起决定性作用，过高地估计生产力内部矛盾对生产发展的作用也是不对的。例如，那种认为生产力可以脱离生产关系的发展而自行发展，甚至认为生产力可以在生产关系不适合的情况下自行增殖、自我膨胀，这样的观点，就不能说是正确的。

马克思在政治经济学方法论上的一项重要贡献，是他把唯物辩证法用于分析社会生产的运行机制与内在规律，制定了有关社会生产是生产力与生产关系的辩证统一论和决定生产发展的社会动因论。

根据生产力与生产关系的辩证的统一论，就必须把生产力与生产关系二者看作是互相联系、互相依存、不可分割的。这一理论不承认有脱离生产关系的生产力，也不承认有脱离生产力的生产关系。这一理论强调：生产力无时无刻不受到生产关系的影响和制约，或是为生产关系所推动，或是为生产关系所束缚，超出于生产关系作用之外的生产力独立和自行发展是根本不存在的。根据决定生产发展的社会动因论，就必须把生产力发展的决定性的动因归结为生产的社会制度，更具体地说，归结为生产关系的适合。这一理论强调：生产力的各个要素的结合、某种劳动方式的形成，固然是要决定于生产资料本身的性质及其内在的组成因素的矛盾，但它也要受社会生产关系的制约。生产力的组合方式归根到底要受到生产关系和生产力的矛盾的制约，更具体地说，生产力诸要素的能否顺利地互相推动，劳动方式的能否迅速地实现由低级形式向更高级、更先进形式的演变，技术革命能否顺利地开展和扩大到广泛的生产领域与社会生产领域，归根到底决定于生产关系的是否适合及其适合的程度。蒸汽机的发明是在1670年，而它的改进与大规模使用，却是在18世纪末叶，即在资本主义生产关系巩固地确立以后。我国宋代就发明了活字印刷，但书刊使用手刻技术一直延续到清代；现代运输工具与手工装卸的矛盾要求使用装卸机，但在半殖民地的旧中国许多码头还是采取肩挑背磨的落后的人工装卸。这一切都表明生产力的内在矛盾的运动，也不可能是独立的，它也要受生产关系的制约。

主张生产力自行膨胀的同志往往提出以下的论据：帝国主义时期，资本主义生产关系已经腐朽，可是发达的资本主义国家生产力还在发展，战后，科学技术迅速发展，发生了第三次科技革命，这表明了生产力可以脱离生产关系而独立发展。我们认为，这种论辩是似是而非的。对于当代垄断资本主义生产力的继续发展现象，应该加以如下阐明：首先，对于列宁提出的资本主义发展阶段资本主义生产关系的腐朽性不能绝对地来理解，正如列宁指出，腐朽趋势并不排除个别时期、个别部门、个别国家资本主义的迅速发展，"整个说来，现在资本主义发展的迅速是从前远不能相比的"[1]；其次，垄断资本主义条件下生产力的继续发展，是与各国资产阶级所采取的国家垄断的资本主义的调节措施不可分的。这种调节措施包括对直接生产、分配、交换、消费等关系的干预与调节，它的实质是在不改变资产阶级所有制的前提下，对一定范围内的表层性的生产关系的局部调整。这样，帝国主义国家生产力的继续发展，与其说是生产力的自行发展，毋宁说是由于表层性生产关系某些方面、环节的调整所带来的。由于这种表层性的生产关系局部范围的调整与变革，并不涉及生产资料的资产阶级所有制关系，也不改变资本主义经济的根本制度，因而，它并不像西方资产阶级经济学所鼓吹的那样，使资本主义生产关系的重新适合生产力和取得了新的"生机"，但是却毕竟为一定的、短暂时期内生产力的发展，寻找某些缝隙和有限的余地。帝国主义国家技术的发展正是在这种经济缝隙中取得的，可见，帝国主义国家生产力的继续增长，仍然是处在资本主义生产关系的制约之下，而并不是意味着生产力获得了任何独立的发展。因而，关于生产力可以脱离生产关系自行增长的观点是不能成立的。

---

[1]　《列宁全集》第22卷，人民出版社，1958年，第294页。

论社会主义政治经济学与
精神生产的研究①

社会主义现代化事业不仅要大力发展物质生产，奠定强大的物质技术基础，使我国成为具有高度物质文明的社会主义国家，而且要大力发展科学、文化，提高人们的社会主义觉悟，培育与发扬人们的共产主义道德风貌，使我国成为具有高度的精神文明的社会主义国家。为此，进一步从政治经济学的角度来研究与探讨有关社会主义精神生产的问题就有重要的现实意义。

一、精神生产的含义及其作用

精神生产是指人类对客观世界的认识与反映活动，是以人类大脑的功能为基础的精神活动，其结果一般表现为一个非实体化的精神产品，如以概念、规律、理论的形式反映客观世界的知识产品和以艺术

---

① 原载《学术月刊》1982年第5期。

形象反映客观世界（自然世界与社会生活）的文学产品与艺术产品。

精神生产，这是借用意义的生产，它不同于政治经济学的生产（物质生产）范畴。第一，物质生产是人和自然之间的物质变换，是改变自然物的物质形态的过程，它属于经济领域的社会实践活动。而精神生产则是人类认识、反映与表现客观世界（包括自然界、社会和人类自身）的过程，是人类主观的精神活动，它属于社会上层建筑领域的活动。第二，在物质生产中，人用其从事劳动的生理器官——臂、腿、头和手，以及作为他的自然器官的延长的生产工具作用于自然物质对象，进行物质性加工制造。在精神生产中，人凭借自己的自然的认识和思维的器官大脑，对精神生产的原料（得自客观世界的感觉、印象）进行精神性的加工制造，即科学地或艺术地构思创造。第三，物质生产的结果一般表现为一个物质产品，精神生产一般表现为观念形态的东西，如表现为形象思维形态的艺术表演、诗歌朗诵、小说播讲，听觉形态的音乐，逻辑思维形态的自然科学和社会科学的观点、概念与理论，等等。

有些同志不加区别地将社会主义经济分为物质生产、服务生产与精神生产，把精神生产不加区别地作为经济活动的一个组成部分，并且把精神产品与物质产品相并列，这就混淆了基础和上层建筑、生产活动和思维感情活动、社会意识和物质生产的区别，这种观点是错误的。我们在谈论精神生产时，首先要明确这是借用意义上的生产；在谈到精神产品时，要明确这是借用意义上的精神产品。这样，才能使精神生产的研究有正确的起点。

在社会生活中，精神生产与物质生产不是相互绝缘的，而是存在着内在的联系，特别是精神生产对于物质生产起着重要的反作用。这主要表现在：第一，它通过制造适应统治阶级需要的国家、法律、伦理、宗教艺术等方面的观念，以维护与巩固现存的生产关系。第二，它通过发现自然规律与经济规律为生产力的发展服务。因此，精神生产从来是物质生产发展的动因，它表现了社会上层建筑对经济基础的积极作用。马克思说："政治、法律、哲学、宗教、文学、艺术等的发展是以经济的发展为基础的。但是它们又都相互影响并对经济基础发生影响。并不是只有经济状况才是原因，才是积极的，而其余一切都不过是消极的结果。"①

在精神生产对物质生产的积极作用中，特别重要的是自然科学的进步对物质生产的发展所起的有力的促进作用。自然科学乃是人类精神生产达到高级阶段结出的硕果；近代的特别是现代的自然科学，关于自然规律的知识成为人们革新物质生产手段、改进工艺方法和改变劳动对象性能的依据，从而带来了劳动生产率的十倍百倍的增长。马克思十分重视自然科学在物质生产领域中的应用，在生产力的发展上所带来的革命性的变化，并且提出了科学是生产力的命题。这种自然科学的精神产品之花结出生产技术进步之果的情况，越来越明显地从科学技术革命的社会经济效果中表现出来。在这里，还必须指出，马克思主义的科学理论在动员、组织无产者与一切革命群众起来埋葬腐朽的资本主义制度，建立社会主义制度，解放社会生产力中的作用；社会主义的经济科学在完善社会主义的经济管理，提高劳动生产率中的重大作用。因此，我们可以说：精神生产越发达，精神产品越先进，它对于社会经济的发展和物质生产力的提高，将起着越重大的影响作用。

资本主义生产方式所固有的基本矛盾，既阻碍物质生产的发展，又阻碍健康的精神生产的发展。只有在社会主义制度下，才扫除了各

---

① 《马克思恩格斯全集》第39卷，人民出版社，1974年，第199页。

种障碍，从而开拓了人类历史上物质生产与精神生产相互促进、共同繁荣发展的新时代。社会主义社会对精神生产提出了更高的要求。社会主义生产的目的是最大限度地满足全体社会成员的物质与文化生活需要。要实现这一生产目的，必须依靠物质生产与精神生产的高度发展。不仅物质的贫困与社会主义不相容，而且精神的贫困也不能实现社会主义。所以，我们既要用极大的力量来发展物质生产，这是最根本性的与基础性的任务；同时也要相应地大力发展精神生产。

在社会主义制度下，必须具有由自然科学家、社会科学家、文学艺术家等组成的宏伟的精神生产者队伍，具有高度现代化的实验室、学校、图书馆等科学研究设施。只有具备强大的精神生产资料，才能生产出数量大、质量高的精神产品，如用以进行马克思主义世界观与共产主义思想教育的各种哲学、政治、理论等方面的科学产品，用以开发智力提高人们的文化科学水平的教育产品，用以发展物质生产力和加强与完善社会经济组织的经济科学产品，以及提高人们的社会主义觉悟、陶冶人们的品性和给人们以美的享受的各种文学、艺术产品等。如果有上述产品所组成的强大的社会主义精神财富，那么，它将促进社会主义劳动者的素质、觉悟水平、道德品质与劳动熟练程度。社会主义的精神生产必将成为发展社会主义的物质生产，巩固和完善社会主义生产关系和促进社会主义其他社会关系发展的强大力量。

二、精神生产与物质生产的结合

由于精神生产在社会生活中有不可忽视的作用，因而马克思主义经典作家从来重视对精神生产的研究。马克思创立的历史唯物主义理论，深刻地阐明了精神生产的性质、地位、内容、门类，各项精神生产的相互关系，以及精神生产与物质生产的关系。本文要讨论的是政治经济学与精神生产的研究。精神生产既然是属于社会上层建筑性质的活动，它应当分门别类地由哲学、政治与法律、文学、艺术、宗教、伦理、自然科学等学科来进行研究，而不是政治经济学的研究对象。但是由于在现代物质生产过程中，精神生产与物质生产交相作用，特别是在社会主义制度下，发达的精神生产积极地促进物质生产的发展，因此，根据政治经济学要密切联系上层建筑与经济基础的作用来研究生产关系的原理，联系精神生产研究物质生产的发展也就成了社会主义政治经济学的一个重要课题。现代化大生产所具有的精神生产与物质生产相互渗透与彼此结合的趋势，表现在两个方面：一个方面是物质生产中的精神劳动因素日益增长；另一个方面是精神生产的物质化，即精神生产越来越与物质生产相结合，精神产品被载入或体现在物质产品中。

物质生产中的精神劳动因素的日益增长，体现在现代化大生产中科学的日益渗透和并入物质生产过程。现代的物质生产资料，如原子能、电子计算机、自动化的设备与机器体系，正如马克思所说："它们是人类的手创造出来的人类头脑的器官；是物化的知识力量。"[①]自动化生产过程中从事各种脑力活动的技术人员与管理人员越来越占有重要地位，特别是科学研究人员日益增长，他们制造新设计、新工艺、新理论，使物质生产的企业日益成为科学（包括自然科学和管理科学）研究的场所。而现代的基本建设，则必须先有大量的科技人员的设计、经济学家对经济效果的评价与进行可行性的研究。这些都表明，现代的物质生产过程中的劳动越来越鲜明地体现了体力劳动与

---

① 《马克思恩格斯全集》第46卷（下册），人民出版社，1980年，第219页。

脑力劳动的结合，使物质产品日益表现为"是所有这些人的共同产品"。特别是现代物质生产过程，还日益分泌出精神生产，如对企业的研究所产生的科学假设、构思设计理论等。精神产品有的还表现在可转让的专利权中。精神生产的物质化是当代社会化大生产条件下精神生产的重要特征。

另外，一部分精神产品还体现于某种物质载体中，从而取得和具有有形的与物化的形态，如抽象的概念、科学理论、范畴、规律体现在手稿中与书籍中，形象思维的艺术创造体现于各种图画、雕刻中。《伊里亚特》作为古代行吟诗人代代流传的诗歌是无形的纯精神产品，但是一旦成为荷马所记述的诗歌，它就成为物质化的精神产品。如果说人类很早就发明了用物质的框架来表现与储存精神产品以增强它的使用价值，那么，现代的科学技术更是为精神产品物质化创造了充分的物质基础。如录音机到录像技术的发明，使无形的音乐艺术、表演技术物质化，因而，在当代出现了人们精神生活的一切领域包括思想生活、艺术生活等全面物质化的趋势。过去的许多无形的精神产品现在凭借现代技术的物质框架和载体而体现于物质产品中，成为现实的物质财富。正如马克思所说："一切艺术和科学的产品，书籍、绘画、雕塑等等，只要它们表现为物，就都包括在这些物质产品中。"①

精神产品的实物化是与现代大工业的发展相并行的。一方面，现代大工业的发展，促进了精神产品实物化的过程。例如由于印刷工业的发展，才会形成规模越来越大的作家队伍和规模越来越大的各种各样的知识、文学、艺术作品的实物化。另一方面由于精神产品实物

---

① 《马克思恩格斯全集》第26卷第Ⅰ册，人民出版社，1972年，第165页。

化，社会对精神产品的需求，又引起对物质产品的需求的增长，并由此直接地推动了一系列服务于精神产品实物化的工业部门的发展。

为什么对精神产品的需求要转化为对物质产品的需求呢？这是由于精神产品的生产乃是一个人的脑力活动，或是运用自然生理器官过程，如歌唱家运用嗓子等，因而，精神产品的再生产也就是作家、学者、艺术家的这种主观活动的再一次进行。精神产品生产与再生产的个人性质，给这种产品的扩大再生产以限制性。歌唱家再辛勤，极大地延长劳动时间和加强劳动强度，也不能使他的精神产品的生产数量增加到生理限度以外。这种精神产品生产能力的限制性与社会需求的矛盾，正是一切艺术真迹的价格极其昂贵，远远超过它们的价值的原因。而一旦精神产品采取实物的形态，它就产生了复制这种精神产品再生产的特殊形式，如字画可以临摹，作品可以传抄。在现代化物质技术条件下，精神产品的实物化和复制，这样的生产和再生产形式得到极大的发展，成为一个个工业部门的专门职能，如印刷工业从事科学、文学、艺术等精神产品的加工生产和再生产，电影制片工业从事表演艺术的加工生产和再生产，录像录音车间从事歌唱艺术和教育的加工生产和再生产。在现代复制技术下，精神产品的再生产摆脱了固有的个人的限制，而成为一个工业性的生产与再生产过程。

这种现代化的大生产与精神生产相结合产生了深远的经济后果：

第一，它通过第二种精神产品，即原作的复本的再生产，大大提高了精神产品的生产效率。在这种情况下，精神产品将更可能成为国民的精神财富。显然，在优越的社会主义制度下，发达的精神生产与现代化工业技术的结合，将有效地实现精神生产社会化，真正地使精神产品成为人民的财富，真正地实现具有高度物质文明与精神文明的社会。第二，精神产品的实物化和复制，即它的加工和再生产，已经成为一系列大工业的职能，这种物质生产部门需要有物质生产资料（如印刷业中的印刷机）与材料（如纸张、油墨）和动力。这种制造第二种精神产品的生产部门的特点在于：其一，它是直接由社会对精神产品的需求来调节的。如果社会的精神文明日益发展，人们对各种精神资料的需求大大增长，将直接引起这种加工与生产部门的扩大。其二，它的发展是由精神生产的规模来规制的，因为，它的原料是各种各样的精神产品如书稿、电影剧本、画样、乐曲。如果没有丰富的精神原料，就不可能有这种物质生产的发展和繁荣，正如没有棉花就不可能有棉纺织业的发展和繁荣一样。

三、社会主义政治经济学怎样研究精神生产

现代化大生产使精神生产与物质生产日益密切结合和相互渗透，因而带来了生产的物质结构与社会关系的一系列新的变化，这势必引起社会阶级与阶层关系的某些变化。因此，在社会主义社会以研究生产关系为对象的政治经济学也就有必要考察和研究这种密切联系和影响物质生产的精神生产。

第一，随着原先独立进行的精神生产日益地渗透、附着于物质生产，这就使原先单一性物质生产日益成为与精神生产相结合的复合的社会生产。如电影制片厂的物质生产体现了剧本作家、演员的精神生产与冲洗制片车间的物质生产的结合。同时，现代的大工业企业不仅生产物质产品，而且生产科学理论、新工艺方法和各种专利品。这种情况决定了社会主义制度下现代物质生产过程中生产关系内容的多样化，即除了有直接生产者之间的关系、管理者与直接生产者的关系、体力劳动者与服务劳动者的关系之外，还有精神生产者（作家、艺术

家、生产新理论的科学家）与物质生产者（包括参加结合物质生产劳动的脑力劳动者）的关系。可见，研究现代的物质生产的社会关系就有必要研究精神生产及其所体现的社会关系。

第二，精神产品一旦体现与固定于物质载体中，它就取得实物化的形态成为一个耐用的对象，而加入社会物质产品的仓储。那种缺乏实物形态的纯精神产品，其特征是"产品同生产行为不能分离"，产品的生产与产品的消费同一；它的产品生产结束之时，也是产品的消费终结和产品的消失之时。因而这种精神产品尽管也具有满足人们的精神需要和生产需要的使用价值，但是它所提供的毕竟是一种非产品有用效果和服务，它的使用价值是暂时性的，是瞬息即逝的。而一旦寻找到了必要的物质载体，精神产品采取了实物化的形态，它的使用价值就成为耐久性的和在一定期间继续保持下去。那些随生随灭的精神产品就通过实物化而成为供人们长期使用的对象，甚至可以说形成了有效的与现实的精神财富的积累。在社会主义制度下，既然有形的精神产品成为社会物质财富的一个组成部分，为了最大限度地提高与充分发挥社会主义国民财富的使用价值，政治经济学就不仅要研究物质产品的规定性，而且还有必要对它所包孕的精神产品规定性，特别是对精神产品的使用价值进行研究。

第三，在商品经济存在条件下，物化的精神产品也表现为商品，并且与物质产品一样要进入商品流通。在现代商品经济中，生产出来的、大规模的、实物化形态的精神产品表现为大量的商品，它与物质形态的商品同样地参加经济流转。在商品流通领域不仅有煤、铁和其他物质资料，而且有物化形态的精神产品。马克思在论述书画艺术产品时指出："生产的结果是商品，是使用价值，它们具有离开生产者和消费者而独立的形式，因而能在生产和消费之间的一段时间内存在，并能在这段时间内作为可以出卖的商品而流通，如书、画以及一切脱离艺术家的艺术活动而单独存在的艺术作品。"①如果说，不继续参加经济周转的纯精神产品不是政治经济学研究的对象，那么，这种不断参加经济周转的物化形态的精神产品，就自然地被纳入政治经济学的研究对象。亚当·斯密就曾把从事写作、绘画、雕刻等提供有形产品的精神劳动，作为第二种意义的生产劳动者。而马克思更十分重视研究这种物质形态的精神生产，概述了它的特征、性质与作用，论述了资本主义商品经济中这种实物化的精神产品的价值与价格及其生产与流通的规律。在社会主义制度下，还存在商品生产与交换，精神产品的很大部分还具有商品形式，并且实际参加社会再生产的流通，显然地，社会主义政治经济学研究社会再生产与流通，就有必要对进入流通领域的精神产品的流转方式与规律进行研究。综上所述，我认为，为了周详地研究社会主义的物质生产过程，深刻揭示社会主义生产关系的运动规律，社会主义政治经济学还有必要从精神生产如何影响、加强生产力的物质因素的角度，如何影响加强生产与经营管理的角度来对社会主义精神生产进行研究。譬如，要研究社会主义精神生产与物质生产的关系与相互作用，特别是自然科学与经济科学对物质生产的积极作用，社会主义精神生产的范围以及精神产品的形式，探讨提高社会主义精神生产的能力和发挥社会主义精神生产对物质生产的促进作用的途径，研究精神产品在社会主义经济周转中的方法和社会总劳动分配中精神劳动的最优比例，等等。在《资本论》以及其他有关著作中，马克思在研究资本主义生产关系的运动规律时，不仅密切联系生产力发展的状况，而且密切地注意与联系自然科学的发展状

---

① 《马克思恩格斯全集》第26卷Ⅰ，人民出版社，1972年，第442页。

况与水平，论述各种形式的精神劳动如何为物质生产的发展与为巩固资本主义生产关系服务。还必须看到，资产阶级经济学家基于发展生产力，以及加强企业经营管理和加强资产阶级国家制度与社会制度的需要，早就把精神生产引入政治经济学中；特别是当代资产阶级经济学家基于自然科学与管理科学在资本主义生产与经营中越来越重要的作用，进一步发展了科学经济学、教育经济学等学科，研究了各门类精神生产与物质生产的关系、对提高劳动生产率的作用，等等。当然，资产阶级经济学在研究精神生产时，他们基于庸俗的经济学理论，难免混同物质生产与精神生产的界限，颠倒精神生产与物质生产的关系，等等。但是他们某些方面的研究，如一定程度上考察了用于自然科学与技术科学的精神劳动与物质生产劳动效率的内在联系，还是值得我们注意和借鉴的。

中国经济学构建的若干问题①

要不要建立中国经济学，怎样建立中国经济学，学术界存在不同看法。本文就这一问题略抒己见。

一、中国经济学产生的条件和内涵

（一）中国改革开放新时代的需要

经济理论总是在一定条件下，适应时代的需要而形成。18世纪英国的资产阶级革命产生了以斯密和李嘉图为代表的英国古典经济学。此后的200多年，适应欧美资本主义发展变化，经济学也不断发展变化，递次出现了众多的流派，这一长期流行和发展演变于发达资本主义国家的经济理论，我们通常称为西方经济学。

19世纪30年代以来，美国和西欧工人运动产生了马克思的经济学，

---

① 原载《经济学家》1997年第1期。

恩格斯称之为"科学的，独立的，德国经济学"[①]，它在20世纪表现为列宁、斯大林的政治经济学以及其他国家的马克思主义经济学流派。

中国共产党强调把马克思主义和中国实际相结合。40年代毛泽东在延安就倡导实行马克思主义中国化，在50年代中叶中国的社会主义建设中，也提倡从本国国情出发，走出一条自己的道路。但是由于社会主义的理论准备薄弱，具有自身特色的、开创性的社会主义实践和理论探索未获成功，致使中国在社会主义经济建设上仍然摆不脱苏式计划体制的模式，在经济理论上则仍然师承和束缚于斯大林的《苏联社会主义经济问题》和苏联政治经济学教科书。

中国真正的独立的经济研究肇始于1978年的改革开放。在邓小平同志建设有中国特色社会主义理论的指导下，中国把社会主义市场体制作为经济改革的目标模式，走上了一条建设社会主义的崭新道路。中国不再师承东方，因为中国面对如此众多的建立社会主义市场体制的新问题，是根本不可能从传统的政治经济学理论中求得解答的。中国也不照搬西方，因为建立有中国特色的社会主义，要着眼于解决把市场体制与社会主义制度有机结合，这是西方经济学很少涉及和不可能加以阐明的新课题。因此，改革开放要求人们必须解放思想，立足实际，针对新情况、新问题进行创造性的思维，得出新答案，形成新原理。另一方面，改革开放又呼唤经济理论的创新。中国经济学的产生，正是顺应了时代的潮流。

---

① 恩格斯曾这样指出："当德国的资产阶级，学究和官僚把英法经济学的初步原理当作不可侵犯的教条拼命死记，力求多少有些了解的时候，德国的无产阶级的政党出现了。它的全部理论内容是从研究政治经济学产生的，它一出现，科学的，独立的，德国经济学也就产生了。这种德国的经济学本质上是建立在唯物主义历史观的基础上的。"（《马克思恩格斯选集》第2卷，人民出版社，1972年，第116页。）

（二）中国经济学的内涵

中国经济学，其核心和主干是理论经济学或政治经济学。因为政治经济学旨在揭示社会经济活动的本质联系，是分析和揭示社会多样经济活动、多层次经济关系的理论基础。因而，建立中国经济学，首先要着眼于政治经济学的革新，谋求在构建社会主义市场经济的新的历史条件下，重新审视和科学阐述经济学的基本原理，写出更好更适用的政治经济学专著。80年代以来，我国新编出了一批政治经济学教科书，但是情况远远不能令人满意。就政治经济学社会主义部分来说，多数教材存在的缺陷是：

第一，对社会主义市场经济进行浮光掠影式的描述，大多像是政策的浅释。面对向社会主义制度转换的规律，对实行社会主义市场经济的制度特征，如所有制性质和实现形式、收入分配性质和机制、市场体制的基本框架及其运行机制等，尚未能在科学抽象的高度上予以阐明。

第二，体制转轨的进程及其规律的分析和阐述更是薄弱环节。如对体制转轨进程的启动点、中心环节（不同阶段又有变化）、重点突破与全面推进的方式、难点如何攻克、阻力如何克服，宏观环境（如通胀）、自然环境（如农业歉收），国际环境变动下改革如何相适应；改革中渐进与激进的关系，改革力度的加强与适时调节等问题，人们还来不及进行总结和从理论上加以阐明。主体理论内容的缺乏和薄弱，成为当前新编政治经济学社会主义部分的"胎记"。

第三，现实的经济体制在进行根本性的转变，因此政治经济学社会主义部分的逻辑起点、基本线索、理论结构和体系，理所当然应该有重大调整和重构。这是新教材编写应予解决的，但实际上却又是十分困难的问题。

经济学基础理论及其教材建设大大滞后于改革开放的进程，这就要求人们大力进行经济基本理论的研究，特别是社会主义市场经济基本理论的研究，这一研究将成为中国经济学的主要内容。

中国实行的社会主义市场体制：（1）它把市场机制引进于社会主义的制度框架之中，谋求市场机制与公有制的有机结合；（2）它引入和利用多种收入机制，谋求使有差别的收入和共同富裕相统一；（3）它引入和利用多种所有制，谋求所有制多元化和公有制为主体相统一。上述这些问题，以往的经济学（包括马克思主义经济学与西方经济学）未曾涉及，更谈不上加以解决。上述问题似乎都是包含着难以调和的矛盾，站在传统理论的基点上，似乎是难以求解的哥德巴赫命题。改革的新实践需要人们重新研究和进行马克思主义创新。抱住陈旧的观念不放，是不可能阐释改革及其带来的新情况和新问题的。另一方面，它需要人们重新研究，批判地汲取和发展市场经济理论：要懂得市场经济微观主体的性质、活动动机、组织结构、运行机制；懂得市场机制，"看不见的手"起作用的全套体制和机制；懂得由"看不见的手"进行引导的宏观调控机制。特别是要研究上述结构、机制在公有制制度框架内所发生的新变化和具有的新特点。显然，这不仅仅需要汲取西方市场经济理论的积极要素，而且要在马克思主义经济学的理论基础上，改造现代市场经济理论，从而形成崭新的社会主义市场经济理论。

中国体制改革的设计师邓小平，在社会主义发展的关键时期，提出以经济建设为中心，实行改革开放，以社会主义市场体制为目标等一整套的路线和方针，为中国的革命和建设事业指明了航向。他依据马克思主义的学说，冷静地总结了国际和国内的经验，基于中国新时期的新情况和新实践，对什么是社会主义和如何建设社会主义这一根本问题以及在中国如何实行改革开放和加快发展等重大问题进行了新的探索，提出了一系列新原理和新命题，形成了建设有中国特色的社会主义理论。邓小平理论是当代的马克思主义。其理论体系的特色是解放思想、实事求是，特别是体现了马克思主义的求实、创新精神。邓小平的社会主义市场经济理论拥有极其丰富的思想内涵，是马克思主义经济学的新发展，也是当前进一步研讨、发展和形成中国经济学的理论基础。

中国经济学的构建和形成，其性质已经不只是一般的理论联系实际，"拿马克思经济学之弓，射中国社会主义经济之的"，而是要大力进行理论创新；不仅仅要发展马克思主义经济学，而且要研究、借鉴和发展西方市场理论，以丰富马克思主义经济学。我们应该从中国改革的伟大历史转变出发，从经济学大发展的高度出发，来认识中国经济学的内涵，以及它的现实任务和理论使命。

由此可见，中国经济学是社会主义中国实行改革开放这一伟大历史性的制度创新的产物。正在形成中的中国经济学是：以马克思主义和邓小平同志的理论为指导，以中国改革开放和建设社会主义的实践为源泉，科学地反映和深入揭示当代中国社会主义建设的规律，批判地汲取西方经济学积极的要素和继承中国历史上经济学的优秀遗产，这样具有中国的理论特色、风格与气派的新经济学，是马克思主义经济学的新发展。

二、中国经济学应"学以致用"

经济科学是对社会生产和各种经济活动的内在联系的理论阐明，它通过一系列经济学范畴，对支配人类经济活动的多种多样的规律（基本规律和非基本规律）和规律体系予以科学分析和理论阐明。具体地说，它把某一经济活动与现象归结为：这是什么？为什么这样？从而把十分复杂的社会经济活动，归结为简要的要素：生产、交换、分配与消费；并揭示要素的内在结构和各个要素之间的因果关系，从而使表现得杂乱无章的经济生活呈现出逻辑的联系性和有序性。可见，经济学首先是一门理论经济学，它对社会物质生产和多样经济活动予以理论的说明。

科学不只是要说明世界，而且还要指导人们去改变、发展和完善世界。对于作为社会科学的经济学来讲，它的指导实践，服务于社会经济生活的"致用功能"更是十分明显的。经济（economy）一词，在希腊语中就是对家庭收入的管理。亚里士多德就强调使用价值财富的获取，即致富，并将这种活动的研究称为"家计"或经济。"政治经济学"在西欧，从中世纪到19世纪，一直被视为是"使国家致富"的研究。20世纪30年代以来，发达资本主义国家实行"有调控的市场经济"，当代西方经济学强化了它的应用的功能。而马克思主义经济学更是公开宣称：它要服务于无产阶级批判旧世界、创造新世界的目标，从而更加强调它的致用功能。尽管不是所有的经济学都强调重视致用，西方经济学发展中曾经不断有脱离实际，甚至钻牛角尖的倾向。当代世界各国的实践表明，经济生活矛盾越多，越是需要有经济理论的指导作用。这一严峻的现实，使多数经济学家在经济学的致用性上大体有了共识。可以说，当今世界人们对经济学进行社会评价的标准，越发偏重它的指导社会改造、经济改革和经济发展的实践效果。因此，经济学不仅要深刻全面地说明某一经济现象，（1）它是什么？（2）为什么这样？而且还应说明（3）人们应该进一步怎么做？如果理论脱离实际，片面追求形式的"完善性"，逻辑推导，即使有如数学一样的精确性，"体系的全面而系统"，"博大而精深"，却不能说明经济生活中的重大现实问题，这种缺乏实践功能的理论也是十分苍白的。

当前，我国正处在改革开放、建设有中国特色社会主义的新时期，更是需要构建一门理论与实践密切结合，具有强实践功能的经济学，需要从理论上说明并解决好什么是市场经济，什么是社会主义市场经济和怎样来建设社会主义市场经济。但是在传统高度集中的计划体制下，政策更多地"出自上边"，经济学家难以发挥决策咨询与参与功能，因而经济学主要是对现行政策的理论说明。在市场体制的新模式下，需要充分发挥决策的民主化和科学化，经济学家以各种形式，参与政府决策和企业经营决策，并通过实践的总结，形成新结论和新原理，不断推动经济学理论的发展和创新。倡导学以致用和务实，不只是出于现实和功利的考虑，而且是为了使理论紧密结合实际，在新的实践中受检验，获得创新和发展。改革开放以来，越来越多的经济学家，热心和投身于对社会经济广阔领域内各种各样的新矛盾、新问题的研究，不仅阐明是什么、为什么，而且指出应该做什么和怎样做。可以说，马克思主义的理论联系实际的良好学风和致用的务实精神，在中国经济学界已经有了鲜明的表现，这是一种十分可喜的现象。发扬"学以致用"的务实精神，更加自觉地使经济学研究聚焦于改革开放和经济发展的实际问题，是进一步发展经济理论的需要，也应该是中国经济学的重要特征。

三、拓宽经济学的研究范围

经济学以经济领域为研究对象，政治经济学要研究生产，包括生产的目的、内在要素、社会条件，即生产一般，以及特定条件下生产要素的性质、特定活动动机、具体的组织、运行方式和社会制度条件。由于政治经济学的致用性质，在近代资本主义产生以来的不同的历史时期，适应不同的阶级、阶层、集团的现实利益，政治经济学在研究对象和范围、理论的侧重点和研究方法上，呈现出许多差别，表现为多种流派。

重农主义、重商主义侧重于国民经济的某些方面的分析，还未形成十分系统和完整的经济学。对资本主义经济进行全方位的研究的是亚当·斯密，他开创了从生产、交换、分配、消费等环节来进行"国民经济"的研究，并将政策也纳入政治经济学的研究领域。19世纪的奥地利主观效用学派将研究集中于人类主观心理决定的社会需求这一狭小领域。当代西方经济学的主要研究领域是市场经济的运行。30年代凯恩斯经济学产生后，政治经济学引入了宏观经济运行和政府的调控行为作为其研究侧重点。当代资本主义面对加强政府的宏观调控，调节收入分配关系，完善微观组织及行为，优化自然经济环境和加强资源利用等一系列新问题，使西方经济学研究范围进一步拓宽。但是对基本"制度"——资本主义所有制——研究的薄弱，成为西方主流经济学的鲜明特征。马克思经济学全面分析了资本主义商品经济的运行机制，它的所有制结构，微观组织的特征，宏观经济运行的条件。但马克思经济学却是以生产关系，即"制度分析"为重点，着眼于揭示资本主义生产关系的产生、形成、发展和为更高的社会主义、共产主义生产关系替代的规律。列宁进一步发展了对生产关系的研究，并且明确地把政治经济学定义为研究生产的社会制度。这种把研究对象定位于生产关系，其时代背景是20世纪初叶以来资本主义矛盾空前激化的世界经济与政治形势，它适应当时无产阶级进行社会主义革命的现实需要。第二次世界大战以来，多数社会主义国家长期流行的传统的政治经济学，其蓝本是斯大林的《苏联社会主义经济问题》以及苏联编写的《政治经济学教科书》。这种传统理论把研究对象限制在生产关系范围内，排斥对生产力和经济运行的研究。在这种思路下，政治经济学的主要内容是五大经济规律的抽象阐述，着眼于论述社会主义制度和体制的优越性，远离了经济运行的现实问题和矛盾，实际上把研究对象锁定于生产关系这一非常狭窄的领域，使社会主义经济理论内容十分空洞，越来越不反映、更不解决实际问题。这样的经济学研究，既不能得到他人和社会的重视，又使研究者沮丧，从而经济学的日益衰落就是不可避免的。

（一）为解放和发展生产力服务——中国经济学的重要现实使命①

1978 年以来进行的改革开放带来了中国经济的历史性大变化，也带来了经济理论繁荣和兴旺的新局面。社会主义旨在解放和发展生产力，以实现社会共同富裕。为解放生产力和发展生产力服务，理所当然成为中国经济学的重大现实使命。经济学要有所作为，争取大有作为，首先要弄清经济学在社会主义条件下的实践功能。新中国成立以来，人们对于社会主义政治经济学的实践功能模糊不清，把生产关系作为唯一研究对象的传统观念，长期束缚了经济理论研究者的视野，极大地限制了经济学的致用于经济建设的功能的发挥。改革开放后和建设有中国特色社会主义实践，使政治经济学的现实功能得到了明确：为经济建设服务，为解放生产力服务。这就是经济学的主要功能，也是经济学这一门学科的特点和优势。中国经济学的重要任务，

---

① 传统政治经济学教科书社会主义部分的主体理论是有关社会主义基本经济规律，国民经济有计划、按比例发展规律，劳动生产率不断提高规律，商品生产和价值规律，按劳分配规律等的阐述。

就是要从理论上阐明社会主义中国解放和发展生产力的规律。实践功能的明确，对于中国经济学的发展是十分重要的。因为它既使政治经济学研究获得了新的视野，又大大拓宽了政治经济学的研究范围。

（二）生产关系的完善——中国经济学的重要研究课题

社会主义生产关系的不断完善是发展生产力的根本前提。如何使中国的改革开放充分体现社会主义生产关系的完善，是一篇需要精心做好的大文章，它要求抓好所有制结构、企业、财产结构和收入分配方式、政府宏观调控方式等方面的改革。为此，人们必须勇于实践，大胆探索，按照"三个有利于"的标准，进一步解放和发展生产力；另一方面，又要使改革体现以公有制为主体和共同富裕。这样的史无前例的改革，显然面临着许多难点，也使改革面对着许多风险，需要人们始终保持头脑清醒；始终坚持党的基本路线，改革的社会主义方向；始终坚持解放思想，实事求是，并且正确引导和解决好改革中出现的各种各样的新问题，以实现社会主义生产关系的发展和完善，从而为解放和发展生产力创造根本经济条件。可见，改革的性质决定了中国经济学要深入研究改革中的深层次的生产关系问题，特别是占有和分配问题。因而，制度分析——指基本制度即生产关系的分析——仍然是政治经济学研究的重要内容。而那种把新时期中国理论经济学归结为就事论事，只是分析具体进程、运行机制，弄清参数的变化，而不需要再进行质的分析和制度完善的研究的看法是不可取的。至于那种反对政治经济学要进行制度——生产关系——分析的主张就更是错误的。

（三）经济体制结构的优化——中国经济学研究的重要任务

在实现了生产关系由私有制到公有制变革的社会主义国家，体制的完善，对于生产力的发展具有决定意义。体制完善，则主体行为合理，经济活动的组织高效，运行顺畅，增长快，经济充满活力。体制不适合，则主体行为失序，经济活动效率差，运行就不畅，增长就缓慢，经济就萎靡不振。

社会主义国家在很长时期内实行了高度集中的计划体制，这与初生期社会主义所处的环境有关，也与经济理论特别是对体制和经济运行的理论的模糊不清有关。具体地说，与把市场体制和市场运行机制——由"看不见的手"调节的机制当成是资本主义固有特征的错误理论有关。

中国正在进行以建立社会主义市场体制为目标的模式转换和机制转换，为此要构建社会主义市场经济的微观主体，形成完整的社会主义市场体系；建立高效的宏观调控体系，建立各种各样的中介组织与自律组织；同时需要改革科技、文化、教育体制，还需要健全法制和发扬政治民主。可见，这是一场全面而深刻的制度创新。它不是要照搬西方模式，而是要按照市场经济的一般规律，汲取西方市场经济实践的积极成果，使市场体制适应公有制和我国具体国情和特点，既充分发挥市场调节的活力，又实行有效的宏观调控，保证经济运行有序，这是一项全新的探索。

实现由计划体制到市场体制的转轨，是一项极其艰巨的任务。如何使市场机制与公有制有机结合？这一全新课题涉及：（1）如何改革和重组国有制经济，寻找和形成公有制的新实现形式，使它充分适应市场机制的作用？（2）如何在多种所有制、经营形式发展中，保证公有制的主体地位？（3）如何形成社会主义市场体系，在实行全面市场化，放开价格，充分发挥市场调节作用的同时，加强和完善政府的宏观调控，做到在增强经济活力同时保持价格和宏观经济运行的稳定？（4）如何形成社会主义收入体制，在允许收入差距拉大中，防止贫富悬殊和两极分化？为较好解决上述问题，需要对社会主义市场经济的体制构架，进行深入的理论剖析，揭明社会主义国家市场体制的共性与特性，用它来指导我国社会主义市场体制的构建。例如，企业改革中，坚持企业的独立化、法人化、产权多元化和市场流动化，形成真正的市场主体和法人实体。又如保证企业的公有制主体地位，国有企业的主导作用，坚持分配的社会公正，坚持收入的调节和差别的合理化，等等。总之，要使中国新经济体制既体现"市场经济的一般"，又体现"社会主义制度的特殊"和具有中国的"具体形式和特色"。这样的体制完善和体制创新，需要不断总结实践经验，发展和形成科学的体制改革和创新理论。这一任务，天然地应由政治经济学来承担。可见，把研究聚焦于体制改革，从理论上全面、系统地阐明社会主义体制改革就成为中国经济学的特色和优势，这一中国经济学独特优势的研究领域的理论成果将成为对世界经济学的重要贡献。

（四）经济运行机制的研究——中国经济学的重要内容

经济运行指的是经济活动流，是持续不断的经济活动，如持续不断的生产、购买和销售、消费、投资、股市交易、储蓄和银行信贷、财政支出，以及经济增长、价格波动、就业变动、人口增殖，等等。

进行动态的研究，分析经济运行，有利于进一步揭示经济的发展趋势和本质特征，因而政治经济学理所当然要对经济运行进行研究。

经济运行可以按经济活动的性质进行分别的研究，如生产、交换、分配、消费等运行状况；可以按微观的、中观的、宏观的角度进行研究，如一个企业、一个城市、一个地区或一个国家的经济活动的状况；也可以按各种不同主体的角度进行研究，如个人消费行为、企业经营行为、政府的调控行为，等等。

经济运行的状况、特点，取决于多种要素：所有制、经济体制、经济各个有关的要素、政策环境、外部的自然环境等。一般地说，经济体制对主体行为和经济运行状况有着直接的影响，个人的、企业的、政府的行为，无不直接地取决于体制的性质与结构。但是具体的经济运行是相关的多因素的产物。简单的经济运行，如市场经济中的个人消费需求，取决于价格、个人收入和个人主观的消费偏好。而复杂的经济运行，如国民经济运行状况则取决于企业投资、居民消费、储蓄和银行信贷、市场融资、农产品供给、人口增长、体制变迁等一系列的要素。总之，具体的经济运行是在经济的各个环节、要素、层面以及非经济的相关要素包括科技、文化、环境等作用下形成的，要确定经济运行的性质，揭示其特征，人们就应着力于找出其相关要素，并确定其决定要素。

在市场经济条件下，经济具有自发性，经济运行具有不确定性（uncertainty），特别是为了实行有效的宏观调控，人们需要对各种经济运行状况和发展态势进行研究。实现经济运行的稳定性是社会主义市场体制的重大要求，因此更加需要对宏观、中观、微观经济的多种运行规律进行理论的阐明，这是中国经济学必须承担起的一项任务。对经济运行的研究，要求人们把经济生活中各种互相联系、互相制约的环节、层面、要素纳入研究领域，从更广更全面的联系上——它是21世纪高度现代化和社会化经济固有的特征——来观察、研究和揭示经济规律，这既是政治经济学"广义化"的一个重要方面，也是中国经济学研究具有的开放性和与国际接轨的表现。

（五）生产组织形式——中国经济学的另一个研究课题

生产组织形式是在一定的生产力条件下，为实现合乎目的的生产而实行的一定的生产要素的组织形式，也就是马克思经济学中使用的"劳动方式"范畴。劳动方式是以劳动手段为基础的一定的生产方法和劳动组织，作为生产要素的组织形式，它属于生产力的范畴。

劳动方式是社会经济组织的基础和社会生产关系的物质载体。人们要深刻把握生产关系的性质和特征，必须从它所依附和植根的劳动方式的剖析着手。例如，以榨取地租为内容的封建生产关系，是以使用手工工具的农民家庭生产或农奴劳动协作为物质载体；以榨取剩余价值为内容的资本主义生产关系，是以机器大生产和工厂制度为其物质载体。政治经济学对经济体制和生产关系的理论分析，都离不开对生产组织形式，即劳动方式的研究和分析。在《资本论》等著作中，人们可以看见，马克思对人类历史上的劳动方式——原始畜牧、原始农业、家长制家庭生产、个体家庭生产、协作劳动、有分工的协作劳动、家庭手工业、机器大生产等所作的十分深刻的考察。

服务于组织好社会主义经济，实现最大限度地解放生产力和发展生产力的中国经济学，除了分析发展生产力的制度条件、体制前提、运行机制外，还应阐明直接决定生产经济效果的生产要素组合方式。

中国经济学不应该只是抽象地论述社会主义物质技术基础——现代化大工业生产，而是要从中国社会主义初级阶段的实际出发，阐述使用先进技术的现代化生产，使用一般技术和使用落后技术的中、小生产的并存，以及资本、技术密集型生产和劳动密集型生产的并存；要深入研究经济发展不平衡的条件下，技术水平和效率不一的多样生产组织和劳动方式存在的合理界限；特别是要基于社会主义现代化和增长方式转换这一历史趋势，深入阐明中国生产组织发展变化的规律。基于中国拥有12亿人口这一现实，要深入研究中国现代化过程中大生产和中小生产的合理结构，技术、资金密集型生产和劳动密集型生产的合理结构，达到有效地利用劳动资源，实现最大社会效益。基于中国农村的具体条件和家庭生产、合作生产、实行专业化分工协作的合作生产（农业产业化）的逐步递进的发展趋势和道路，探索并阐明中国农业和农村现代化的规律。

上述对生产组织和劳动方式的研究和阐明，不只是着眼于增长方式的根本性转换，而且借助生产力决定劳动方式，劳动方式决定生产关系的原理，可以更清楚地阐明多种所有制以及多种经营方式发展的必然性及其合理界限，从而有助于人们揭示实现体制根本性转换的规律。可见，深入研究实现要素有效组合的生产组织形式或劳动方式，揭示生产力发展的规律是中国经济学的不可缺少的内容。

综上所述，旨在为解放和发展生产力服务的中国经济学，要全面研究生产力发展的条件，即制度、体制、运行机制、生产组织，并促使人们自觉地致力于上述条件的创造，推进制度创新和组织完善，从而实现生产力的解放。为此，中国经济学研究领域的广阔性质是必然的和必要的，同时，拓宽研究范围，也将成为中国经济学获得进一步发展的重要契机。

四、改进经济学研究方法

科学的理论必须要有科学的方法。建立中国经济学，就方法论来说，涉及许多问题。这里，只谈几个问题。

（一）坚持唯物辩证法和历史唯物主义

唯物辩证法和历史唯物主义是马克思主义政治经济学的根本方法，建立和形成中国经济学，同样要坚持这一方法论。中国经济学的重要内容，是进一步从理论上阐明有中国特色社会主义的经济制度，特别是所有制和分配关系的特点，要阐明既要反对全盘私有化和收入上的两极分化，又不搞"一大二公"的"纯社会主义"和吃"大锅饭"的穷社会主义。中国经济学还要阐述社会主义物质文明和社会主义精神文明的关系及其相互促进的规律，进一步指明社会主义社会的本质特征和建设社会主义的道路。中国经济学的制度分析，同样需要坚持历史唯物主义有关生产力与生产关系、经济基础和上层建筑的基本原理。

体制结构和经济运行的分析，是中国经济学的十分重要内容，如社会主义市场体制的结构，特别是微观主体的性质和行为特征，价格变动机制下宏观经济的运行状态和经济周期等，都是经济研究的重大课题。对体制、主体行为、经济运行的研究，既涉及定性的制度分析，又更多地涉及各种相关经济要素的相互作用的分析，这就需要从事物的相互联系性、对立的统一、量变到质变、形式与内容、现象与本质、一般与特殊等方面进行全面的剖析。可见，坚持历史唯物主义和唯物辩证法，对于中国经济学的形成和发展是不可缺少和至关重要的。

（二）用好科学抽象方法

政治经济学是一门理论经济学，它依靠一系列经济学的范畴、原理、规律体系来反映经济活动、关系变动的客观规律。上述经济学的范畴、原理和规律的揭示，不是借助科学实验，而是要通过人类的思维活动，这就是从现实的具体出发，进行理论的抽象，去粗取精，去伪存真，由此及彼，由表及里，提炼出经济学的一般范畴，如商品、货币、市场、资本等，然后由反映事物的一般规定的抽象范畴，上升到具体，从而在本质上把握住有血有肉的现实。

科学抽象法是进行社会主义生产关系的研究——制度分析的需要。构建社会主义市场体制，建设有中国特色的社会主义，要求不断发展和完善社会主义生产关系。因而，政治经济学不仅需要研究有关经济活动的具体组织形式的问题，以及大量多种多样的经济运行问题、生产力的组织问题，而且要通过上述经济活动的具体组织，深入经济关系的里层，揭示出社会主义生产关系发展变化的状况和性质（主要是占有和分配的状况和性质），不使用科学抽象，不接触深层的制度，只是借助实践材料的验证，就事论事，这种方法是与经济科学不相容的。

正确而合理地使用科学的抽象法，不是要在研究市场机制下产生新的经济组织形式、财产权结构、收入分配方式，以及经营管理方式时，先行定性和简单地使用"姓社""姓资"两分法，并按这种"性质画线"来加以取舍，而是要基于对生产关系和生产力的矛盾的科学估量和按照解放和发展生产力的现实的需要和社会主义初级阶段的性质，有效地加以利用，合理地予以调节引导和促使社会主义生产关系的逐步完善。认为经济学不需要进行制度分析，以及任何放弃科学抽象研究方法的主张，都是不正确的。

（三）引入和正确适度地使用数量分析

对经济现象活动的分析，不仅要着眼于定性，而且也要着眼于定量。中国经济学不可以满足于帽子大、内容空的"理论阐述"，而要用务实的态度，以实证的资料为基础，去阐明经济活动和关系的演变，从而使人们对经济发展的趋势、规律有更加具体的认识。特别是中国经济学要进行经济运行的研究，这种运行研究首先要对某一经济活动、现象，通过定性的理论分析，抽出制约这一事物的各种因素，即经济参数，然后在研究实证资料的基础上，采用各种定量的数学方法和工具，设计出由各种经济参数组成的方程式，由此简洁而清晰地甚至以可解系数的精确的数学语言，来揭示经济运行的规律。

传统的政治经济学在研究方法上的缺陷，在于不重视和不提倡定量的分析，缺乏量和度的概念，未能把定性分析和定量分析相结合。这种方法导致经济工作中无视现实经济关系的差别性的"一刀切"。这种研究方法已经很难用来说明改革开放后中国生产关系的现实。例如，不分析各类出资人——国家、集体、职工、私有主、外资——股权的比例及其演变的趋势，人们就很难给股份制企业予以定性。特别是这种研究方法不能适应市场条件下经济运行的研究，例如它不能形成以统计资料为基础的有关市场价格变动→企业行为变动的经验性的论断，后者是企业经营决策和政府的宏观调控的重要依据。

中国经济学中对数量分析方法的使用，其前提是：（1）坚持历史唯物主义的基本方法论为前提；（2）坚持科学抽象法对经济事物进行定性的理论分析。因而，它要根据其具体研究的对象和课题，恰当地做到理论分析和数量分析相结合。某些具体问题，如货币流通量与价格变动，居民收入增长与购买力等，要建立计量的分析工具和大量使用数量分析。但是，对当代十分复杂的经济活动和社会现象的分析和规律的揭示，数量分析不是唯一的，更不可能是基本的方法。

发源于30年代，在战后西方经济学中十分流行的数量分析方法，对经济学的发展是具有积极意义的。经济计量学借助数量分析，开展对需求、生产、成本、供给、分配等函数的研究，特别是制定了各种宏观经济模型，这对于预测市场经济下的价格波动、主体经济行为的变化和国民经济总体的运行，具有实用价值。可以说，数量分析方法强化了西方市场经济理论的致用性质，它为政府进行宏观调控和主体进行经济活动提供了一种认识工具。但是也应该看到，西方经济学在使用数量分析方法中的片面性和严重的局限性。这就是：（1）把趋势的规律当作是有精确数量的精密的自然规律。一些数量经济学家费尽心机，搜罗各种有关经济参数，设计出一系列数学公式来论证某种市场过程、现象，并为形成这一市场现象的条件求解。例如，一些计量经济学家用上百个联立方程式来论证形成一般均衡的条件，德布雷（Debren）更是力图用拓扑学来对这种一般均衡的条件求出唯一解。这种用数量分析求解来阐述价值规律，实际上是把受到十分复杂的因素制约的处在不断变动中的"趋势"的规律，等同于自然物质的规律。对本来没有确切数字解的经济过程求解和进行复杂的数学逻辑推演，可以说是一种数学游戏，并没有任何现实意义。（2）西方经济学家大多有良好的数学功底，熟悉统计学方法。他们的长处在于能够用数学工具来揭示经济运行的各种因素之间的相互联系，阐述经济活动具体进程的规律，但是多数学者拙于"制度"——深层次制度即所有制结构——分析，而多半停留在市场经济运行的表层研究，不能或者甚至是有意回避对市场经济深层结构的分析。缺乏定性分析的定量研究法，无论如何也是不可能全面地、科学地阐明是什么、为什么和怎么办的问题。而用这种数量研究来代替或是取消定性的理论分析的流行趋势，表明了在当代资本主义条件下的西方经济学的历史局限性。当前一些年轻同志在学习研究西方经济学和试图进行对经济活动和进程的数量分析时，切不可陷入数学崇拜的误区。人们可以看见，一些能超越传统，拥有创新思维能力的西方经济学家，都试图接触资本主义深层次关系，而对数量分析不予重视。[①]

可见，我们只能有取舍地吸取西方经济学中数量分析方法的积极成果，而不能全面照搬，更不能用数学计量来取代理论分析。那种关于只有复杂的数学模式的设计和精确数学分析的方法，才意味着经济学的"与国际接轨"，并将它视为中国经济学发展方向的主张，笔者是不敢苟同的。

---

① 不说西方激进经济学家，就是加布尔雷斯、科斯等，都不看重数量分析。

立足新实践

推进社会主义经济理论创新[①]

20年前开展的关于实践是检验真理的标准的讨论，是一次马克思主义的思想建设，也是以毛泽东为首的中国共产党的优良传统的再学习。特别是邓小平关于解放思想、实事求是的新阐述和他对开动脑筋、研究新实践、解决新问题、形成新理论的强调，其现实意义更是重大。它不仅直接促成、催化了我国十一届三中全会采取的实行改革开放的路线，带来了我国80年代理论战线的生气勃勃的气象，促进了以市场为取向的改革不断深化，而且对于我国当前进一步落实党的十五大精神，顺利实现十五大制定的中国走向21世纪的宏伟纲领也具有重大意义。

没有立足于实践的理论，就没有胜利的革命实践，这是从当代社会主义充满风云变幻，既有成功也有失败的经历中得出的最重要的经验和教训。20世纪俄国的社会主义建设，有过辉煌的年代，也经过许

---

① 原载《四川日报》1998年6月9日。

多艰辛、曲折,在80年代末以巨大的挫败而终结。二战后东欧国家的社会主义建设与改革,更是几经曲折,由于找不到一条正确的改革道路,也在80年代末归于失败。苏东国家社会主义的挫败,不是马克思主义的失败,除了种种客观原因而外,主观上在于人们未能做到把马克思主义与当代实际相结合。不少人思想僵化、照抄照搬,习惯于奉行书本上的社会主义,或因袭他国模式的社会主义,或是在改革中左右摇摆,不善于或不敢去研究、探索立足于本国实际的"实践中的社会主义",这就是20世纪末叶苏东社会主义国家面临的历史性悲剧的思想根源。

在苏东国家社会主义遭受大挫败的形势下,中国的社会主义现代化建设却一枝独秀。这得益于邓小平同志和他所创立的理论。邓小平同志是十分清醒的无产阶级革命家和马克思主义理论家,他在"文化大革命"后全国面对严重困难的形势下,冷静地总结国际和国内的经验教训,围绕着"什么是社会主义和如何建设社会主义"这一根本问题进行历史的反思,以无比的理论勇气,指出原有社会主义理论的不足和人们附加给社会主义的许多错误论点的危害性。坚持解放思想、实事求是的思想路线,基于当代世界和中国的实践,阐述了有关建设有中国特色社会主义的理论,并对整个80年代我国的改革及转型期存在的种种问题,进行了深入的思考和理论总结,提出"计划经济不等于社会主义,资本主义也有计划;市场经济不等于资本主义,社会主义也有市场。计划和市场都是经济手段"的科学论断,为党和政府制定新时期的路线方针与政策,从而指导和组织起一场全民积极参与的全面的体制改革,稳步地推进由计划体制到市场体制的转型,提供了科学的理论指导,从而使我国的改革避免了东欧的悲剧。

党的十五大,高举邓小平理论的伟大旗帜,对有中国特色社会主义的经济、政治、文化体制作了进一步的阐述，特别重要的是十五大报告基于解放思想、实事求是的精神，在有关社会主义所有制改革、国有经济改革、分配制度改革等方面，提出了一系列新的论点和重要理论命题，这标志着十五大在社会主义重大经济理论，特别是在社会主义所有制理论的论述上，又一次克服了本本主义和思想僵化，是又一次重大的思想解放。就坚持和号召解放思想、实事求是的思想路线来进行经济理论创新和推进经济体制改革来说，党的十五大的贡献是极其重大的，是对我国体制转型的一次重要的思想启动和政治启动。

20年前，邓小平同志说："要向前看，就要及时地研究新情况和解决新问题，否则我们就不可能顺利前进。"我国改革发展是不平衡的，农村改革一马当先，一个时期内国有企业改革表现滞后。这种滞后既有由于推进企业改革走向深层次本身的困难，更主要的是遇到各种各样的思想认识上的障碍，如国有企业改革是在传统模式下小改小革，还是要进行根本性的制度创新？国有企业要不要和能不能借鉴和实行国外通行的股份制企业制度？要不要发展资本市场，改变国有企业完全依靠银行信贷的传统模式？国有经济要不要实行紧缩，改变在国民经济中垄断一切的"大一统"的格局等等。前几年理论界在上述问题上存在着激烈的争论，这尽管是科学发展所必要的，但仍然存在着遇事先查本本而不是从实际出发，遇事先问姓社姓资而不是着眼于实际效果的问题。一些人怀着良好的用心和对理论的忠诚，却脱离了中国国情和社会主义初级阶段的实际。许多情况表明，就思想方法上的从本本主义出发，还是从实际出发，仍然是个需要加以解决的重要问题。我国当前已经进入改革的攻坚阶段，由此而带来的新矛盾，人们不可能从书本中去寻找答案，而只能立足于实际，针对新情况，研究新问题，实现理论的创新。如果固守书本，背着框框，离开对无比生动的实际进行观察和思考，认识就会越来越落后于实践，用心良好的理论也就失去其现实意义。党的十五大的重大贡献是，在国有企业改革问题上一锤定音，对人们多年争论的许多问题做出理论总结，提出了建立"产权明晰，责权明确，政企分开，管理科学"的现代企业制度的指示和实行从总体上搞活国有经济的方针；实行国有企业战略调整和国有经济产业、行业布局的调整；提高国有经济的控制权，讲求"质"的提高而不是单纯追求数量，讲求比重；实行企业产权结构多元化，发展混合型经济，改变清一色的单一国有制等大政方针。拓宽了国企改革的道路，从而启动了新一轮国有企业改革的高潮。为了认真落实十五大精神，首先需要认真学好邓小平理论，特别是要深入学习社会主义市场经济理论，克服各种各样的模糊认识和错误。其次，由于在深化改革中新情况、新问题层出不穷，我们业已掌握的现有的经济理论资料表现出不足和匮乏，迫切地需要有进一步的理论创新，需要发展针对现实的和前瞻性的社会主义经济理论。只有理论的进一辩明，才会有人民群众思想的明确，在改革中才会有更加自觉的行动，十五大精神和进行两个根本性转变的任务才能真正地有效落实。

坚持以实践来检验真理，提倡立足于实际，立足于总结实践经验来进行理论创新，提倡在实践中发展马克思主义，是中国共产党的优良传统，也是邓小平同志一再强调和不断阐述的英明思想。在我国走向21世纪的时候，我们更加需要高举邓小平理论的旗帜，要解放思想，实事求是，研究新情况，解决新问题，形成新理论。就经济学领域来说，要立足于中国实际，大胆创新，构建起一个以马克思主义、毛泽东思想，特别是以邓小平理论为指导，吸取中国古代经济学和西方经济学的优秀成果的中国经济学，这是很有必要的。

社会主义政治经济学需要不断进行理论创新①

——在高校纪念真理标准讨论20周年研讨会上的发言

　　20年前开展的关于实践是检验真理标准的讨论，具有重大的历史意义。这场讨论是一声春雷，唤醒了中华民族的健康思维。这场讨论是一次马克思主义的思想建设，也是以毛泽东为首的中国共产党的优良传统的再学习。特别是邓小平同志关于解放思想、实事求是的新阐述，和他对开动脑筋，研究新实践，解决新问题，形成新理论的强调，其现实意义更是重大，它不仅直接促成、催化了我国十一届三中全会采取的实行改革开放的路线，还带来了我国80年代以来理论战线的生气勃勃的气象。就经济理论的研讨来说，1979年初四川就社会主义条件下的价值规律问题进行了研讨；1979年4月在无锡召开全国价值规律问题讨论会上提出了社会主义市场经济问题；1981年在成都召开的全国所有制问题研讨会上提出和讨论了国营企业自负盈亏、公有制多元性与多样性等问题。十二大提出社会主义商品经济问题，以后，

---

① 原载《高校社会科学研究和理论教学》1998年第5期。

进行了有关实行股份制和产权改革等问题的讨论。这些讨论都是在解放思想指导下开展的。显然地，真理标准的讨论，促使经济理论的不断发展和创新，促进了市场取向的改革的不断深化。

没有立足于实践的理论，就没有胜利的革命实践，这是从当代社会主义充满风云变幻，有成功也有失败的经历中总结出来的一条最重要的经验和教训。20世纪的苏联的社会主义建设，有过辉煌的年代，也经过许多艰辛、曲折，在90年代初以巨大挫败终结。第二次世界大战后东欧国家的社会主义建设与改革，更是几经曲折，付出沉重代价，由于找不到一些正确的改革的道路，也由于他国的干涉，也在80年代末归于覆灭。苏东国家社会主义的挫败，不是马克思主义的失败，除了种种客观原因而外，主观上在于人们未能做到把马克思主义与当代实际相结合。不少人思想僵化、照抄照搬，习惯于奉行书本上的社会主义，或因袭他国模式，或是在改革中左右摇摆，未能致力于控制和从事立足于本国实际的"实践中的社会主义"，这就是20世纪末苏东社会主义国家发生历史性悲剧的思想根源。

在80年代末90年代初苏东国家社会主义遭受大挫败的形势下，中国的社会主义现代化建设却一枝独秀。党的十一届三中全会，废弃了传统的以阶级斗争为纲，实现了全党工作重心向经济建设的战略转移，启动了一场市场取向的体制改革。1979年迄今的20年里，中国取得了经济高速增长，改革深入发展，开放不断扩大，人民生活水平迅速提高，各民族加强团结，国家综合实力不断增强的令举世瞩目的巨大成就。十分庆幸的是，我们有邓小平同志作为中国改革的总设计师。邓小平同志是十分清醒的无产阶级革命家和马克思主义的理论家，他在"文化大革命"后严重困难的形势下，冷静地总结国际和国内的经验教训，始终围绕"什么是社会主义和如何建设社会主义"这一根本问题，进行历史的反思。他以无比的理论勇气，指出原有的社会主义理论的不足和人们附加给社会主义的许多错误论点的危害性。在改革与发展的新时期他着眼于治本：解决好指导思想问题，即从事适合当代和中国国情的社会主义理论的构建。他坚持解放思想，实事求是的思想路线，基于当代世界和中国实践，扬弃了马克思主义创始人理论的不切合当代实际的东西，大胆抛弃了传统的社会主义模式，突破了许多人们不敢逾越的框框，以大无畏的精神进行理论创新。十一届三中全会以来，邓小平同志在解放思想、实事求是上为我们做出榜样，他把社会主义基本原理与当代世界、当代中国的实际相结合，形成了建设有中国特色社会主义的理论。1992年邓小平同志提出："计划经济不等于社会主义，资本主义也有计划；市场经济不等于资本主义，社会主义也有市场。计划和市场都是经济手段。"这是对社会主义市场经济的基本理论进行了新的阐明。这一论述是对马克思、恩格斯、列宁阐述的社会主义经济理论的大突破，是对传统政治经济学教科书中确立的计划经济是社会主义本质特征的教条的彻底否定。社会主义市场经济的理论是邓小平同志建设具有中国特色的社会主义经济理论的重要内容和基石。

1997年党的十五大，确立以邓小平理论为全党的指导思想，江泽民同志在党的十五大的报告，号召全党全民高举邓小平理论的伟大旗帜，把建设有中国特色社会主义的伟大事业全面推向21世纪。十五大是进一步推进改革的大会。改革要实行攻关，要在国有企业改革上取得突破，还要进行配套的改革，全面推进新旧体制的转换。特别重要的是十五大报告基于解放思想、实事求是的精神，在有关社会主义所有制改革、国有经济改革、分配制度改革等方面，提出了一系列新的论点和重要理论命题，如有关以公有制为主体、多种经济共同发展，全面认识公有制经济的含义，公有制的主体地位的具体内涵，以及国有经济增强控制力和竞争力，进行国有经济布局的战略调整等，这些均是意义重大的新论题，特别是提出了公有制实现形式可以而且应当多样化的重要命题。上述这些论述，针对近年来改革深化中人们思想认识上存在的模糊与困惑，突破了传统政治经济学的框框，标志着社会主义市场经济理论的新发展。可见，十五大在社会主义重大经济理论，特别是社会主义所有制理论上的论述，又一次克服了本本主义和思想僵化，是又一次重大的思想解放。就坚持和号召解放思想、实事求是的思想路线来进行经济理论创新和推进经济体制改革来说，党的十五大的贡献是极其重大的，是对我国体制转型的一次重要的思想启动和政治启动。十五大以来我国改革表现出蓬勃生气，国有企业加快了企业步伐，金融体制改革一马当先，政府机构改革提上了日程，在东南亚金融危机形势下，为稳定人民币币值和稳定经济高增长，政府采取了扩大内需的种种重大措施。在日本和东南亚各国或各地区面临危机后的艰难调整的形势下，中国经济以其进行体制创新和保持稳步增长的良好形势，而越来越为全世界所瞩目。

我国改革发展是不平衡的，农村改革一马当先，一段时期内国有企业改革表现出滞后。这种滞后既有由于推进企业改革走向深层次本身的困难，更主要的是遇到各种各样的思想认识的障碍，比如：（1）国有企业改革是在传统模式下小改小革，还是要进行根本性的制度创新？（2）国有企业要不要和能不能借鉴和实行国外通行的股份制企业制度？（3）要不要发展资本市场，改变国有企业完全依靠银行信贷的传统模式？（4）国有经济要不要紧缩，改变在国民经济中垄断一切的"大一统"的格局？等等。前几年理论界在上述问题上存在着激烈的争论，进行学术争论是正常的，也是科学发展所必要的。但是，对这一时期的理论轨迹进行回顾，人们也可以看见，一些讨论中也存在着遇事先查本本，而不是从实际出发；遇事先问姓社姓资，而不是着眼于其实际效果。一些同志怀着良好的用心和对理论的忠诚，但却脱离了中国国情和社会主义初级阶段的实际。许多情况表明，就思想方法上的从本本主义出发，还是从实际出发，仍然是一个需要加以解决的重要问题。我国当前已经进入改革越来越深化的新时期，需要研究的新实际、新问题层出不穷，例如：国有制与社会主义市场体制如何有机结合，按劳分配与按要素分配如何和谐共存等问题。这些新问题与新矛盾，人们不可能从书本中去寻找答案，而只能在实践中求真知。如果固守书本，背着框框，离开对无比生动的实际的观察和思考，人们在认识上就会越来越落后于实践，缺乏根本的理论也就失去其现实意义。党的十五大的重大贡献是，在国有企业改革问题上一锤定音，对人们多年争论的许多问题做出理论总结，提出了国有企业的深化改革，以建立"产权明晰，责权明确，政企分开，管理科学"的现代企业制度为目标；要实行从总体上搞活国有经济的方针，而不是逐户搞活；要实行国有企业战略性调整和国有经济产业、行业布局的调整；要提高国有经济的控制力，讲求"质"的提高而不是单纯追求数量，讲求比重；要实行企业产权结构多元化，发展混合型经济，改变清一色的单一国有制，等等。十五大以其立足实际的社会主义经济理论创新，拓宽了国企改革的道路，启动了新一轮国有企业改革的高潮。十五大的理论内容十分丰富，是高校进行新一轮经济学理论研究的指导方针。

坚持以实践来检验真理，提倡立足于实际，立足于总结实践经验来进行理论创新，提倡在实践中发展马克思主义，是中国共产党的优良传统，也是邓小平同志一再强调和不断阐述的英明思想。在我国当前走向21世纪的新时期，我们更加需要高举邓小平理论的旗帜，要解放思想，实事求是，研究新情况，解决新问题，形成新理论，要形成"百花齐放、百家争鸣"生气勃勃的学风。就经济学领域来说，更要走在前面，进一步形成经济的繁荣气象。我们需要在经济理论研究中，贯彻好解放思想，实事求是，这是我们高校经济理论工作者的主要任务。实践不断向我们提出新问题，例如，到底如何观察当前的宏观形势？如何看待当前的买方市场？如何解决内需不足，改善宏观经济条件，以保证经济增长8%和减轻国有企业的压力与困难？等等。这不仅仅是迫切的现实问题，也涉及重要的经济学理论与方法论问题。

这里，我想就高校社会主义理论经济学研究谈几点意见。

第一，高校经济学教学与理论研究面临着艰巨任务，中心问题是如何在新时期宣传好马克思主义经济学，特别是宣传好邓小平理论，真正使邓小平理论进入课堂，成为学校思想工作的强大武器。

第二，高校政治经济学教材的建设，特别是社会主义部分的建设，还面临着极其艰难的任务。不少经济学教材滞后于改革实际的发展，特别是十五大以后改革的发展。要以邓小平理论为指导进一步改进教材，我们不能丢掉老祖宗，也不能照搬西方，从当前经济理论的实际来看，更重要的是要有新的建树，求得理论反映实际，要发展才能坚持，为此，要着力于发展和创新，要在基本范畴、理论、体系上进行新的构建。

第三，高校经济学教学与理论研究的主要问题，还是思想落后于实际，是本本主义和根深蒂固的教条主义的思想束缚。传统的教科书的理论老框框还十分严重，我们迫切需要牢固地确立解放思想、实事求是的思想方法。首先，要端正思想方法与学风；其次，要树立起深入实际，调查研究，把理论立足于实际的意识。理论来源于理论就会争论无穷。

第四，高校经济学研究，要有雄心壮志，要敢于攀登高峰，要参与世界范围的学术竞争，要推出有世界声誉的学术专著。我们不可妄自菲薄，也不可自我感觉良好。我们需要建立一门以马列主义、毛泽东思想、邓小平理论为指导的，立足于中国实际，继承中国历史与经济学研究的精华，吸取西方经济学优秀成果的中国的社会主义经济学理论。这是一项大创新，需要有新的眼界，"炒陈饭"不行，也没有出路，不会有吸引力，思想工作没有效果。当然，这也非一朝一夕之功。社会主义经济学理论的创新，寄希望于中青年学者。

第五，高校理论与教育工作者的根本任务，是学好邓小平理论和符合时代的新精神，要把我们的认识提高到符合时代要求的新水平。这也是我们在今天纪念真理标准讨论20周年的意义之所在。

经济理论要适应实践的发展而发展①

经济体制的改革使社会主义商品经济呈现生机勃勃的发展新局面，因此社会主义经济理论面临着发展和再造的任务，要进行一次十分深入的大胆的变革。

在进行社会主义经济理论的革新时，首先需要进一步明确：理论来源于实践，经济理论总是生产活动和生产关系的思维形态，并且总是随着生产活动和生产关系的变化而变化的。随着新的生产方式、经济运行机制、生产关系的出现，总是会有新的理论的产生和旧理论的被抛弃。理论上的发展、变革和新旧交替，是不可更易的社会规律。如果人们不是适应这一社会理论发展的规律，顺应宏观的生产条件、状况的变化，自觉地去进行理论、观念的革新，及时地创造出科学地反映变化了的客观实际的新的范畴、观念和规律，抛弃那些过时了的陈腐的观念、理论，那么，人们就不能获得一种科学的思维方式，就不能正确地观察和分析经济生活，科学地规划自己的行动。

---

① 写于1998年。

一、马克思主义的经济理论也是要随着实践的发展而发展的

马克思主义是由马克思创立的关于人类的科学认识，马克思主义经济理论和马克思主义的哲学、科学社会主义一样，它包括具有普遍适用性的一般原理，但是它的每一个组成部分，都要随着实践的变化而变化，由后人来加以丰富和发展，它的许多一般原理继续保持下来，但是许多论点、命题要进一步丰富，一些过时的观点要扬弃，甚至某些基本原理范围也要发生更新，这种情况本来是科学发展的常规，是不奇怪的。那种认为马克思恩格斯著作中的论点"万古不变"的观点，是十分迂腐而可笑的。

特别是马克思主义的经济理论，是一种发展、变化中的理论，如马克思分析了19世纪的资本主义，列宁揭示了19世纪末20世纪初特别是第一次世界大战前后的资本主义的新特征。人们也应进一步阐述20世纪中叶以来，特别是第二次世界大战以来的资本主义的新特征，并用之分析资本主义的新情况，做出新结论，进一步丰富马克思主义的经济理论。既坚持马克思创立的学说中的一般原理，又抛弃那些业已失效的结论，更重要的是，要补充、反映新的情况，丰富新的实际的理论观点。

对于马克思主义的社会主义经济理论来说，马克思本来就并未创建起社会主义政治经济学，它只是对社会主义的一些经济特征进行了一些描述，这些既包括天才的科学预言，也包括某些带有空想色彩的、未曾言中的论点。作为只能通过人们的长期的社会主义的实践才能逐步地发展、丰富和最终确立的社会主义政治经济学，更加要靠实践，它的基本理论、基本范畴、基本规律的形成更要立足于实践经验

之上，而不能导源于书本；在进行理论概括时，人们必须把社会主义建设和改革的新鲜经验作为基点，而不能固守那种过时的做法和模式所形成的传统观念。

由于社会主义本身尚在探索中发展，这就决定了社会主义政治经济学只能是一门初创中的学科，还不能说已建立起一门社会主义政治经济学，不论是斯大林的《苏联社会主义经济问题》，或是各国的教科书，包括我国目前编写的各种教科书，都不能说是完成了科学的社会主义政治经济学的建立，只能说是为建立社会主义政治经济学教科书做的某种尝试。

20世纪50年代的斯大林建立的理论模式很大程度上已经不能反映社会主义经济发展的实际。

我们处在一个不断地和加速度地变革的世界，世界各国的经济、政治、社会结构都在发生变化。

经济变革一马当先，它表现为几个层面。

第一，技术经济层面：经济生活的物质技术基础的变革是飞跃性的，变革的策源是发达的资本主义国家，特别是美国，出现了新的技术革命。其标志是：计算机技术（网络），生物技术，新能源，新材料（核能），航天技术，环保技术，其概念是"知识经济"。

第二，经济全球化问题：市场经济运行超出国境，战后的集团化、全球经济一体化以欧盟和欧洲共同体的形成为标志。经济全球化将使世界各国的生产、市场状况发生变化，带来产业结构的变化，资本流通的变化，从而市场在跨国界起资源配置作用，它将影响购销方式、就业方式、生活方式的变化。

第三，知识经济。信息技术与其他企业的创新机制；信息技术带来的企业组织改革，企业间协作关系变化，大而全结构的分化；知识经济与信息服务业的发展；知识经济与就业方式；职业结构的变化；知识经济与增长与通货膨胀；知识经济与教育等高技术与高智力劳动带来的产业结构，微观经济组织（生产+销售）等的深刻变化。

经济学的研究要揭示：信息技术（当代最新生产力）引起的经济组织、经济运行的新变化、新矛盾；高科技产业与传统产业的矛盾；在新兴国家如何利用知识经济、高科技产业，现实中还是要充分发挥传统产业的作用和提高其素质，着眼于高科技改造传统产业——其结果是适度利用先进技术。

第四，分配关系。（1）社会福利与收入政策，对高收入的实行政府税收调节，两极化与中间阶级的扩张并存，特别是富人与穷人的对立，不只是无所事事的资产者白白占有剩余价值，而是高价值创造者或在价值高估机制下，所得分配的失衡。（2）大量经济问题，如核能技术、汽车、航天技术的新经济问题；大量经济组织问题；科技革命的时代，一场深刻的技术变革，企业改组正在进行，信息、航天、生物工程正在改变着物质生产方式与经济组织方式：小企业，承包方式等，造成大量经济运行问题。（3）新经济问题对经济运行带来的影响将是十分深刻的，以至于一些古典经济学的规律失灵：如高增长与高通货膨胀，高通货膨胀与再就业，对此不能妄下结论，但是的确面临着新情况，实践中提出新问题，不仅新古典经济学理论要更新，马克思主义经济学也需要新发展。

上述微观经济组织形式、经济运行方式的变化，产业结构的新变化，是与生产力发展密切相关的，人们应该研究其规律性，以促进增长。

上述经济变革，也是体现了生产关系的新变化，包括分配关系、阶级关系、阶层结构的新变化。当然，资本主义基本制度，资本主义所有制基本结构不可能自行消亡，但是"变化"是存在的，因而马克思经济学基本理论没有过时，但是面对新问题，马克思经济理论无疑需要进一步发展和革新。面向21世纪的世界，只有发展和革新了的马克思主义，才有生命力，才能有正确发挥推进变革、改造世界的功能。

二、对政治经济学教材编写的思考

我国当前处在充分发展社会主义商品经济的社会主义建设的新时期，需要我们进一步充实、完善和改革社会主义政治经济学教材，在这方面要迈出大的步子，甚至要有突破性的进展，应该允许大改的实验，经济学教材改革可以考虑几个方面：

（一）把一般规律的研究与中国特殊情况结合起来

20世纪50年代以来，传统的社会主义政治经济学教材是承袭苏联政治经济学教科书的，后者，未能科学阐明社会主义经济的一般规律，存在许多缺陷，我国据此编写的教材未能做到紧密地结合中国社会主义建设的实际。当前，我们要从中国经济体制改革后的社会主义经济的现实关系出发，进行分析，从中找出规律性的东西，上升为理论，得出新的范畴、结论、原理，这是十分必要的和正确的方法，按照这样的方法，社会主义经济学将能体现出浓厚的中国特色，成为"中国版的社会主义政治经济学"，这个"中国版的社会主义政治经济学"将充分反映中国社会主义经济的客观规律。社会主义政治经济学也包含着社会主义经济的一般规律的。

从实际出发，通过具体的实践，从中抽出一般规律，改变把古典马克思主义的全部论点当作一般规律的做法，特别是要改变将一国的特殊奉为社会主义一般的做法。例如将苏联教科书的论述，当作是一般规律，作为社会主义的唯一模式的错误做法。

（二）理论经济学与应用经济学的结合

马克思主义的政治经济学带有理论经济学的特色：这就是它着重于对社会生产关系的性质、特征进行理论的分析，阐明支配资本主义社会经济形态的经济运动规律。马克思主义政治经济学，以其完备的理论结构和范畴体系，以及透彻、周详的理论分析，揭示了资本主义社会经济结构的本质特征，资本主义发展变化的趋势与规律。主要着眼于社会经济的和理论的说明，这也是理论经济学的任务。

我们说政治经济学是一门理论经济学，并不是说它只进行理论分析，而缺乏应用性。恰恰相反，马克思主义的理论，既来源于实践，又用于指导实践，马克思说："哲学的……不再于说明世界，而是在于改造世界。"

马克思创立的政治经济学是具有革命实践性的科学，从来不是书斋中、讲坛上的理论，揭示了资本主义必然为社会主义所代替的规律，为无产阶级消灭资本主义制度的革命斗争铸造了强大的思想武器。实践性和应用性乃是马克思主义理论经济学的根本特征，而与资产阶级经济学中的那些庸俗烦琐、故弄玄虚、对人们经济生活毫无现实意义的空洞理论，形成鲜明的对比。

但是马克思政治经济学的革命实践性，并不就是说它是一门应用经济学。我们说的应用经济学，是指那些更多着眼于一般规律发生作用的具体形式和机制，研究具体的生产、分配、交换、消费活动与过程的要素与内在机制，以及各种活动之间的关系，并对这些关系予以精确的表述，它要着眼于长期、中期、短期和日常的角度来分析研究社会经济运行机制，揭示国家、企业和个人来适应、利用和影响经济运行机制的方法，应用经济学的任务主要是用以进行经济决策、指导生产实践。

古典的马克思主义政治经济学（资本主义部分），显然地不是用来指导无产者个人微观经济决策的应用经济学，更不是资产者进行微观决策和宏观决策的应用经济学。马克思主义政治经济学（资本主义部分）是一门指导革命实践的理论，它的主要任务是服务于无产阶级消灭资本主义的政治斗争，这种情况是历史形成的。但是在无产阶级社会主义革命取得胜利，特别是在对私有制的社会主义改造基本完成以后，在剥削阶级业已消灭，阶级斗争不再是国内主要矛盾的条件下，社会主义政治经济学就面临着新的实践任务。

社会主义的根本任务是发展生产力，在社会主义建设的新时期，社会主义政治经济学必须为生产力的发展服务，增强社会主义政治经济学的组织社会主义经济建设提供指导的功能。

这就是说，社会主义政治经济学要为社会主义国家进行宏观经济的组织、管理与调节提供现实指导，要为社会主义企业和社会主义劳动者进行微观经济活动提供理论指导，也就是说，社会主义政治经济学的重要实践任务，是组织社会主义新经济，要为国家、企业、个人所从事的社会主义经济活动提供科学的指导，以保证社会主义经济的协调发展和全面高涨，促使社会生产力最迅速地发展。为此，社会主义政治经济学就有必要在理论体系与理论内容上进行改进，加强有关社会主义经济的组织、管理、调节的理论与方法的阐述，这就是我们说的应用经济学的内容，更好地提供宏观与微观的指导，亦即进一步加强马克思主义政治经济学固有的理论与实践相结合的性质，特别是增强为经济建设实践服务的功能。在经济建设成为全党全民工作的中心的条件下，社会主义政治经济学发展其应用的品质，为经济建设服务，是合乎逻辑的，而且是主题中应有之义——改造世界，建设社会主义、共产主义。

强调社会主义政治经济学的经济建设的指导作用，并不是要削弱社会主义政治经济学作为思想教育的功能。我们主张理论经济学与应用经济学相结合，首先是要坚持马克思主义的理论性，要深入阐明社会主义政治经济学的本质特征，社会主义经济和资本主义经济的原则区别和优越性，社会主义社会向更加美好的共产主义社会的发展条件和必然性，因此，社会主义政治经济学仍然要保持并进一步加强它的革命的理论经济学的特色，保持和加强它建设社会主义精神文明，形成人们共产主义世界观的功能。但是这种思想教育功能不是孤立的，脱离社会主义经济建设实践来进行的，而恰恰是要通过对社会主义经济的更加具体的发展过程和组织调节过程来得以发挥，通过国家、企业和劳动者在这些过程中必须坚持的社会主义原则和行为规范的科学阐明来发挥。但也要注意，不要在加强具体经济过程、经济运行机制的阐述时，削弱了对社会主义生产关系的本质特征的理论阐述，不要在强调它的经济建设实践功能时，忽视甚至低估了它的思想理论建设，即社会主义精神文明建设的作用与功能。

（三）在对生产关系的研究中加强对生产力的研究

马克思主义政治经济学的研究对象，无疑是生产关系，但是由于生产关系与生产力乃是生产方式不可分割、密切联系和相互制约的两个方面，而且，上述两个方面中，生产力起着决定作用，生产关系总是要适应生产力的性质、状况及其发展变化而变化的，因此马克思主义政治经济学的研究方法是紧密联系生产力来研究生产关系。因此，生产力也就成为政治经济学研究的范畴，《资本论》就是采取了紧密联系生产力的性质与状况来研究资本主义生产关系的产生、发展。在社会主义政治经济学中，也必须采用这一方法。研究生产力就是研究对劳动方式，即劳动方式、物质生产方式，它是生产力诸要素的结合方式：（1）包括物质技术要素的结合方式——机器、机器体系，自动化机器体系，完全自控的自动化机器体系，这均体现了不同质的生产物质技术要素及其结合（构成）方式，它是物质生产力的决定要素。（2）人身要素，即劳动力的结合方式。例如个人劳动，家庭协作劳动，氏族集体协作劳动，企业协作劳动，简单协作，以分工为基础的协作，等等。生产是社会的生产，因此，劳动力也是社会劳动力，即社会联合劳动力，是在一定联合方式中的劳动力。它是生产力人身的、能动的要素，是诸要素结合的黏合者，具有特殊重要性，因为没有它就没有社会生产力。（3）人与物的结合方式，即什么样的联合劳动力和什么样的物质技术体系的统一，任何劳动方式都是这二者的统一。例如个人生产方式（鲁滨逊），社会的生产方式（家庭劳动方式，行会手工业劳动方式，工场手工业生产方式，工厂生产方式）。用公式描述为：劳动方式=物质技术要素结构结合方式+劳动力结合方式=二者有机的统一。

上述劳动方式乃是人与自然间的物质变换的方式，是人们组织它们的劳动器官（集体的手、脑），运用劳动手段以进行物质生产的方式，而在人类社会生产发展中，一系列的循环发展和演进的劳动方式的阶梯，体现了生产力由低到高的发展。

政治经济学研究生产力，显然不是只研究物质生产要素的技术方面：机器材料的物理、化学性能、运转速度，以及一系列物理学、化学、机械学、电力学的公式。

这些生产的技术方面乃是工程技术学、自然科学的研究对象。政治经济学也不是研究生产要素作为工具的特征，作为机器的必要特征，作为机器体系的必要特征，这是机器工艺学的对象，政治经济学侧重于研究生产力的社会方面，即生产力的人身要素——劳动力结合方式，从劳动力结合方式的特点来阐明这种劳动方式——生产力——的性质。

例如研究什么是个人劳动方式，家庭劳动方式，手工业劳动方式，工厂劳动方式，尽管上述研究对象属于生产力体系的范畴，但是侧重从生产力的社会方面，人身要素方面的性质，对生产力的上述研究，是马克思主义政治经济学不可缺少的内容，以生产力的研究阐明社会生产关系的性质和规律。例如为了要阐明以资本家所有制为基础的生产关系，人们必须了解作为这种生产关系的物质基础的工厂劳动方式，又按劳动的形式，劳动力与技术的相对量（比例）和绝对量，分为劳动密集型生产方式和技术密集型生产方式，前者又可以分为体力劳动密集劳动方式和脑力劳动密集劳动方式（信息产业中，如咨询公司）。

集中劳动的劳动方式，分散劳动的劳动方式（包括家庭劳动方式）等劳动方式的研究，不仅涉及生产力的合理组织，例如产业结构与技术结合的选择，而且也涉及对生产关系与所有制关系的分析与阐明。如劳动密集型生产与技术密集型生产，不仅在劳动组织形式上（分工）有其特点，而且前者由于它所需要的生产资金较之技术密集型生产少，从而可以采取集体所有制经济形式，后者在它往往具有资金密集型特征，从而要求有更加成熟与发达的生产资料公有制，例如全民所有制经济。至于个人劳动方式，则往往要求采取个人所有制经济形式或家庭所有制经济形式。这种情况表明为了揭示生产资料公有化的规律，必须要结合生产社会化的发展及其状况，即劳动方式的状况。

我国和其他社会主义国家，在社会主义建设中，都曾经出现在公有化上要求过急的做法。究其理论上的原因，在于人们未能密切结合生产力状况来阐明生产关系的变革。长期以来，人们习惯于抽象地谈论生产资料公有化，往往脱离生产力发展的进程和阶梯来设想以最快的速度实现最彻底的公有化。例如，人们曾经设想在手工工具、手工劳动，甚至在刀耕火种的原始的物质技术基础上建立"一大二公"的共产主义公社。这种认为生产资料公有化完全可以不受生产社会化的制约，更不受生产社会化"决定"的反马克思理论的代表，就是"四人帮"的"理论家"宣扬的"穷过渡"论。这种理论的反动和这种反动理论指导的实践，曾经使我国城乡生产关系迅速地跳跃式地"变革"，破坏了生产关系与生产力的相适应性规律，并给我国国民经济带来灾难。政治经济学的研究必须坚持生产力与生产关系的统一，要紧密结合生产力性质与状况来阐明生产关系的变化。不涉及生产力，不研究生产力对生产关系的决定规律，而孤立地谈论生产关系的发展变化，是一种不切实际的空论，其结果，只会把生产关系的变动说成是可以不受任何物质制约的，听任人们意志而为所欲为的东西。这样的研究方法既违背了辩证法，也根本违反了历史唯物主义。正由于此，细心地考察生产力的状况和它的发展变化的步骤，紧密结合物质生产方式的变动来阐明社会主义生产关系的发展变化，就是编写社会主义政治经济学教材所必须遵循的方法。

（四）把经济关系的本质分析与经济运行机制的研究结合起来

作为马克思主义的社会主义政治经济学，理所当然地也应该以生产关系为其对象。政治经济学的主要研究对象是生产关系，对生产关系的研究仍然是一个头等重要的理论课题。社会主义的任务是发展生产力，发展生产力不仅仅有赖于社会主义国家、企业和一切生产当事人对生产力的合理组织，而且有赖于社会生产关系的充分地适合生产力的性质与状况。而且，生产关系关系社会主义利益关系，关系全体劳动者的生产积极性，是获得合理组织生产力获得进一步发展的前提，因而，保证社会生产关系经常处于最充分地适合生产力的状态，就成为社会主义国家在组织社会主义经济建设中必须加以解决的头等重要的任务，这就要求人们必须懂得和通晓有关社会主义生产关系的运动规律。

社会主义制度的建立，无疑打开了社会生产力无止境发展的通道，但是社会主义社会仍然存在着生产关系与生产力之间的矛盾，随着社会向前发展，生产力水平、状况也发生变化，生产关系会变得陈旧，由适合生产力发展变得不适合生产力的发展。因而，人们必须按照生产力的状况和它的发展要求，及时地调整生产关系不适合的形式与环节，以保证社会主义生产关系处于充分适合的状态，这样，才能为社会生产力最迅速的发展创造前提条件。

通过调整生产关系，以调节社会主义利益关系，是深入调动劳动者积极性的前提条件。劳动者作为生产力，具有能动性，社会主义制度，根本上来说，它能使劳动者的积极性、主动性与首创精神得到最充分的发挥。马克思列宁主义阐明了：进行社会主义建设，就是要依靠优越的社会主义生产关系，最深入地发掘和最充分地调动劳动者的积极性，以最有效地利用生产力的人身要素的作用，实现千百万劳动者自觉投身生气勃勃的社会主义建设。特别是对于像我国这样拥有丰富劳动力资源的国家，依靠和发掘亿万劳动者的无穷无尽的社会主义积极性，更是保证我国社会主义建设不断高涨的条件。党的十一届三中全会以来的政策与富民措施，使亿万人民劳动积极性前所未有地迸发出来，带来我国社会主义建设热气腾腾的大好局面，可见劳动者的积极性，是植根于物质利益之中。

传统的社会主义政治经济学体系的局限性[①]

　　传统的社会主义政治经济学理论体系的突出特点是：纯社会主义生产关系论，排斥商品经济、市场机制的产品经济论，产品调整否认企业和个人决策的国家本位论。人们依靠马克思、列宁的著作中语句的引证（而不是基本方法）来建立起一个以若干社会主义基本规律为体系框架，以抽象逻辑推演为基本方法，以单一生产关系为对象范围，以"优越性"的论证与宣传为任务的社会主义政治经济学。

　　上述政治经济学的基本格局是由斯大林的《苏联社会主义经济问题》所规定的，而此后编出的《苏联社会主义经济问题政治经济学》第二版，乃是它的原始范本，社会主义政治经济学教材不时有所修订，但是上述基本格局没有根本的改变。上述政治经济学的理论观点和叙述构架也影响到其他社会主义国家。就我国来说，"文革"前与"文革"中的许多版本，就是承袭苏联的，"文革"后迄今，全国编写了400多个版本，尽管在内容上有很大更新，但是传统的斯大林政治经济学的体系的影响仍然严重存在。

[①] 写于1998年。

一、传统的社会主义经济学的弊端

在基本范畴、规律的阐述时，不是从实际出发，进行上升为理论—实证的分析，而是从某种抽象的原理，甚至是"一大二公""公平""平等"的伦理原则出发来进行论证，从"公平"的原则来论述社会主义所有制理论，社会主义革命的长远目的。以生产资料的全社会占有的理想、目标来代替现实的所有制的分析，认识到"全民所有制"本身，不如国家所有制，或是国家所有的公有制形式；实际上并不真有全民所有制的生产关系；国家占有不等于全民占有。理论上不承认生产资料个人所有制，实际上个体所有在城乡是大量存在的，不承认所有制的多元性。认为全民所有制=社会主义高级形式，对集体所有制作低级、高级的划分，即公有化程度高，更体现平等原则，更优越，这里谈论所有制着眼于占有的公平性，而不是着眼于对生产力的适应性。

因而，不是论述多种所有制、不成熟的所有制的客观存在（或是萌芽性的存在），经济关系的客观必然性，而是主观构造某种合乎"理想的"公有制形式，并将它强加于实际，并用来强制实际。不承认集体占有与个人占有相结合的不完全的集体所有制，例如按照集体所有制来构造农村合作社，不承认个体所有制的存在（作为与集体经济相结合）。

二、只研究法定的生产关系，不研究"非法定"的生产关系

只研究公有制不研究个体所有制，更排斥私人经济的研究，应

该确定生产关系的合理性的观念，而不是以合法性为依据。例如私人经济尚是未经宪法允许的，但是在我国私人经济已经是一个客观的现实，看来，一定范围内私人生产关系的存在是不可避免的，因而，是合理的，是实在性的生产关系。将研究对象固守在"法定"范围内，不是从客观实际出发的做法。

这种研究方法是追随政策、对现有方针政策作诠释，成为"政策经济学"，而不是政治经济学。政策经济学之危害极大，在极左路线时期，政策不断更易，政治经济学理论朝令夕改，造成恶劣影响，严重败坏了马克思主义的声誉。跟着政策走，只研究法定的东西，只肯定法定的东西，这种做法非改变不可。

传统社会主义政治经济学的缺陷在于不是从不发达社会主义的实际来阐述社会主义经济的基本特征。人们是怀着某种美好的向往来论述社会主义，却未曾严守马克思主义的发展观，未曾从现阶段的不成熟的社会主义的现实出发。

列宁曾经高度评价了马克思的社会主义经济理论中贯穿着的辩证法的发展观，列宁也正是根据这种唯物辩证法，把马克思关于社会主义的两个阶段区分为社会主义社会和共产主义社会。

按照上述观点，人们不仅要确立共产主义发展阶段论，而且要确立社会主义发展阶段论，特别是对于像我国这样的原先发展落后，社会主义物质基础不成熟的国家，整个社会主义发展还会经历初始的不完全的社会主义，成熟的发达的社会主义，高度发达的、完全的社会主义等阶段，而在上述不同阶段，社会主义生产关系、生产力等方面均有其不同的特色。

在总结历史经验，探索和开拓新的发展道路的当前，对传统的政治经济学进行反思中，我们越发感觉到，我们甚至是整个世界范围内的社会主义实践的反面经验在于：我们犯了冒进的错误，我们不曾把握住初始期的不发达、不完全的社会主义的特征，犯了急性病，从事了一种超越阶段的经济实践，创造了一种超出了现阶段实际的理论。

例如，社会主义社会生产关系纯粹论，就并不是社会主义初始阶段的特点，而是发达的、成熟的社会主义的特点。因为，如历史上的任何新社会产生后的初始阶段，都存在着尚未退出经济舞台的生产关系一样，在社会主义的初始时期，社会主义生产关系也不可能是占领了全部经济舞台，旧的生产关系也还会在某些领域继续存在，因而社会所有制的多元性是不以人们的意志为转移的。

例如，社会主义所有制的"一大二公"论，单一全民所有制论，如果说是有可能出现的，那也是未来的社会主义高度发展阶段共产主义的产物，而绝不是社会主义初始阶段公有制的特征。因为，社会主义公有化是一个逐步演化、逐步提高的历史过程，而不能一蹴而就，社会主义社会的初始阶段，只能是有局部的与初步的社会公有化。局部的社会公有意味着，一些领域中还存在着私有制及其残余，一些领域是集体所有制经济，初步的公有化，表现在不完全的集体经济（包含个体经济，甚至是私有经济）和不完全的全民所有制经济（包含集体占有和个体占有因素）上。因为，在社会主义的充分的物质技术基础还未形成和成为社会一般以前，就不可能有什么单一的全民所有制。而且确切地讲，全民所有制概念极其不适应社会主义现阶段，甚至不适应社会主义的相当发达阶段，较为确切地说，社会主义初始阶段只能有不完全的社会公有制。

又例如，统一的、较为成熟的按劳分配，它可以说是未来的、高度发达的社会主义阶段分配的特征，但在多种所有制存在的初始的社会主义阶段，分配领域中却是除了按劳分配而外，还存在非劳动的分配形式，而按劳分配本身，也是借商品经济的市场机制来实现的，因而，劳动收入还体现有某些市场作用的影响，从而是一种不成熟的或初级的按劳分配。

总之，传统的社会主义经济理论，带有"提纯"特征，它赋予本来不纯的现实生产关系以纯粹性，带有"拔高"的特征，它把初始期的、不完全的公共占有，拔高为完全的、成熟的公共占有——全社会占有即全民所有制。在这里，理论反映超前了，而理论也由此失真了。

理论上的拔高，是出于人们想一举较早地建立社会主义的先进、美好制度的善良愿望，但是实际表明，这种超越了阶段的理论，却导致了成为不断刮起的"共产风"，成为生产关系"不断革命"的、种种盲目行为的根源。

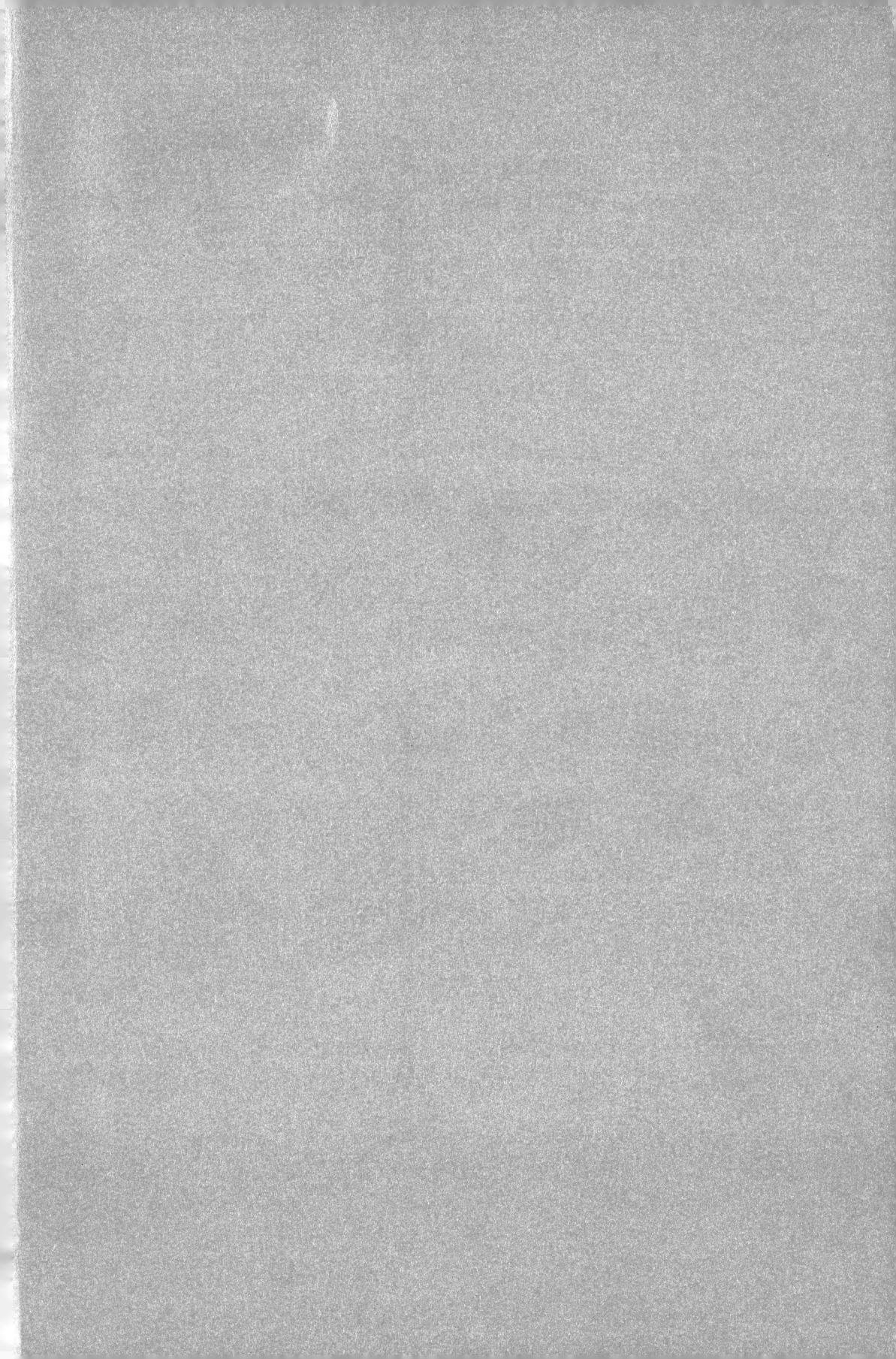